人格标识商业化利用的法律问题研究

Research on Legal Issues of
Commercial Utilization of Personality Identifications

李梦佳 著

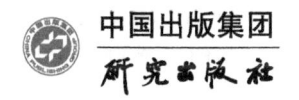

中国出版集团
研究出版社

图书在版编目 (CIP) 数据

人格标识商业化利用的法律问题研究 / 李梦佳著.
北京：研究出版社, 2024. 5. -- ISBN 978-7-5199-1693-0
Ⅰ. D923.14
中国国家版本馆 CIP 数据核字第 20241H5C01 号

出 品 人：陈建军
出版统筹：丁　波
策划编辑：张立明
责任编辑：张立明

人格标识商业化利用的法律问题研究
RENGE BIAOSHI SHANGYEHUA LIYONG DE FALV WENTI YANJIU

李梦佳　著

研究出版社 出版发行

（100006　北京市东城区灯市口大街100号华腾商务楼）
北京建宏印刷有限公司 印刷　新华书店经销
2024年5月第1版　2024年5月第1次印刷
开本：A5　印张：11
字数：258千字
ISBN 978-7-5199-1693-0　定价：68.00元
电话（010）64217619　64217652（发行部）

版权所有·侵权必究
凡购买本社图书，如有印制质量问题，我社负责调换。

序

习近平总书记指出：全面依法治国，必须坚持以人民为中心，坚持法治为了人民、依靠人民、造福人民、保护人民。人格权是民事主体对其生命、健康、名誉、肖像等特定的人格利益享有的权利，与每个人的人格尊严息息相关。强化人格权保护，不仅回应了新时代下人民群众对保障人格尊严的迫切需求，更进一步彰显了党对人民日益增长的美好生活需要的高度重视。2021 年 1 月 1 日，《中华人民共和国民法典》正式施行，作为新中国成立以来的首部法典，民法典中人格权独立成编，这一重大变革象征着我国公民民事权利保护走进新的阶段，是我国民事立法的重大创新，体现了民法典以人为本的价值理念，对自然人人格权保护上升到一个新的高度。

依传统见解，姓名、肖像、声音等人格标识所体现的利益，仅属于人格权精神利益的内容。但是随着传媒、科技、经济等因素的转变，人格标识所蕴藏的经济价值在商业活动中得以释放，体现出财产利益的内容。人格标识商业化利用同时具备的精神利益与财产利益的双重属性，使其介于传统人格权与财产权的交叉领域，进而成为民法学研究的新问题。基于此，我国民法典及时回应社会需求，于人格权编第 993 条对姓名、肖像等人格标识的许可使用作出规定，为人格标识的商业化利用提供了一个开放的空间。

人格标识商业化利用是随着社会经济发展而出现的新现象，如何为人格标识的商业化利用提供充分完善的法律保护规则，是一个非常值得研究的课题。李梦佳博士以"人格标识商业化利用的法律问题研究"为题，展开了丰富详实的研究。本书明确了可商业化利用的人格标识的边界与范围，运用实证研究的方法提炼出姓名、肖像这两类最为典型的人格标识在司法实践中面临的法律争议，同时对死者人格标识商业化利用的延伸保护问题作出论述。本书还具有比较法的视野，对两大法系代表性国家德国与美国的两种不同法律保护模式展开了深入研究。最终在明晰人格标识的范围边界的基础之上，优化人格标识许可使用的具体规则，完善责任救济制度，探索构筑一条适合我国国情的法律保护进路。

　　李梦佳博士的这本书系统地论述了人格标识商业化利用的相关法律问题，内容丰富深厚，兼具理论性与逻辑性，有着自己深入的研究和独到的见解。梦佳博士跟随我读书六年，法大六年不仅为她提供了规范系统的学术训练，也让其养成了洞明坚毅的学术品格，其间她更是以联合培养博士身份前往娱乐法大本营 UCLA 深造学习，学术视野也更加开阔。"合抱之木，生于毫末；九层之台，起于累土"，我相信有了以上的积累，李梦佳博士的学术之路尤其是娱乐法研究之路一定一片光明，未来必定卓有所成。

　　是为序。

2022 年 4 月
于中国政法大学研究生院

目 录

绪 言 ... 001
  第一节 研究背景及意义 ... 003
  第二节 研究现状与文献综述 ... 008
    一、域外研究现状与文献综述 ... 008
    二、国内研究现状与文献综述 ... 011
  第三节 研究方法 ... 019
    一、比较研究法 ... 019
    二、实证研究法 ... 019
    三、历史研究法 ... 020
    四、文献研究法 ... 020
  第四节 创新之处 ... 022
    一、研究方法的创新之处 ... 022
    二、研究内容的创新之处 ... 022
    三、预期成果的创新之处 ... 023

第一章 人格标识商业化利用的理论基础 ... 025
  第一节 人格标识商业化利用的基本问题 ... 027
    一、人格标识的含义 ... 027

二、可商业化利用的人格标识的范围　　032
　　三、人格标识商业化利用的主要方式　　046
第二节　人格标识商业化利用的历史演进与性质辩驳　　048
　　一、从人格到人格权：保护自然人的精神利益　　048
　　二、人格标识商业化利用的承认与肯定　　053
　　三、人格标识商业化利用中的精神利益与财产利益　　055
第三节　人格标识商业化利用保护的正当性基础　　060
　　一、经济上的正当性基础　　060
　　二、人格自主理论的正当性基础　　070

第二章　人格标识商业化利用的司法现状与法律问题　　079
第一节　姓名标识商业化利用的司法现状与法律问题　　081
　　一、姓名标识商业化利用的规范内涵　　081
　　二、作品创作中冒用姓名标识的主要争议　　088
　　三、商标注册中盗用姓名标识的核心要点　　097
　　四、域名注册中非法利用姓名标识的关键争点　　105
第二节　肖像标识商业化利用的司法现状与法律问题　　112
　　一、肖像标识商业化利用的规范内涵　　112
　　二、肖像标识商业化利用的实证分析　　122
　　三、肖像标识商业化利用与肖像作品著作权的利益冲突与协调　　133
　　四、对肖像权的限制：肖像标识合理使用的范围及规则　　141

第三章　比较法对人格标识商业化利用的承认与保护　　145
第一节　德国法对人格标识商业化利用的承认与保护　　147

一、德国法人格权发展概况　　147
　　二、德国法对肖像标识商业化利用的承认与保护　　150
　　三、德国法对姓名标识商业化利用的承认与保护　　162
　　四、精神利益与财产利益的"一元论"保护模式　　168
第二节　美国法对人格标识商业化利用的承认与保护　　173
　　一、隐私权保护人格标识商业化利用之不足　　174
　　二、公开权制度的产生与发展　　180
　　三、公开权的性质、适用对象及保护范围　　184
　　四、对公开权的合理限制　　189
　　五、公开权与隐私权并行的"二元论"保护模式　　193

第四章　死者人格标识商业化利用的延伸保护　　195
第一节　死者人格利益的延伸保护　　198
　　一、死者人格利益延伸保护的理论基础　　198
　　二、死者人格精神利益的延伸保护　　199
　　三、死者人格财产利益的延伸保护　　204
第二节　死者人格标识商业化利用的法律保护困境及解决途径　　208
　　一、我国司法实践中面临的现实困境　　208
　　二、美国法对死者人格标识商业化利用的法律保护途径　　213
　　三、德国法对死者人格标识商业化利用的法律保护途径　　219
第三节　死者人格标识商业化利用法律保护的规范设计　　224
　　一、确认死者人格财产利益可被继承　　224
　　二、民法保护死者人格标识商业化利用的具体规则　　225
　　三、对死者人格标识商业化利用行为的合理限制　　229

第五章　人格标识非法商业利用的法律救济　　233

第一节　法律救济的请求权识别　　235
　　一、不同情形的请求权识别　　235
　　二、人格权请求权与侵权请求权的竞合　　238
第二节　人格权禁令的"横空出世"　　242
第三节　预防性民事责任的具体适用　　248
第四节　侵害人格权益的财产损失赔偿　　253

第六章　人格标识商业化利用的保护模式选择与规范建议　　263

第一节　我国对人格标识商业化利用法律保护模式的选择　　265
　　一、两种法律保护模式及其比较　　265
　　二、我国《民法典》的一元论法律保护模式　　275
第二节　人格标识商业化利用法律保护的基本原则　　280
　　一、人格尊严保护原则　　280
　　二、利益平衡原则　　281
　　三、公序良俗原则　　283
第三节　人格标识商业化利用法律保护规则的构建　　285
　　一、明确可商业化利用的人格标识的范围　　285
　　二、优化人格标识许可使用的具体规则　　289
　　三、完善人格标识非法商业利用的责任救济制度　　312

结　论　　319

参考文献　　324

绪 言

第一节 研究背景及意义

当今社会,将人格标识进行商业化利用的现象十分普遍,人们对于将姓名、肖像等人格标识运用于商品包装或广告宣传的现象早已习以为常。据考证,最早于19世纪末就有商家在香水等商品广告中使用名人的姓名和肖像,以起到宣传促销的作用。[①] 姓名、肖像等人格标识作为一种人格符号,实际具备了识别区分与情感嫁接的双重功能。人格标识与民事主体的个性特征紧密结合,作为附有人格特征的社会符号,人格标识具有区别人己的功能,能够将不同的民事主体区分开来。与此同时,人格标识还具有情感嫁接的功能,良好的个人形象会让人不自觉地产生积极、向上、乐观的印象。正因为如此,当商业经营者将名人的人格标识运用于商品广告,能快速地获取消费者的注意力,让消费者产生被吸引的情感,消费者会将其对名人的喜爱"移情"于相应的商品之上,实施购买行为,进而起到促进销售,增加经济收益的作用。随着商业经济的发展,人格标识商业化利用的方式也愈发多样化,鉴证商品或服务是人格标识最常见亦是应用最广泛的商业化利用方式,包括将人格标识用于商业广告、产品包装、担任广告代言等等,从而起到推荐或证明商品质量的作用。除此之外,直接商

[①] See Huw Beverley‑Smith, Ansgar Ohly, Agnes Lucas‑Schloetter, *Privacy, Property and Personality: Civil Law Perspectives on Commercial Appropriation*, Cambridge University Press, 2005, p.1.

品化与商业标志化也是两类重要的商业化利用方式。直接商品化是指直接将自然人的人格标识制作成周边产品进行销售,例如销售印有名人肖像的T恤、明信片或雕像工艺品等。商业标志化则是将特定的人格标识用于工商业标记,例如将自然人的姓名注册成为商标、商号或域名等进行使用。① 近年来,人格标识商业化利用现象的普遍化与利用方式的多样化引起我国学界与实务界的重视。基于此,我国《民法典》及时回应社会需求,于人格权编第993条对姓名、肖像等人格标识的许可使用作出规定,为人格标识的商业化利用提供了一个开放的空间。

人格标识的商业化利用是市场经济与传媒科技发展的结果。早期在商品经济发展并不充分的前提下,人格标识中的财产利益并未凸显,当人格权遭受侵害时,人们主要关注侵权行为给权利人造成的精神损害,并不关注权利人经济方面的损失。② 同时,受"人是目的而非手段"哲学思想的影响,人格权最初并不具有积极利用的权能,而只具有消极防御的效力。③ 人格标识的商业化利用在早期阶段遭到否定,观念的革新出现在第二次世界大战结束之后。基于对两次世界大战践踏人类暴行的反思,既有哲学观念发生了革新,人格尊严的内涵得以扩展,除保护人格尊严不受侵犯之外,人格尊严还扩张包含了人格自由发展的内容。受到人格尊严内涵扩展的影响,人格权制度也不再局

---

① 参见于晓:《自然人人格标识商业利用民事权利独立设为新型财产权研究》,载《山东大学学报(哲学社会科学版)》2017年第3期,第137页。
② 参见王叶刚:《人格权中经济价值"可让与性"之反思》,载《广东社会科学》2014年第2期,第238页。
③ 参见朱高正:《康德的自然法学——自由与和平的哲学》,载郑永流主编:《法哲学与法社会学论丛》(第二辑),中国政法大学出版社2000年版,第279页。

限于原有消极防御的功能,而是逐步具有了积极利用的权能。科技革命促进了先进的印刷技术、照相设备的广泛应用,促进大众传播方式的改变,自然人的姓名、肖像可以被复制到这些载体上,被传播到全球各地。① 借助于大众传媒功能的普及,人格标识的商业价值不断提升,人格标识的商业化利用已然成为现代商业社会中普遍存在的现象。②

值得关注的是,依传统见解,姓名、肖像、声音等人格标识所体现的利益,仅属于人格权精神利益的内容。但是随着传媒、科技、经济等因素的转变,人格标识所蕴藏的经济价值在商业活动中得以释放,体现出财产利益的内容。人格标识商业化利用同时具备的精神利益与财产利益的双重属性,使其介于传统人格权与财产权的交叉领域,进而成为民法学研究的新问题。一方面,对人格标识进行开发利用有利于促进商业推销,释放经济活力,激励创造更多的经济收益;但另一方面,对人格标识的过度利用可能导致对人格尊严的损害,人格标识上所体现的财产价值应归属于人格权人控制享有,未经许可的商业利用行为将对人格权人的人格自主造成侵害。如何平衡协调人格标识商业化利用所具备的双重属性,化解人身属性与商业属性之间的张力,在保障人格尊严的前提下充分发挥财产价值,是人格标识在商业化利用的过程中亟待解决的现实难题。

我国法律对人格标识的商业化利用仅作出原则性的规定,现实层面司法争议不断,人格标识商业化利用的法律保护仍然面临诸多问题,

---

① 参见黄芬:《商品化人格权的定限转让》,载《河北法学》2017年第1期,第60页。
② 参见王利明:《论人格权商品化》,载《法律科学(西北政法大学学报)》2013年第4期,第54页。

主要体现为以下几个方面：

第一，我国对可商业化利用的人格标识的范围界定有待明确，何种人格标识允许使用、何种人格标识不能使用的界限不明。事实上，并非所有类型的人格标识都适合被商业化利用，对物质性人格权、自由性人格权、评价性人格权等特殊类型的人格权进行商业化利用，将造成对人格尊严的损害。

第二，在人格标识能够被商业化利用的情形下，应当如何利用并无成熟的体系，缺乏具体可行的利用规则。能否通过转让还是只能通过许可使用的方式进行利用，人格标识许可使用合同有何不同于普通财产合同的特殊之处还有待进一步明确。人格标识不同于普通财产，人格标识具有人身专属性，若允许对人格标识进行转让，将对人格尊严造成不可逆转的损害。人格标识所具有的人格精神利益的属性，决定其在许可使用之时应当优先保障人格权人的尊严，因此在许可使用合同的解释与解除等相关具体规则方面都有待作出进一步的研究。

第三，对于姓名、肖像这两类商业化利用最为广泛的人格标识，法律保护标准尚不明晰，导致权利人在寻求法律救济时遭遇重重阻碍。姓名、肖像是最为典型最具代表性的两类人格标识，应用范围广，争议难点多，在司法实践中面临复杂多样的案件纠纷。就姓名标识的商业化利用而言，涉及到作品创作中冒用姓名标识，商标注册中盗用姓名标识以及域名注册中非法利用姓名标识等多种法律问题，关键争点各有不同，对此需要分类归纳梳理。就肖像标识的商业化利用而言，主要涉及对肖像标识范围的界定，需要明确肖像标识是否包含面部以外的形体特征、局部形象特征以及卡通化的个人形象。

第四，对死者人格标识商业化利用的延伸保护范围较为保守。我国现行法律体系并未明确对死者人格利益中财产利益的保护。自然人死亡后，尽管其民事主体资格消灭，但是死者之姓名、肖像等人格标识仍旧具备商业化利用的价值，可以成为经济利用的对象，此种财产利益应当受到法律保护，而不宜认定此种财产利益随着自然人的死亡而当然进入社会公共领域。① 从比较法的角度来看，两大法系中最具代表性的美国法与德国法均确立了对死者人格标识财产利益之保护。然而我国目前对死者人格标识财产利益能否被继承这一问题并未作出明确规定，死者人格标识商业化利用的延伸保护面临现实困境。

第五，面对未经许可擅自对人格标识进行非法商业利用的情形，法律救济渠道亟需完善。在《民法典》颁布后，人格权独立成编，在人格标识遭受非法利用之时，面对人格权请求权与侵权请求权竞合的情形应如何处理，应如何区分不同情形提供合理的法律救济途径，如何适用人格权禁令，以及如何对侵害人格利益的财产损失赔偿进行具体计算等问题均有待明确。

由此可见，我国对人格标识商业化利用的保护范围界定不清、保护标准尚待统一、延伸保护范围保守、法律救济有待明确。有鉴于此，本书以"人格标识商业化利用的法律问题研究"为选题，重点围绕以上问题展开深入研究，同时结合我国《民法典》的相关规定，完善人格标识许可使用的具体保护规则以及责任救济制度，探索构建适合我国国情的人格标识商业化利用的法律保护进路。

---

① 参见张红：《死者生前人格上财产利益之保护》，载《法学研究》2011年第2期，第101－104页。

第二节　研究现状与文献综述

一、域外研究现状与文献综述

纵观域外法治经验，人格标识商业化利用的法律保护进路大体可分为一元论与二元论两种模式。一元论保护模式又称人格权保护模式，即在人格权的制度框架内处理人格标识商业化利用的保护问题，通过扩张既有人格权的内涵，使人格权同时包含经济价值，并借助人格权的具体规则来提供保护，这一模式主要为德国法所采用。二元论保护模式又称财产权保护模式，即通过创设新的财产权利类型来规范人格标识的商业化利用，这一模式主要为美国法所采用。美国在隐私权体系之外单独设立了公开权制度，前者专注于调整人格的精神利益，后者则着眼于保护人格标识中的财产利益。一元论与二元论两种法律保护模式发育自不同的法治文化土壤，各有其特点及优势。

美国对人格标识商业化利用的保护最早源于隐私权，美国学者Warren 与 Brandeis 发表了经典著作《论隐私》一文，为隐私权的研究奠定了理论基础。① 伴随工业革命的深入，各类产品产量大幅提升，开始跨州销售。在面临大量同质商品竞争之时，商业经营者选择用广告来吸引公众注意，主要通过将名人的照片附着在产品包装之上来彰

---

① See Samuel D. Warren and Louis D. Brandeis, *The Right to Privacy*, 4 Harvard Law Review (1890), p. 193.

显产品特色，吸引消费者购买。此后一段时间内，随意盗用他人肖像的问题变得严重，引发社会关注，一直到罗伯逊（Roberson）案①为肖像的保护开启新的篇章。1903年，纽约州以罗伯逊案为诱因，制定了美国历史上第一部隐私权相关的法案。该法案规定：禁止未经书面许可擅自将活着的自然人的姓名、肖像或照片用于商业或广告目的，违者将构成轻罪及民事侵权。然而隐私权立足于保护精神利益，以其保护人格标识的商业化利用存在固有局限。为突破隐私权保护的桎梏，美国法发展出单独的公开权制度，专为人格标识的商业化利用提供保护。公开权强调的是每个独立个体对其人格标识所享有的控制权，即每个人都有权利决定如何在商业活动中使用其姓名、肖像等人格特质。公开权是一项财产权，具有可转让性，公开权人人得以享有，并非名人专属。公开权的概念由海兰（Haelan）案②产生，由查西尼（Zacchini）案③获得联邦最高法院承认，再由怀特（White）案④将公开权的保护范围不断拓宽。美国学者Nimmer⑤，Mckenna⑥，Haemmerli⑦为公开权制度的发展在学理上作出详尽阐释。

德国法对人格权的保护整体经历了从较为保守的态度演变至充分

---

① Roberson v. Rochester Folding – Box Co., 64 N. E. 442 (N. Y. 1902).
② Haelan Laboratories, Inc. v. Topps Chewing Gum, Inc., 202 F. 2d 866 (2d Cir. 1953).
③ Zacchini v. Scripps – Howard Broadcasting Co., 433 U. S. 562 (1977).
④ White v. Samsung Electronics America., 971 F. 2 d (9th Cir. 1992).
⑤ Melville. B. Nimmer, *The Right of Publicity*, 19 Law & Contemporary Problems 203 (1954).
⑥ Mark P. Mckenna, *The Right of Publicity and Autonomous Self – Definition*, 67 U. Pitt. L. Rev. 257 (2006).
⑦ Alice Haemmerli, *Whose Who? The Case for a Kantian Right of Publicity*, 49 Duke L. J. 383 (1999).

尊重个人尊严、人格自由发展的过程。随着传媒技术与社会经济的快速发展，肖像、姓名等人格标识在商业社会中发挥出前所未有的经济价值，由此除精神利益之外，人们开始格外关注人格之上所蕴藏的财产利益，如何为人格标识的商业化利用提供充分的保护成为德国学界与实务界关注的焦点。在"读者投书案"（Leserbriefe）中，德国联邦最高法院与联邦宪法法院以《德国基本法》第1条第1项及第2条第1项的人性尊严及人格自由发展为依据，建构了"一般人格权"。[①] 为进一步强化对人格的保护，德国联邦最高法院肯定人格权具有精神利益及财产利益双重构成部分，通过保罗·达尔克（Paul Dahlke）案肯定了人格权系具财产价值的排他权利。[②] 更进一步，德国对人格权的保护还延伸至对死者利益的保护，德国联邦最高法院与联邦宪法法院通过梅菲斯特（Mephisto）案肯定了死者人格权上精神利益的保护。当死者的精神利益受侵害时，可以采用由其指定之人或亲属代为行使排除妨害的救济方法。[③] 而针对死者的姓名、肖像等人格标识的保护，德国通过马兰·迪特里希（Marlene Dietrich）案确立了人格标识具有商业化利用的财产价值，得为继承，可由继承人享有并行使此项财产利益。[④] 整体而言，德国法采取了一元论模式同时保护人格的精神与财产利益，在一般人格权的制度框架内承认和保护人格标识的商业化利用，保障了人格权的价值基础，充分体现出对人的尊重以及对人格自由发展的保障。德国法中姓名和肖像的商业化利用较为特殊，分别

[①] BGHZ 13, 334 – Leserbriefe（读者投书案）; BVerfGE 54, 148 – Eppler.
[②] BGHZ 20, 345 – Paul Dahlke.
[③] BGHZ 50, 133 – Mephisto; BVerfGE 30, 173 – Mephisto.
[④] BGHZ 143, 214 – Marlene Dietrich.

由《德国民法典》第12条和《艺术及摄影作品著作权法》第22条单独调整保护。除此之外，其余人格标识的商业化利用都可以通过一般人格权给予保护。人格的财产利益与精神利益都属于一般人格权的构成部分，财产利益与精神利益具有密切的关系，二者可以有所区分但不能完全分离。人格的财产利益的行使将受到精神利益的制约，人格权人不能抛弃、转让其人格权。与之对应，德国并不承认人格标识的让与行为，人格权人仅可以通过缔结合同的方式授权他人使用人格标识。由此可见，经过上百年的变迁，德国对于人格权的保护已经走出保守的立场，转而发展形成了具有前瞻性的规范体系。此项革命性的演变，并不只是借助于立法的力量，更大程度上依赖于法院造法及学说理论。德国关于人格保护的改造"由数以百计的具体案件以接力赛的方式，建构而成，体现法律生命的开展与实践"。[①]

二、国内研究现状与文献综述

进入21世纪后，我国人格标识商业化利用的现象日渐普遍，附有名人肖像的广告牌遍布街头巷尾，各类代言广告在电视上滚动播放，以名人姓名命名的餐厅店面层出不穷，人们早已对各类人格标识商业化利用的现象习以为常。对商业经营者而言，通过在商品包装与广告宣传中使用名人的人格标识，能迅速吸引消费者的注意，使其销售的商品从其他同类商品中脱颖而出。对名人而言，通过将其人格标识进行授权许可使用，能获得更多的经济收益，充分发挥人格标识的财产价值。商业经营者若是经过人格权人的许可，合法利用人格标识自无

---

① 王泽鉴：《人格权法：法释义学、比较法、案例研究》，北京大学出版社2013年版，第22页。

疑义。但现实生活中不乏商业经营者在未经许可的情形下，擅自对他人的人格标识进行开发利用，如果不对此种非法利用的情形进行限制，将导致人格权人的人格自主与人格自由发展的权利遭受损害。人格标识商业化利用的法律保护问题引起我国学术界与实务界的广泛关注。依据传统见解，姓名、肖像、声音等人格标识所体现的利益，属于人格权精神利益的范畴，然而随着传媒、科技、经济等因素的转变，人格标识所蕴藏的经济价值在商业活动中得以释放，体现出财产利益的内容。人格标识商业化利用同时具备的精神利益与财产利益的双重属性，使其介于传统人格权与财产权的中间地带，进而成为民法学研究的新问题。

人格标识在商业化利用的过程中，形成了一系列复杂的法律关系，产生了一系列新的法律问题，面对这些问题，如果仅仅按照传统的人格权理论来进行处理，显然将遗留诸多法律空白。[1] 为此，我国诸多学者为人格标识商业化利用问题在现行法律体系中面临的困境献计献策，并在制度构建时尝试从不同角度切入，采用了不同的概念术语，如商事人格权[2]、商品化权[3]、人格标识商品化权[4]、人格权商品化[5]等。对于人格标识的商业化利用，学界不仅在概念指称上存在差异，对其法律属性及相应的法律保护模式也存有不同观点，总结各类学说，

---

[1] 李林启：《论发展着的人格权》，法律出版社2018年版，第94页。
[2] 程合红：《商事人格权——人格权的经济利益内涵及其实现与保护》，中国人民大学出版社2002年版，第48页。
[3] 谢晓尧：《商品化权：人格符号的利益扩张与衡平》，载《法商研究》2005年第3期，第81页。
[4] 杨立新、林旭霞：《论人格标识商品化权及其民法保护》，载《福建师范大学学报（哲学社会科学版）》2006年第1期，第78页。
[5] 王利明：《人格权法研究》，中国人民大学出版社2005年版，第282页。

可在整体上分为两类观点：

第一类观点是人格权保护模式，也称一元论保护模式，即在人格权的制度框架内解决人格标识的商业化利用问题。支持人格权保护模式的学者认为，人格标识产生于人格要素之中，其在商业化利用的过程中需要强调人格所蕴含的个性特质，商业化利用行为与人格权的基本属性并不冲突，因此仍应在人格权的制度范围之内来调整人格标识的商业化利用。① 人格权保护模式具体可细分为人格权扩权说②与人格权设权说③。依据人格权扩权说的观点，可以通过对具体人格权和一般人格权的涵义进行扩张，将对人格利益的商业化利用作为人格权的权能，进而实现对人格标识商业化利用的保护。如王利明教授在《人格权法研究》一书中指出，某些人格权具有一定经济价值，可以作为商业利用的对象，但这并不改变其人格权的本质属性，只要承认人格权的经济价值即可。这只是某些人格权的内容或权能的扩充，而没有必要创设出诸如公开权、商品化权之类的新型的独立权利。④ 王泽鉴

---

① 参见姚辉：《关于人格权商业化利用的若干问题》，载《法学论坛》2011年第6期，第11页。
② 持人格权扩权说观点的学者主要以姚辉教授、杨立新教授、王利明教授等为代表。参见姚辉：《关于人格权商业化利用的若干问题》，载《法学论坛》2011年第6期，第11页；杨立新、林旭霞：《论人格标识商品化权及其民法保护》，载《福建师范大学学报（哲学社会科学版）》2006年第1期，第78页；王利明：《论人格权商品化》，载《法律科学（西北政法大学学报）》2013年第4期，第55页。
③ 持人格权设权说观点的学者主要以程合红教授、张丹丹教授等为代表。参见程合红：《商事人格当议》，载《中国法学》2000年第5期，第86页；程合红：《商事人格权——人格权的商业利用与保护》，载《政法论坛》2000年第5期，第77页；张丹丹、李建华：《真实人物形象商品化权的性质辨析及法律保护模式》，载《大连理工大学学报（社会科学版）》2010年第2期，第78页；张丹丹、张帆：《商品化权性质的理论之争及反思》，载《当代法学》2007年第5期，第39页。
④ 参见王利明：《人格权法研究》，法律出版社2005年版，第285页。

教授对此也持类同观点，在《人格权法：法释义学、比较法、案例研究》一书中指出，关于人格权上精神利益与财产利益的保护，"此二种人格利益并非各个分离独立，乃是同一人格权的构成部分，即以一个人格权包括精神利益及财产利益。在一元论的人格权构造上，人格权犹如茎干，精神利益及财产利益则为树根，同以人格权为本，结合一起，具同等价值，应同受保护。"[①] 而依据人格权设权说的观点，现有的具体人格权与一般人格权均无法涵盖新兴的人格标识商业化利用的现象，对此应当在人格权体系之内增设新的法定权利类型，创设商事人格权或商品化权来调整人格标识的商业化利用。根据张丹丹教授的观点，商品化权是指民事主体对其具有一定声誉或吸引力的人格标识进行商品化利用并享有利益的权利。商品化权属于人格权体系的范畴，在逻辑上，它是与具体人格权、一般人格权相并列的一种权利，商品化权不能为一般人格权所吸纳、所涵盖。[②] 根据程合红教授的观点，商事人格权是指公民、法人为维护其人格中包含经济利益内涵在内的、具有商业价值的特定人格利益——商事人格利益而享有的一种民（商）事权利。这种商事人格利益在实践中的表现形式很多，如作为商事主体的商自然人和商法人所拥有的商号、商誉、商业秘密、商业信用等人格利益，和作为一般民事主体的自然人的姓名、肖像、乃至声音等人格标识用于商业目的时产生的人格利益等，它们都包含经济利益因素，是具有商业价值的人格利益。以这种人格利益为保护对

---

① 参见王泽鉴：《人格权法：法释义学、比较法、案例研究》，北京大学出版社2013年版，第302页。
② 参见张丹丹、张帆：《商品化权性质的理论之争及反思》，载《当代法学》2007年第5期，第39页。

象的商事人格权，反映的是自然人和法人在现代市场经济活动中其人格因素商品化、利益多元化的社会现实，体现了人格权在商品社会中的发展变化，是人格权的商事化。①

第二类观点是财产权保护模式，也称二元论保护模式，即单设财产权利为人格标识的商业化利用提供保护。主张财产权保护模式的观点认为，人格标识的商业化利用强调的是财产性因素，其已经突破了传统人格权的保护范畴，显然不能再由人格权进行调整，而应置于财产权的框架体系内进行保护。自然人的姓名、肖像、声音等人格标识乃是一种无形财产，自然人有权决定是否及如何对它们进行商业利用。人格标识的商业化利用不再是关于人的价值的权利，而是人物符号价值或者形象价值的权利，是一种人格"物化"后个性特征付诸商业使用的权利，此种权利的生成以人物的人格特质为前提，因此，此种权利就其属性而言，已非精神性人格利益，而是一种财产权益。② 财产权本身具有庞大的体系，在财产权保护模式之下，具体应将人格标识的商业化利用定性为何种财产权，学界众说纷纭，主要存有无形财产权说、特殊财产权说与新型财产权说。吴汉东教授在《形象的商品化与商品化的形象权》一文中将人格标识的商业化利用归类于无形财产权，认为继知识产权出现以后，新的非物质性财产不断产生，从而在私权领域出现了一种新的无形财产权体系。形象权与商誉权、信用权、特许经营权，都是一种具有非物质属性但又不能归类于知识产权范畴

---

① 参见程合红：《商事人格权论》，中国人民大学出版社2002年版，第13页。
② 参见谢晓尧：《商品化权：人格符号的利益扩张与衡平》，载《法商研究》2005年第3期，第81页。

的无形财产权。① 也有学者认为，人格标识利用权是个人对自己的姓名、肖像、声音等人格标识进行商业利用和许可他人商业利用的权利，旨在保护权利人的经济利益，而不是精神利益，性质上属于财产权。一方面，人格标识利用权不属于仅具有防御功能的传统人格权的范畴，相对独立于姓名权、肖像权等人格权，性质上属于财产权；另一方面，其和人格权具有紧密联系，是一种受到权利人的人格利益制约和影响的特殊财产权。② 以于晓为代表的学者则认为应将人格标识的商业化利用定性为新型财产权。其理由在于，将人格标识的商业化利用独立设为新型财产权，能够最大程度地满足相关民商事主体的商业目的，顺应财产权制度的设计目的。与人格权相比，新型财产权的突出特点在于其具备可转让性，可以充分发挥资源价值的流转性。③ 除人格权保护模式与财产权保护模式之外，还有学者主张，姓名、肖像等人格要素可以分别作为人格权与财产权的客体，从而使商品化的人格得以横跨人格权与财产权两大领域，形成一个客体对应两种利益和两种权利的新态势。④ 也有学者主张应将人格标识的商业化利用归类为知识产权，《世界知识产权组织公约》第2条第8款将"知识产权"的范围界定为7个方面，其中包括"在工业、科学、文学或艺术领域里一切其他来自知识活动的权利"，商品化权明显属于在"工业"领域里

---

① 参见吴汉东：《形象的商品化与商品化的形象权》，载《法学》2004年第10期，第86页。
② 参见温世扬：《论"标表型人格权"》，载《政治与法律》2014年第4期，第69页。
③ 参见于晓：《自然人人格标识商业利用民事权利独立设为新型财产权研究》，载《山东大学学报（哲学社会科学版）》2017年第3期，第135页。
④ 参见蓝蓝：《人格与财产二元权利体系面临的困境与突破——以"人格商品化"为视角展开》，载《法律科学（西北政法学院学报）》2006年第3期，第48页。

"来自知识活动的权利",其中部分是著作权与商标权或广告使用权的交叉,另一部分是"名人"的姓名权或肖像权与商标权或广告使用权的交叉。①

总结以上学说,可以发现,对人格标识的商业化利用的研究仍存在以下问题:首先,概念指称不一。在对人格标识商业化利用这一法律现象的描述中,我国学者使用了"商品化权"、"公开权"、"形象权"、"商事人格权"等诸多概念,极为杂乱。在概念的内涵上,即便同样采用"商品化权"这一概念,其所指称的具体权利却相去甚远,跨越了人格权、财产权、知识产权三个完全不同的权利类别。其次,权利性质不明。就所谓商品化权、商事人格权、公开权等等而言,学者根据对这些权利的不同认识,将其归类为人格权权能、人格权、财产权、知识产权、新型权利等,不一而足。之所以出现如此众多的权利称谓,以及催生对这些权利性质的众多争论,主要原因在于在法律调整中,此类权利落于人格权与财产权划分的边缘地带,难以定性。再次,法律规范有待细化。尽管我国《民法典》首次对人格标识的商业化利用作出肯定,于人格权编第993条对姓名标识、肖像标识的许可使用作出规定,并且分别在第1021条与第1022条对许可使用合同的解释与解除作出规定。但整体而言,《民法典》所作规定的原则性较强,在实践操作中还有待规则细化,才能为解决实际法律问题提供更好的指导。除此之外,在知识产权领域,姓名、肖像、声音等人格要素的商品化与知识产权现有制度密切相关,对人格标识的商业化利用同样可能适用知识产权法的规定,但这些规定散见于著作权法、商

---

① 参见刘春霖:《商品化权论》,载《西北大学学报(哲学社会科学版)》1999年第4期,第54页。

标法、专利法中，与各类人格权、人格利益的关联程度不一，对相关人格权、人格利益的保护程度也大相径庭，难以对人格标识商业化利用现象作出全面完善的调整。①

---

① 参见姚辉：《人格权法论》，中国人民大学出版社2011年版，第364-365页。

第三节 研 究 方 法

一、比较研究法

比较研究法是本书的主要研究方法。两大法系的代表性国家德国法与美国法均对人格标识的商业化利用作出了完善的保护。德国法采取一元论保护模式,通过扩张人格权的内涵,使人格权同时包含精神利益与财产利益,在人格权的体系内解决人格标识商业化利用的保护问题。[1] 美国法采取二元论保护模式,通过创设独立的财产权实现人格标识商业化利用的法律保护,从而形成隐私权专注保护人格精神利益,公开权专门保护人格财产利益的二元论保护模式。两种保护模式各有其优势,均是根据各国具体国情所作出的制度构建。"他山之石,可以攻玉",德国法与美国法对人格标识商业化利用的保护具有丰富的理论研究积淀,而我国对相关问题的研究尚有欠缺,通过取其精华再将有益经验本土化可以为我国构建具有中国特色的人格标识商业化利用的保护制度提供良好借鉴。

二、实证研究法

本书的选题源于司法实践中实际面临的法律问题,本书的目的在

---

[1] 王叶刚:《人格权中经济价值法律保护模式探讨》,载《比较法研究》2014年第1期,第160页。

于通过构建合理的制度规则,帮助分析解决这些实际问题。本书在研究人格标识商业化利用的司法现状与法律问题时,引证分析了大量的司法案例,分类归纳了不同法律纠纷的核心要点,从而发现、分析和解决司法实践中的问题本源。除本国实证案例之外,本书还研究了大量的域外司法案例。作为判例法国家,美国法对人格标识商业化利用的法律保护规则主要体现于司法判例之中,通过深入研究司法判例,能够探寻其解决问题的法律路径。除制定法之外,德国联邦最高法院及联邦宪法法院一系列关键性的判决对促进人格标识商业化利用的发展起到了至关重要的作用,充分凸显了司法造法的机能。对此,本书运用了实证研究的方法,对中外代表性司法案例进行深入分析,以求解决司法实践中的关键法律问题。

三、历史研究法

通过运用历史研究法,可以厘清人格标识商业化利用的产生背景、制度内涵、历史条件,为制度规则的构建提供理论基础。人格标识商业化利用的发展并不是一蹴而就的,早期在商品经济发展并不充分的情形下,受"人是目的"思想的影响,人格标识的商业化利用遭到否定。随着商品经济与传媒科技的发展,市场参与者逐步开发利用人格之中的财产利益,人格标识的商业化利用开始受到保护肯定。时至今日,姓名、肖像等人格标识的商业化利用非常普遍,在商业广告宣传领域发挥着重要的作用,我国《民法典》也首次对人格标识的商业化利用作出承认与肯定。

四、文献研究法

本书在撰写过程中,通过北大法宝、中国知网等中文检索平台,通过HeinOnline、WestLaw等外文检索平台以及丰富的图书馆藏资源开展了中外文献的查找工作。通过认真阅读、深入分析这些文献,归纳提炼出本书的核心要点,为论文的撰写打下了坚实的基础。

第四节 创新之处

在创新之处方面，本书主要具有以下特点：

一、研究方法的创新之处

研究方法的创新之处：采比较法视野，解决实证问题。两大法系的代表性国家德国与美国均对人格标识的商业化利用作出了完善的保护。德国法采用一元论的法律保护模式，在人格权的制度体系之内解决人格标识商业化利用的保护问题；美国法采用二元论的法律保护模式，单设公开权专门保护人格标识的商业化利用。两种法律保护模式各有裨益。两种法律保护模式的差异根源于法治土壤与传统文化的差异，德国法作为传统大陆法系国家更注重对人格尊严的保护，美国法则更侧重于对人身自由的保护。本书分析研究了两种法律保护模式下的大量实证案例，其中部分案例与我国司法案例纠纷具有相似之处，阅读其判例思路，对我国解决类似问题具有启发意义。通过比较法的分析研究，有助于厘清我国司法实践中面临的现实困境，为建构具有中国特色的人格标识商业化利用的法律保护体系提供有益经验参照。

二、研究内容的创新之处

研究内容的创新之处：类型化细致梳理，找准关键争议。姓名与肖像是最典型的人格标识类型，姓名标识与肖像标识的商业化利用在司法实践中案件纠纷众多，面临诸多法律问题。此前虽有学术论文对人格标识商业化利用的法律保护进行论述，但整体较为零散，未形成体系，更未作细致的类型化处理。针对上述问题，本书单列第二章进行重点探讨。本书中按照商业化利用的不同方式进行区分，将姓名标识商业化利用所涉的法律问题梳理为三类：其一，作品创作中冒用姓名标识的主要争议；其二，商标注册中盗用姓名标识的核心要点；其三，域名注册中非法利用姓名标识的关键争点。同时，将肖像标识商业化利用的实证问题也归纳为三类：其一，面部以外形体的肖像标识问题；其二，局部形象特征的肖像标识问题；其三，卡通化个人形象的肖像标识问题。通过类型化区分，定位关键争议点，为解决法律问题打下基础。

对于死者人格标识商业化利用的延伸保护问题，学界探讨较少。历来我国在论及对死者人格利益的保护时，常常囿于死者人格利益中的精神利益的保护，而鲜少论及死者人格利益中的财产利益的保护。但是随着我国社会经济的发展，将已故名人的人格标识运用于商业活动的现象愈发普遍，死者人格标识中蕴藏着巨大的商业价值，如放任其进入公共领域而不提供保护，将对死者及其继承人的利益造成损害。对死者人格标识的商业化利用提供保护具有急迫的现实需要。从世界范围来看，最具代表性的美国法与德国法均确立了对死者人格标识商业化利用的延伸保护。本书从我国实际情况出发，结合域外优秀的司法经验，尝试作出死者人格标识商业化利用法律保护的规范性设计。

三、预期成果的创新之处

预期成果的创新之处：结合《民法典》内容，构建保护进路。我国《民法典》首次对人格标识的商业化利用作出肯定，于人格权编第993条对姓名标识、肖像标识的许可使用作出规定，并且分别在第1021条与第1022条对许可使用合同的解释与解除作出规定。整体而言，《民法典》所作规定的原则性较强，在实践操作中还有待规则细化，才能为解决实际法律问题提供更好的指导。本书多处紧密结合《民法典》的相关内容展开研究，例如《民法典》第994条对死者人格利益的保护，第997条对人格权禁令的规定，第1012条对姓名标识的保护，第1018条对肖像标识的保护，第1021-1023条对人格标识许可使用合同的规定等。本书对以上《民法典》条款的内容均进行了深入研究分析，针对我国实证案例中的难点与争议点，通过借鉴比较法的有益经验，尝试构建人格标识许可使用的具体保护规则，以期为《民法典》相关条款在司法实践中应用提供具有可操作性的指导。

第一章

人格标识商业化利用的理论基础

研究人格标识商业化利用的法律保护，需要首先明确人格标识商业化利用的理论基础。本章将首先从人格标识商业化利用的基本问题入手，解读人格标识的含义、可商业化利用的人格标识的范围以及人格标识商业化利用的主要方式。其次，本章将介绍人格标识商业化利用的历史演进与性质辩驳，从历史视角分析人格标识商业化利用的演进过程，探讨其同时具备的精神利益与财产利益的双重属性。最后，本章将论述对人格标识商业化利用提供保护的正当性基础，探究其经济上的正当性基础与人格自主理论的正当性基础。

第一节 人格标识商业化利用的基本问题

一、人格标识的含义

(一) 人格标识的内涵

伴随社会生产力的发展与经济水平的提升,我们进入到大众消费的时代。商品供给的不断充裕,使得人们的物质生活得到了极大的满足。然而在面临大量同质商品的激烈竞争之时,如何让自己的商品脱颖而出,成为商业经营者思考的问题。广告传媒的扩张与信息技术的发展让商业经营者意识到商品经济正逐渐转向为"注意力经济",一些知名人物的人格标识引起了商业经营者的关注。这些知名人物的人格标识具有鲜明的特征以及较高的社会知名度,能够让消费者产生熟悉、喜爱或者被吸引的情感,消费者会将这种情感嫁接于人格标识所附着的商品之上,进而刺激消费者的购买欲望,起到提升购买力、促进商品销售的作用。

标识是指表明特征的记号、符号或标志物,用以标示,便于识别。根据德国哲学家卡西尔的观点,人是"符号"的动物,符号化的思维和行为是典型的时代特征。[1] 随着社会的变化发展,人在创造符号社会的同时,也越来越多地将个人特质、情感、诉求等承载于符号术语

---

[1] 参见 [德] 恩斯特·卡西尔:《人论》,甘阳译,上海译文出版社 1985 年版,第 35 页。

之中，从而进一步加强了人格的标识化和符号化。① 从传统意义上而言，姓名、名称、肖像、声音等人格要素是民事主体人格尊严和人身自由等精神利益的体现，但同时应当看到，这些人格要素还意在标明民事主体的人格特征，使某一主体与其他主体相区别，实际发挥了标识和区分的符号功能。各种社会符号除具备指代某种具体事物、将不同事物区别开来的作用之外，还具备承载和传播信息的重要作用。人格要素的标识载体作为社会符号的一种，在商业化利用过程中实际具备了双重功能——识别区分功能和情感嫁接功能。② 第一，识别区分功能。人格标识作为附有人格特征的社会符号，具有指代和识别某一民事主体，将不同民事主体区分开来的功能。姓名、肖像、声音等人格标识与民事主体的个性特征紧密结合，体现出不同民事主体的人格价值，表现为一种伦理性、精神性利益。第二，情感嫁接功能。人格标识作为人格要素的外化载体，具有传播情感的外在吸引力。每个民事主体的人格要素都有其个性特质，知名人物的人格要素更是如此，知名人物通过不断的辛勤努力以保持良好的公众形象、提升个人的社会知名度，其姓名、肖像、声音等人格要素能对社会公众产生很强的影响力和吸引力。当公众看到声誉良好的名人的姓名、肖像、声音等人格标识，便会不自觉地联想到善良、积极、亲和等正面形象，进而会将这种情感嫁接到人格标识所附着的商品或服务之上，人格标识实际起到了对商品或服务的背书作用，增强了商品或服务的市场识别性。

---

① 参见谢晓尧：《商品化权：人格符号的利益扩张与衡平》，载《法商研究》2005年第3期，第81页。
② 参见谢晓尧：《商品化权：人格符号的利益扩张与衡平》，载《法商研究》2005年第3期，第81页。

当公众将其对名人的特殊情感嫁接到特定的商品或服务之上时，会产生被吸引诱导购买的情绪，进而帮助增加商业销售额，提升商业利润，此时人格标识表现为一种商业性、财产性利益。

由此可见，所谓人格标识是指姓名、肖像、声音等表明民事主体个性特征的人格要素通过一定媒介外化成的具有可识别性的符号标志。人格标识从传统含义来看仅仅包含人的精神利益，但是在社会发展的过程中人格标识的内涵得以扩充进而也具备了财产价值的属性。人格标识既可以指代和识别某一民事主体，还可以通过情感嫁接而具备"第二含义"，起到识别和区分商品和服务来源的作用。

（二）人格要素、人格权与人格标识

人格要素是自然人获得民事主体资格应具有的构成要素，这些要素是民事主体置身于社会生活中求得生存与发展的基本条件。自然人具有生命、健康、姓名、肖像等多种人格要素。人格权法为保护这些人格要素，规定了民事主体因这些人格要素而享有人格利益。[①] 人格权的客体是人格利益。由此可见，人格权包含人格要素，其所保护的客体又直接指向人格要素本身，可以说人格权与人格要素之间存在着密不可分的直接联系。[②]

在社会经济的不断发展过程中，人们逐渐意识到人格要素可以通过一定媒介外化成具有可识别性的符号标志，例如自然人可以通过照片、影像等技术手段将自身的形象保留下来，可以通过磁带、卡带等介质将自己演唱或演讲的声音记录下来。可见，人格标识可以将人格

[①] 参见祝建军：《人格要素标识商业化利用的法律规制》，法律出版社2009年版，第2页。
[②] 参见戴谋富：《论自然人人格标识商品化权的性质及民法保护》，载《华中科技大学学报（社会科学版）》2010年第4期，第55页。

要素反映为外界认知的符号，人格标识是人格要素的物化产物。人格权和人格标识之间并无直接的联系，二者需要人格要素在中间沟通传递，人们先通过人格标识识别出特定的人格要素，进而再与某一人格权人产生关联。尽管人格权与人格标识之间是间接的关系，但人格标识有效地丰富了人格权的内涵。传统人格权立足于保护民事主体的人格尊严，受康德"人是目的"思想的影响，早期的人格尊严只包含消极防御的功能，即只具有阻止人格利益不受侵害的功能，而不具有积极利用的含义。因此，早期人格权只保护人的精神利益，与财产权有着绝对的界限。而后伴随商业社会走向成熟，科学技术不断发展，姓名、肖像、声音等人格要素以人格标识作为外化载体，得到了更为广泛的传播。人格要素被负载了更多的意义，除了传统的精神利益之外，人格要素的外化载体与特定民事主体的声望一经结合，便会产生新的价值，公众会产生善恶美丑等主观评判，拥有良好声誉的形象能够让公众产生被吸引的情感，商家通过将这种情感嫁接到商业活动之中，与消费者产生共鸣，进而刺激消费、增加销量、提升收益。由此我们可以看出，人格标识作为外化载体，能够将人格要素对公众的影响力投映到人格标识所附着的特定商品之上，让民事主体的人格要素与商品销售之间产生联系，实现以商业利益为目的的开发利用，体现出人格要素的经济利益和财产价值，进而将人格权的保护范畴从传统的精神利益扩展至财产利益。[①]

[①] 也有学者认为人格标识的商业化利用是人格权派生利益或者衍生利益的体现。"人格权的目的是为了保护人格利益，包括物质性人格利益和精神性人格利益，因而无财产内容。而人格标识商品化权作为人格权的派生利益或者衍生利益，一旦被衍生出来便可脱离人格权而相对独立，具有财产权性质，目的在于保护其商业利益。"参见戴谋富：《论自然人人格标识商品化权的性质及民法保护》，载《华中科技大学学报（社会科学版）》2010年第4期，第55页。

(三) 人格权商品化与人格标识商业化利用

当人格权上的财产利益日益凸显，"人格权商品化"之说兴起，关于人格权商品化存在广义说与狭义说。广义说认为，科学技术的发展使得人格的肉体与精神具备了经济价值，因此可作为商品进行交易。① 狭义说则认为，应当将人格组织与人体器官排除在外，仅可以将人格权的某些权能授权他人使用。笔者认为，人格权商品化这一说法并不准确，宜采用人格标识商业化利用这一概念。

首先，人格权商品化广义说将人体的部分也作为商品化的对象，具有"买卖人格权"之嫌，显然有悖于公序良俗。人格权所蕴含的权利内容很丰富，按照不同的标准，人格权可以被划分成不同的类型。值得注意的是，受到伦理道德的规范和公序良俗的限制，并非所有类型的人格权都可以被商业化利用。相反，只有部分具有积极权能的人格权，才能成为商业开发和利用的对象。人格权商品化广义说将可商业化利用的人格利益扩张地过于宽泛，并不可取。

其次，尽管人格权商品化狭义说将人格组织与人体器官排除在外，对人格权的范畴进行了限缩，相较于广义说而言有所进步，但人格权商品化这一概念的使用本身存在一定问题，不如人格标识商业化利用这一概念准确。第一，"商品化"相较于"商业化利用"来说，内涵和外延更为狭窄。商品化只是商业化利用的其中一种方式，随着经济的发展，人格标识所发挥的作用并不只局限于商品，人格标识也可被用于服务行业，帮助服务提供类的企业进行广告宣传等。此外，人格

---

① 参见房绍坤：《标表型人格权的构造与人格权商品化批判》，载《中国社会科学》2018年第7期，第140页。

标识还可以被用于工商业标记,例如将自然人的姓名注册成为商标、商号或网站域名,进而更直观地融入到企业文化之中。由此,商业化利用的含义更为丰富,比商品化更为准确。第二,有学者认为从商业化利用的层面而言,使用"人格标识"这一概念比"人格权"更为准确。"传统学说认为,人格权为防御性权利,具有专属性、非财产性"。①强调人格权的商品化,可能导致其专属性、非财产性的消融。而人格标识的商业化利用则不会导致这一结果,因为人格标识并非人格权的权利对象。②人格权和人格标识之间并无直接的联系,二者需要人格要素在中间沟通传递,人们先通过人格标识识别出特定的人格要素,进而再与某一人格权人产生关联。因此,采用人格标识商业化利用这一概念比人格权商品化更为准确和适宜。

二、可商业化利用的人格标识的范围

要研究人格标识商业化利用的法律问题,首先应当明确可商业化利用的人格标识的范围。明确可商业化利用的人格标识的范围具有重要的意义:

首先,明确可商业化利用的人格标识的范围是保护个人人格尊严的需要。自然人对自己的人格享有自主决定之权利,这一自主决定权既包括精神上的自主决定权,也包括经济上的自主决定权。自然人有权利决定是否开发利用其人格中的财产利益,也有权利决定以何种方

---

① 房绍坤:《标表型人格权的构造与人格权商品化批判》,载《中国社会科学》2018年第7期,第141页。
② 参见房绍坤:《标表型人格权的构造与人格权商品化批判》,载《中国社会科学》2018年第7期,第152页。

式方法、在何种条件下来开发和利用其人格中的财产利益。肯定个人有权利对其人格标识进行商业化利用，尽可能扩大可商业化利用的人格标识的范围，有利于释放人格标识中的财产价值，便于自然人行使其经济上的自主决定权，这是尊重个人人格自由发展的体现。然而，对可商业化利用的人格标识范围的扩大并非是无限制的，如果不对该范围进行必要的限制，自然人可能基于经济利益的需求而放弃其生命权、身体权等基本人格权益，社会上可能出现买卖器官案件与代孕纠纷案件，这将带来违背伦理道德与危及个人人格尊严的危险后果。[①]因此，我们应当对人格标识的范围进行明确区分，明晰商业化利用的边界，才能协调好人格尊严保护与人格自由发展之间的关系，实现对个人人格尊严的保护。[②]

其次，明晰人格标识的范围，是确定人格标识许可使用合同效力的基础。人格标识的商业化利用只能通过许可使用合同的方式进行，人格权人不得转让其人格标识，否则将对人格尊严造成不可逆转的伤害。然而在司法实践中具体应当如何确定人格标识许可使用合同的效力有待进一步探讨。尽管我国《民法典》人格权编规定了人格标识的许可使用应采用合同的形式，但许可使用合同的具体操作规则仍有待细化。在《民法典》颁布适用之前，司法实践中法院主要依据公序良俗原则来认定人格标识许可使用合同的效力。然而，公序良俗的判定很大程度上依赖于法官的自由裁量，属于不确定概念，如此可能导致法律适用的不稳定。此外，依据公序良俗原则来对人格标识许可使用

[①] 参见刘道云：《我国人格权保护的限度》，载《东方法学》2011年第3期，第58页。
[②] 参见王叶刚：《论可商业化利用的人格权益的范围》，载《暨南学报（哲学社会科学版）》2016年第11期，第116页。

合同的效力进行认定，更接近于一种事后认定，可能会提升当事人的行为风险。一般而言，在民事法律行为中，事前引导优于事后认定，事前引导能够为当事人提供预期认知，为行为的作出提供预判。对人格标识许可使用合同的当事人而言，如果其不了解人格标识的范围，对生命权、身体权等物质性人格权或其他特殊类型的人格权进行商业化利用，将导致合同因违反法律的强制性规定而被认定为无效。因此，明确人格标识的范围是商业化利用保护研究的前提，如此才能引导当事人在实施民事法律行为之前作出预判，帮助当事人签订合法有效的人格标识许可使用合同，降低当事人实施民事法律行为的风险，提升经济效率，避免造成商业资源的浪费。①

最后，要构建人格标识商业化利用法律保护的中国进路，必须首先明确人格标识的范围。随着传媒技术与社会经济的快速发展，人格标识在商业社会中发挥出前所未有的经济价值，除精神利益之外，人们开始格外关注人格之上所蕴藏的财产利益，如何为人格标识的商业化利用提供充分的保护成为学界与实务界关注的焦点。从世界范围内来看，以美国法与德国法为代表的两大法系国家分别通过不同模式确立了完备的法律保护体系。我国在法律保护制度的构建过程中会涉及到人格标识授权许可使用机制、人格标识非法利用的责任救济制度、财产损害赔偿与精神损害赔偿的平衡等问题②，但是当前可商业化利

---

① 参见王叶刚：《论可商业化利用的人格权益的范围》，载《暨南学报（哲学社会科学版）》2016年第11期，第116页。
② 参见王利明：《人格权法研究》（第二版），中国人民大学出版社2012年版，第245页。

用的人格标识的范围不明，导致了法律保护制度缺乏构建基础①。因此，明确人格标识的范围与边界，是构建法律保护进路需要解决的首要问题。

我国《民法典》第993条创设性地规定了人格标识许可使用的规则，民事主体可以将其人格标识许可给他人使用，但是同时也强调基于权利性质与法律规定的排除适用情形。第993条实际划定了可以许可使用的人格标识的范围，普遍性地肯定了人格标识可以被商业化利用，但有两种情形除外：其一，根据人格权益的性质不宜进行商业化利用的；其二，依照法律规定不得进行商业化利用的。

（一）根据性质不得商业化利用的人格权类型

人格权所蕴含的权利内容非常丰富，按照不同的标准，人格权可以被划分成不同的类型。值得注意的是，受到伦理道德的规范和公序良俗的限制，并非所有类型的人格权都可以被商业化利用。相反，商业开发和利用的对象仅限于部分具有积极权能的人格权。按照性质的不同，人格权可被区分为物质性与精神性两类。物质性人格权指的是自然人对其生命、身体、健康所享有的不可转让的支配权。精神性人格权并不包含物质实体，是剥离于物质实体之外的精神价值权利。②具体而言，精神性人格权又可分为自由性人格权、评价性人格权和标表性人格权。自由性人格权是指以人身自由和精神自由为内容的人格权，主要包括人身自由权、婚姻自主权、隐私权等权利。③评价性人

---

① 参见王利明：《人格权法的新发展与我国民法典人格权编的完善》，载《浙江工商大学学报》2019年第6期，第18页。
② 参见王利明：《人格权法》（第二版），中国人民大学出版社2016年版，第28页。
③ 参见杨立新：《人格权法》，法律出版社2015年版，第43页。

格权也称为尊严性人格权，是指以对民事主体的特定评价为内容的人格权，主要包括名誉权、荣誉权、信用权等权利。标表性人格权是指以民事主体的外在标志和表征为内容的人格权，主要包括自然人的姓名权、肖像权、声音权等权利。①

物质性人格权不得成为商业化利用的对象。人格标识商业化利用的前提是人格权益可以与主体发生一定程度的分离，而物质性人格权是以自然人的物质载体所体现的人格利益为内容的人格权，生命权、身体权、健康权所具有的人身依附性决定了此类物质性人格权难以进行商业化利用，否则将给人格尊严造成不可逆转的损害。若允许对物质性人格权进行商业化利用，可能导致自然人"沦为客体"，有悖于民法的基本理念。② 因此，为了保护自然人的人身权益，维护个人的人格尊严，应当将生命权、身体权、健康权等物质性人格权排除在可商业化利用的人格权的范畴之外。③

评价性人格权、自由性人格权不得成为商业化利用的对象。在精神性人格权中，评价性人格权意在对民事主体作出特定评价，自由性人格权意在保护民事主体的人身自由与精神自由，二者具有强烈的固有性，对民事主体生存条件的保护而言必不可少，并不适宜进行商业化利用。"名誉等人的社会评价不可以财产化，人们不能通过收取一定的对价而放弃自己的名誉、尊严。"④ 自由性人格权是以人的自由利益

---

① 参见王利明：《人格权法》（第二版），中国人民大学出版社2016年版，第31页。
② 参见最高人民法院民法典贯彻实施工作领导小组主编：《中华人民共和国民法典人格权编理解与适用》，人民法院出版社2020年版，第264页。
③ 参见王利明：《人格权法》（第二版），中国人民大学出版社2016年版，第28－30页。
④ 沈建峰：《一般人格权财产性内容的承认、论证及其限度》，载《比较法研究》2013年第2期，第59页。

为内容的人格权，这类人格权涉及人的自由，不应因商业利益而使人失去自由价值。① 因此，评价性人格权与自由性人格权均不得成为商业化利用的对象。

(二) 依照法律规定不得商业化利用的情形

我国《民法典》第993条规定，依照法律规定不得许可使用的除外，这是一项原则性的规定。社会发展会产生许多人格权的新兴前沿问题，这一原则性的规定体现出我国立法者对人格标识商业化利用的审慎态度，从整体上认同应当对人格标识的商业化利用提供保护，但同时也要为目前尚未发生、未来可能出现的新情形预留制度空间。依照法律规定的排除适用的情形指的是法律禁止的许可使用行为，比如将人格标识许可给违法犯罪行为使用，应属于不得许可使用的情形。人格标识最主要的商业化利用方式是将自然人的人格标识置于广告之中起到鉴证商品或服务的作用，对此，《中华人民共和国广告法》（以下简称《广告法》）作出细致规定，在一些特定情形下，禁止将特定主体的人格标识用于广告宣传，以及禁止在特定行业领域利用广告代言人作推荐证明，这些规定都属于依照法律规定不得商业化利用的情形，具体而言：

从主体来看，以下主体的人格标识不得用于广告的商业化利用方式：(1) 国家机关工作人员；(2) 不满十周岁的未成年人；(3) 因虚假广告受到行政处罚未满三年的自然人。② 国家机关工作人员的特殊身份具有独特的社会公信力，容易对消费者产生引导作用，国家机关

---

① 参见最高人民法院民法典贯彻实施工作领导小组主编：《中华人民共和国民法典人格权编理解与适用》，人民法院出版社2020年版，第264页。
② 分别参见《广告法》第9条第2项、第38条第2款、第38条第3款规定。

工作人员的形象并不适宜进行商业化利用，因此《广告法》明令禁止以国家机关工作人员的形象作广告宣传。不满十周岁的未成年人心智尚不成熟，无法对其个人行为承担责任，同时禁止不满十周岁的未成年人担任广告代言人也体现出国家立法对未成年人的保护。因虚假广告受过行政处罚且未满三年的自然人也不得担任广告代言人，体现出一定的惩罚性，客观上有利于减少虚假广告的行为，促进商业市场的健康发展。

从行业领域来看，一些行业领域的广告中不得利用广告代言人作推荐、证明，具体包括：1. 医疗、药品、医疗器械广告；2. 保健食品广告。① 不同于日常用品，以上医疗物品具有特殊性，虚假宣传可能对消费者的人体健康造成不可逆的巨大损害，故法律禁止让广告代言人从事以上物品的推荐、证明。一些行业领域的广告中不得以专业人士、受益者、用户等特定主体的形象作推荐、证明，以免对消费者造成误导，主要包括教育、培训广告、招商广告等。②

（三）可商业化利用的人格标识的主要类型

1. 姓名

姓名是用来确定和代表自然人并与其他自然人相区别的一种文字符号和标识。③ 姓名乃用以区别人己，将人予以个别化，表现于外，同一性及个性化乃姓名的两种主要功能，为法律所保护，使权利人使

---

① 分别参见《广告法》第 16 条第 1 款第 4 项、第 18 条第 1 款第 5 项规定。
② 分别参见《广告法》第 21 条第 2 项、第 24 条第 3 项、第 25 条第 2 项、第 27 条第 4 项规定。
③ 参见杨立新：《人格权法》，法律出版社 2015 年版，第 176 页。

用其姓名而免受他人争执和否认，避免姓名遭受他人冒用和盗用。①

姓名由姓和名两部分组成。自然人通常随父姓或者随母姓，因此姓是自然人血缘遗传关系的记号，体现出伦理秩序和文化传统。② 名是自然人区别于其他自然人的特定称谓。因而姓名组合在一起就成为自然人专用的文字符号和标记。姓名的使用能够将某一自然人与其他自然人区别开来，便于自然人参加社会活动，行使法律赋予的各项权利及承担相应的义务。③ 姓名权有决定、变更、使用和许可他人使用四项基本权能。尽管姓名通常是在自然人出生时由其父母或长辈选定，用以表达命名者的期待和心愿，④ 但自然人是有权利按照其个人意愿来决定和变更自己姓名的，只要不违反法律规定和公序良俗，他人就无权干涉。自然人决定和变更姓名的行为虽仅依其单方的意思表示为已足，但应当依法向有关机关办理登记手续。姓名的使用权能是指自然人对个人的姓名享有专有的使用权，任何人不得强迫他人使用或不使用某一姓名。

姓名权从传统意义上而言指向精神利益，但随着社会经济的发展，姓名的财产价值不断凸显，姓名的许可使用也愈发普遍。姓名权作为标表性人格权，其重要功能在于对个人身份起到识别作用，防止个人身份的混淆。当自然人将其姓名许可给他人使用，例如名人将其姓名

---

① 参见王泽鉴：《人格权法：法释义学、比较法、案例研究》，北京大学出版社2013年版，第116页。
② 《民法典》第1015条对自然人的姓氏选取作出规定。自然人通常应当随父姓或随母姓，在特定情形下也可在父姓和母姓之外选取其他直系长辈血亲或扶养人的姓氏，在选取姓氏方面需遵从公序良俗、文化传统和风俗习惯。因此，姓氏的选取彰显了伦理秩序和文化传统，不可以不加限制地随意选取。
③ 参见杨立新：《人格权法》，法律出版社2015年版，第176页。
④ 参见纳日碧力戈：《姓名论》，社会科学文献出版社2002年版，第1页。

许可给商业经营者用于商品的广告宣传，其他人便会不自觉地将名人与该商品产生联系。商业经营者表面上使用的是名人的姓名，其实质上利用的是名人的声望。在商业环境中使用的姓名其实是以文字、视频或音频等形式来表征的人格标识和符号，当姓名以人格标识和符号的形式出现在商业广告当中，商品会因名人影响力的附着而产生强大的购买力，帮助商业经营者获得丰厚的经济利润。此时，名人的姓名作为搭载商誉的外化标识符号，其商业价值可以得到直观的体现。①姓名的商业化利用是姓名权积极利用权能发展的重要体现，权利人通过将其姓名许可给他人使用，可以从中获得经济利益。②可商业化利用的姓名并不局限于本名，还包括具有一定社会知名度的艺名、笔名、网名、译名、别名、绰号、姓名的简称等。对姓名进行商业化利用的方式具有多样化的特点，既可以将姓名用于商品或服务的宣传广告，以起到对商品或服务的促销作用，也可以将姓名注册为商标、企业名称、商号、网站域名等，从而将姓名与企业文化进行更为深入的绑定。

2. 肖像

肖像是自然人的外部形象，可以通过一定载体得以反映。肖像权是自然人专有的民事权利，法人及非法人组织不享有肖像权。肖像反映的是自然人的外部形象特征，是一种视觉形象，肖像需要通过艺术形式固定在一定的物质载体上，才能为观赏者所视觉感知。肖像作为人格权的客体，是每个自然人都不可或缺的人格要素，与自然人的一生始终相伴，须臾不可分离，因此对自然人肖像的保护体现为对人的伦理价值和精神利益的保障。肖像在体现精神利益的同时，也表现出

---

① 参见严城：《论人格权的衍生利益》，黑龙江大学 2010 年博士学位论文，第 27 页。
② 参见王利明：《人格权法》（第二版），中国人民大学出版社 2016 年版，第 107 页。

明显的财产属性。肖像与自然人能够形成独一无二的映射关系，通过肖像可以搭载自然人尤其是名人的名声和声誉。因此，商业经营者愿意花费重金利用名人的肖像来做广告，以此吸引消费者，提高销售数量。由此，肖像标识是具有财产价值的商业符号。①

肖像是识别自然人个性特征的外部形象，自然人以五官为中心的面部外貌自然是最具识别性最能反映自然人个性特征的视觉形象，但肖像并不仅仅局限于面部外貌，自然人具备可识别性的形体特征、侧影、背影等同样属于应受保护的肖像之列。肖像权具有四项权能，分别为制作、使用、公开及许可使用。经过制作这一过程，肖像通过艺术创造被固化在影像等载体上，就具有了物的属性，能够为人们所利用和传播。②肖像的使用是指肖像权人对其个人肖像享有专有的支配权，只要不违反法律法规的规定和公序良俗的原则，自然人就有权以任何方式来合法使用其个人肖像。肖像的公开意味着肖像权人具有自由选择是否将其个人形象公诸于众的权利，肖像权人可以选择公开也可以选择不公开，除非具有法定抗辩事由③，否则他人无权干涉和制止。肖像的许可使用是指肖像权人有权依照其个人意志，将其肖像上的利用价值许可给他人使用。肖像的许可使用是肖像权人和被许可人平等协商和意思自治的结果，通过肖像许可使用合同的形式得以体现。在肖像许可使用合同中，双方当事人应当对肖像许可使用的时间期限、地域范围、内容方式、许可费用等相关事项作出约定。当肖像许可使

---

① 参见严城：《论人格权的衍生利益》，黑龙江大学2010年博士学位论文，第27页。
② 参见杨立新：《人格权法》，法律出版社2015年版，第193页。
③ 法定抗辩事由是指《民法典》第1020条规定的，可以不经肖像权人同意，合理实施利用肖像的行为。

用合同条款发生争议，合同的解释应当有利于肖像权人。此外，如果合同对于许可使用的期限未作出规定或者规定不明确的，双方当事人均享有对合同的任意解除权。即便合同对许可使用的期限作出规定，只要肖像权人具有正当理由，仍然可以解除合同。由此可见我国立法思想中以人为本的基本精神，侧重对自然人人格尊严的保护。肖像是自然人具有可识别性的外部形象特征，通过许可他人使用，可以实现肖像标识的商业化利用，体现出财产价值。

3. 声音

《民法典》确立了对自然人声音的保护，声音与自然人的姓名、肖像一样，都是应受保护的人格权益。自然人的声纹具有唯一性和稳定性的特点，是每个人独有的身体特征，目前声纹识别已成为一种生物识别手段，通过声音波形可以反映出讲话人的声音参数，进行身份识别，找出对应的自然人。[1] 声音只能由特定的自然人专属享有，自然人享有对自己的声音进行专属利用、许可使用和侵权维护的权利。声音作为自然人的一项基本人格权益，体现为一种精神利益，但同时声音也具备明显的财产属性。自然人的声音与其姓名、肖像相同，都可以起到人格标识的作用，从而能将不同的自然人区分开来。声音标识尤其是具备显著性和知名度的声音标识能够降低消费者搜索商品的成本，许多商业经营者热衷于将名人演唱的歌曲、诵读的旁白等置入广告之中，从而挖掘声音的财产潜力，吸引消费者。自然人可以通过订立声音许可使用合同的形式，将其声音许可给他人使用，从而实现声音的积极利用价值，获得财产利益。这种许可使用既可以是排他性

---

[1] 参见张亮：《声纹证据的应用》，载《公安大学学报》2002年第4期，第76页。

的许可使用也可以是非排他性的许可使用，具体取决于双方当事人在协商一致的基础之上所达成的约定。声音作为一种具有可识别性的人格标识，已经被世界上许多国家的立法和司法所承认和保护，尤其在现代技术不断发展的背景下，将声音作为一种独立的人格权益加以保护具有必要性。声音标识的商业化利用主要通过自然人对其声音的许可使用来实现，应当注意的是，未经许可擅自在商业广告中模仿他人的声音从而导致消费者产生混淆的行为，将构成对自然人声音权益的侵害，损害自然人本应获得的财产利益。

（四）可商业化利用人格标识的范围界定

本书认为，明确可商业化利用的人格标识的范围是研究人格标识商业化利用相关法律问题的基础。具体应当采取反面排除模式来界定可商业化利用的人格标识的范围，[①] 我国《民法典》人格权编第993条实际确立了基于权利性质与法律规定的排除适用规则。从人格权利的性质来看，物质性人格权、评价性人格权及自由性人格权均不得成为商业化利用的对象，为经济利益而放弃生命健康、名誉荣誉显然属于对人格权的非法处分，与人格尊严的保护目的背道而驰，当然不能纳入商业化利用的范畴。[②] 从法律的禁止性规定来看，《广告法》等相关法律规定，在某些特定情形下，禁止将特定主体的人格标识用于广告宣传，以及禁止在特定行业领域利用广告代言人作推荐证明，这些规定属于依照法律规定不得将人格标识进行商业化利用的情形。除依

[①] 参见王叶刚：《论可商业化利用的人格权益的范围》，载《暨南学报（哲学社会科学版）》2016年第11期，第119页。

[②] 参见王叶刚：《论可商业化利用的人格权益的范围》，载《暨南学报（哲学社会科学版）》2016年第11期，第119页。

据权利性质或依照法律规定不得进行商业化利用的情形之外，其他人格权益原则上都可以进行商业化利用。从权利类型上来看，能够成为商业化利用对象的主要是标表性人格权。① 标表性人格权是以标表民事主体的外在标志和表征为内容，从而起到将某一民事主体与其他民事主体相区别的作用的人格权，主要包括自然人的姓名、肖像、声音等权利。② 商业利用价值是标表性人格权的重要价值，标表性人格权的核心内容之一就是通过将部分权能许可他人使用的方式来实现商业化利用的目的。③

除自然人的姓名权、肖像权、声音权外，标表性人格权还包括法人及非法人组织的名称权，名称是法人或非法人组织区别于其他法人或非法人组织的文字符号和标记。④ 学界通说认为，法人及非法人组织是法律拟制的主体，并不具备自然人的人伦价值，无论法律技术再怎么娴熟地运用，法人及非法人组织也不可能像自然人一般能够感受到情感或情绪遭受侵犯。⑤ 因此，名称仅体现出财产属性，并不具备精神属性。本书意在探讨近来大量人格标识商业化利用的现象可能给传统人格尊严保护造成的冲击，以及如何在维护人格尊严的前提下释放人格标识所蕴藏的财产价值。人身属性与商业属性之间的张力是自然人的人格标识才具有的特殊问题。法人及非法人组织的名称仅具有

---

① 参见王利明：《人格权法的新发展与我国民法典人格权编的完善》，载《浙江工商大学学报》2019年第6期，第18页。
② 参见王利明：《人格权法》（第二版），中国人民大学出版社2016年版，第31页。
③ 参见王利明：《人格权法》（第二版），中国人民大学出版社2016年版，第31页。
④ 参见杨立新：《人格权法》，法律出版社2015年版，第182页。
⑤ 参见刘凯湘：《民法典人格权编几个重要理论问题评析》，载《中外法学》2020年第4期，第30页。

财产利益而不具备精神利益，并不存在人身属性与商业属性之间的张力问题，尤其是公司的名称天然体现出商业属性，《公司法》等相关法律法规已对此作出较为完备的规制。因此，本书所探讨的可商业化利用的人格标识的范围仅针对自然人，而不包括法人和非法人组织。

随着经济发展和科技进步，现实生活中也产生了许多可授权使用的新型人格权益，例如个人信息权。伴随大数据技术的发展，许多软件都通过各种手段对用户的个人信息进行收集，如用户网络购物的兴趣偏好、个人地理位置信息等等，这些信息均存在授权使用的情况。现实层面中存在大量违规收集和利用个人信息的问题，如何保护个人信息成为时下关注和热议的话题。有观点主张，在大数据时代，对经营者违法搜集、使用、加工个人信息的情形，应当贯彻以行政、刑事手段解决为主，以民事手段解决为辅的基本原则。[①] 本书所探讨的人格权益的授权许可使用主要涉及人格标识的直接商品化、鉴证商品或服务、商业标志化等问题，集中体现为通过授权名人的人格标识在广告宣传中使用，进而起到提升产品和服务销量，增加经济收益的作用。此处所言人格标识的授权使用与个人信息的授权使用并不在同一语境之下，发挥的作用也各不相同。因此，本书所探讨的可商业化利用的人格标识的范围并不包含个人信息。

综上，本书将可商业化利用的人格标识的范围界定为以姓名权、肖像权、声音权等权利为主的标表性人格权，物质性人格权、评价性人格权及自由性人格权均不得成为商业化利用的对象。本书所探讨的人格标识仅针对自然人，而不包括法人和非法人组织。可商业化利用

---

① 最高人民法院民法典贯彻实施工作领导小组主编：《中华人民共和国民法典人格权编理解与适用》，人民法院出版社2020年版，第57页。

的人格标识的范围亦不包含个人信息。

三、人格标识商业化利用的主要方式

所谓商业化利用即市场化利用,是指以营利为目的的市场行为。由于自然人的人格标识与其人身属性密切相关,不可分离,出于对人格尊严的保护,自然人的人格标识不能进行转让,而只能通过许可使用的方式来进行商业化利用。从许可使用的效力范围来看,人格标识商业化利用的方式可分为专有使用和非专有使用。专有使用意味着人格标识只能授权给被许可人一方进行使用,而非专有使用则可以授权给多方同时进行使用。参考《中华人民共和国著作权法》(以下简称《著作权法》)以及《中华人民共和国著作权法实施条例》(以下简称《著作权法实施条例》)的相关立法经验,对于人格标识的商业化利用,双方当事人应当订立许可使用合同,如果是专有使用的,合同应当以书面方式订立。合同条款中应当就许可使用的地域范围和时间期限、付酬办法和标准、合同解除、违约责任等基本事项作出规定。[①]值得关注的是,我国《民法典》颁布后,人格标识的许可使用得到首次肯定和承认,《民法典》第 993 条规定了民事主体可以将其人格标识以许可使用的方式进行商业化利用,并在第 1021 条、第 1022 条具体规定了许可使用合同的争议解释方法以及人格权人对合同的单方解除权。更进一步,人格标识的专有使用还可细致划分为独占使用许可和排他使用许可,二者的区别在于在排他使用许可中,被许可人和人格权人都可以利用该人格标识,而在独占使用许可中,仅被许可人才能

[①] 参见于晓:《自然人人格标识商业利用民法调整模式的重构——"乔丹案"引发的思考》,载《人大法律评论》2018 卷第 2 辑,第 92 - 93 页。

利用该人格标识，即使是人格权人本人在合同期限范围内也无权利用该人格标识。通常而言，专有使用需支付的报酬对价高于非专有使用，在专有使用中，独占使用许可支付的报酬对价高于排他使用许可。

从利用用途来看，人格标识商业化利用的方式主要分为直接商品化、鉴证商品或服务、商业标志化三类。直接商品化是指直接将自然人的人格标识制作成周边产品进行销售，例如销售印有名人肖像的T恤、明信片或雕像工艺品等。鉴证商品或服务是指将人格标识用于广告宣传之中，起到证明或推荐商品或服务质量的作用。鉴证商品或服务是人格标识最常见亦是应用最广泛的商业化利用方式，包括广告使用（包含平面广告、户外广告、公共设施室内广告、电视广告、网络广告等）、商品包装装潢使用、推广活动中使用、作广告代言人使用等等。[1] 商业标志化是指将特定的人格标识用于工商业标记，例如将自然人的姓名注册成为商标、商号或域名等进行使用。[2]

---

[1] 最高人民法院民法典贯彻实施工作领导小组主编：《中华人民共和国民法典人格权编理解与适用》，人民法院出版社2020年版，第255页。

[2] 参见于晓：《自然人人格标识商业利用民事权利独立设为新型财产权研究》，载《山东大学学报（哲学社会科学版）》2017年第3期，第137页。

第二节 人格标识商业化利用的历史演进与性质辩驳

一、从人格到人格权：保护自然人的精神利益

人格（personality）一词的词源是拉丁文 persona（人格），"persona"原指在古希腊戏剧中使用的假面具。① 后来该词词义发展为面具之后的真实自我。② 经过古罗马哲学家的运用，"persona"一词的表述逐渐确定为"人格"，指的是理性的、个别（体）的存在。③ 在罗马法中，人格的概念受到重视，人格对人而言，如同头颅对人一般重要。然而，人格受到重视的这一事实并不意味着在罗马法中存在人格权的概念。罗马法所称之"权利"，乃是一种"物"。"物"作为与"人"相对立的概念，属于外在于人的范畴。因此，在罗马法的观念中，"物"其实是与"财产"等价的概念，指的是可以由人力所支配和享有的财产组成部分。④ 而人格所体现的伦理价值是无法用金钱进行衡量的，人格也就被排除于物的范围之外，无法成为权利的客体。⑤ 虽然人格并

---

① 参见陈仲庚等：《人格心理学》，辽宁人民出版社1987年版，第29－39页。
② 参见朱道俊：《人格心理学》，台北商务印书馆1976年版，第1页。
③ 参见［俄］尼古拉·别尔嘉耶夫：《人的奴役与自由》，徐黎明译，贵州人民出版社1994年版，第16页。
④ 参见周枏：《罗马法原论》，商务印书馆1994年版，第298页。
⑤ 参见马俊驹：《人格权的理论基础及其立法体例》，载《法学研究》2004年第6期，第48页。

不属于权利的客体，但罗马法对人的伦理价值的保护是毋庸置疑的。《法学阶梯》清晰地罗列了针对人格的不法侵害的情形，包括被拳头、棍棒殴打，被谩骂，毁坏他人名誉，侵害他人贞操等。① 在人格遭受不法侵害后，责任承担方式经历了从远古时期的同态复仇向自由赔偿的转变，在罗马法时期最终确立了受损害方有权提起诉讼并要求致害方强制赔偿的责任形式。可见，尽管罗马法时期并无人格权一说，但非常重视对于人的伦理价值的保护，其先进的社会文明促进了对人格的保护，这种理念对于后世大陆法系民法的发展起到了深远的影响。

14世纪随着文艺复兴运动的兴起，罗马法的思想获得复兴，罗马法被用于与当时欧洲的社会现实相结合，改造黑暗时期以来的封建习惯法与教会法。在此后17世纪至18世纪的启蒙运动之中，人们更加关注罗马法思想中的自然法思想与个人权利意识。② 随着18世纪法国大革命的进行，自由、平等等天赋人权的观念不断深入人心，人们开始进一步反思并寻求自身的价值。在这样的背景下制定的《法国民法典》秉承了古典自然法学说的思想，举起人文主义的大旗，并将"人人生而平等且自由"的伦理价值在法典中得以实现。值得注意的是，《法国民法典》并没有规定实定法的"人格权"的概念，因为立法者认为生命、自由、健康乃是人生而有之的自然权利，只能在自然法即"天赋的"人之属性中进行寻找，实定法无权进行规定。③ 由此可见，《法国民法典》深受人文主义与自然法学的影响，倡导对人的自由与

---

① 参见优士丁尼：《法学阶梯》，徐国栋译，中国政法大学出版社1999年版，第445页。
② 参见阿依加马丽·苏皮：《人格权中财产利益的私法保护研究》，吉林大学2015年博士学位论文，第27页。
③ 参见张红：《人格权总论》，北京大学出版社2012年版，第65页。

尊严的保护，但这种自由与尊严是人的内在价值，并非是人取得法律人格之后的结果，因此在法典之中不存在伦理价值权利化，而是在天赋性之中寻求对人的伦理价值的保护。[1] 这种天赋性也决定了人的各种必要属性与权利将随着社会发展不断地被发现与完善。[2]

德国近现代人格权研究从对罗马法继受的普通法时代就开始了。[3] 19世纪历史法学派对人格权采取了形式拒绝但实质承认的态度。萨维尼将人作为其法律思想的核心，其认为每个人都是有权利支配自己意思的法律主体。人这一概念在萨维尼的法律体系中得到了极大的重视和保护，但是萨维尼拒绝承认人格权这一概念，其认为人不应拥有对自己身体及身体组成部分的权利，否则会导致人可以依其意志对身体作出随意处分，人就会拥有自杀的权利，这显然是违背社会伦理的。因此，萨维尼虽然强调并尊重对人的保护，但其强烈反对人格权及一般人格权的说法，认为这种权利不应在实证法上进行确认和规定。尽管萨维尼对人格权的看法尤其是"自杀论据"在今日看来并不可信，但在彼时的时代背景下，萨维尼的观点确实激发了学者的兴趣，在学界引发了是否应当承认人格权的探讨。普赫塔承认人对于其自身享有权利，接受"人格上的权利"这一概念，但普赫塔对于"人格上的权利"与"权利能力"的概念并没有加以区分，其所说的"人格上的权利"与我们现在所理解的人格权的概念也有所不同。劳伊尔作为潘德克吞法学的代表人物，其首次提出存在一个一般人格权的概念，并主

---

[1] 参见马俊驹：《人格权的理论基础及其立法体例》，载《法学研究》2004年第6期，第49页。
[2] 参见张红：《人格权总论》，北京大学出版社2012年版，第65页。
[3] 参见张红：《人格权总论》，北京大学出版社2012年版，第59页。

张将一般人格权与特别人格权进行并列处置。此后,以温德沙伊德、黑格尔斯博格为代表的潘德克吞法学家们相继就人格权理论表达了自己的观点,这些观点并没有遵循萨维尼的思想,而是表明每个人享有维护自己生命和身体健康完整自由的权利,并且每个人对其自身支配的权利及于生理和心理。尽管后来的潘德克吞法学家们对于人格权的思想相较于萨维尼体现出了进步性与发展性,但整体而言,历史法学派并没有将人格权这种新型的权利类型融入到自己的法律体系当中,人格权理论经历了一个曲折发展的过程。① 相比于历史法学派严守法律实证主义的固执态度,日耳曼法学派在人格权理论的问题上体现出开放与包容的态度,日耳曼法学派从德国的"本土资源"出发,完成了人格权理论的构建。日耳曼法学派代表人物伽哈依斯发展了一套完整的人格权体系,使用"个性的权利"这一概念。伽哈依斯认为所谓"个性"是指法律主体保持其存活、彰显其存在的必要条件,而"个性的权利"与物权具有相似之处,是一种绝对性的和独立的私权,并不存在特定的义务主体,任何人都应当尊重并且不得侵犯他人"个性的权利"。伽哈依斯强调若要实现人们对"个性的权利"的可掌握性,就应当在实在法中对其进行确认,使其能够如同著作权、商标权等权利一样,具有明确的请求权基础,从而真正实现对"个性的权利"的保护。伽哈依斯将人格权从天赋人权的自然法学说中分离出来,被称为是将"人格权移入实在法的移植者"。② 科勒沿着伽哈依斯的理论道路不断前进,成为人格权理论的进一步塑造者。科勒将伽哈依斯"个性的权利"改称为"人格权",并将人格权提到了一个新的高度。科

---

① 参见张红:《人格权总论》,北京大学出版社2012年版,第8-10页。
② 张红:《人格权总论》,北京大学出版社2012年版,第14页。

勒认为人格权是一切法律秩序的起点，每一项权利都需要依附于一定的主体而存在，作为法律主体，人的人格应当得到法律的保护，人的身体及其组成部分与人格是密不可分地结合在一起的，如果人格得不到保护，人将难以构成法律上的主体。此外，科勒还将对于一般人格权的保护推到首要位置，其认为一般人格权具有"母权"或"权源"的功能，同时还对诸多具体人格权进行了阐释。[1] 日耳曼法学派的杰出代表人物基尔克在《德国私法》（1895）这一巨著中对人格权做了极为详尽和系统的阐述，明确论述了一般人格权，详细列举并分析了个别人格权。基尔克发展出了统一的人格权理论，其对人格权的理解为德国20世纪人格权的发展作出了总体性和前瞻性的规划，包括对于一般人格权的承认、一般人格权与个别人格权的关系、个别人格权范围的扩大、死者人格利益的继承问题等。[2] 从德国近现代人格权的发展历程可以看出，历史法学派对人格权的承认问题采取了较为保守且固执的态度，日耳曼法学派谴责这种"形式主义法学"，尝试摆脱罗马法的窠臼，从德国本土的法学资源出发，以热情开放的态度对人格权进行了承认与阐释。应当注意的是，尽管历史法学派对人格权这一概念体现出较为保守的态度，但其从未否认人格这一概念，并且十分重视且尊重对人的保护。由此可见，尽管在不同时期德国的不同学派对于人格权这一概念的理解和承认有所不同，但对人的尊严价值和精神利益的保护一直以来都是得到重视和强调的。

人格确权为人格权经历了一个漫长的过程，但自罗马法开始，对于人格的保护一直以来都是毋庸置疑的。人格具有极其丰富的内涵，

---

[1] 参见张红：《人格权总论》，北京大学出版社2012年版，第18页。
[2] 参见张红：《人格权总论》，北京大学出版社2012年版，第18页。

包括自然人的生命、身体及身体的组成部分不受侵害，名誉、贞操不受侮辱等，其蕴含的基本价值是平等、自由、安全与人的尊严。① 人格利益大多都体现为一定的精神利益，例如名誉、贞操、自由等并不像财产利益那样具备有形的特征。对自然人而言，这些人格利益都是以人的尊严为基础，以人的精神活动为核心。对人格利益侵害的后果集中体现为对自然人的精神利益造成损害，给自然人带来精神上的痛苦。因此，从人格到人格权，致力于保护的是自然人的精神利益而非财产利益，是以维护和实现自然人的身体健康、人身自由及人格尊严为目标。②

在商品经济尚不发达的时期，人格标识的商业化利用遭到否定，因为承认人格标识的商业化利用无异于将人"物化"，如此将与人格权维护人格尊严的核心要旨相违背。如果肯定人格权中包括财产利益，那么就可以用金钱来衡量人格权侵害的强弱，无异于认同人格利益能够与金钱利益进行等价交换。受"人是目的"思想的影响，人格标识的商业化利用长期以来被压抑，对侵害人格权的行为也仅限于精神层面的救济。③

二、人格标识商业化利用的承认与肯定

在第二次世界大战之后，基于对战争践踏人格尊严暴行的反思，

---

① 参见尹田：《论人格权的本质——兼评我国民法草案关于人格权的规定》，载《法学研究》2003年第4期，第7页。
② 参见王利明：《人格权法》（第二版），中国人民大学出版社2016年版，第6页。
③ Michael Hartl, Persönlichkeitsrechte als verkehrsfähige Vermögensgüter, University of Konstanz, 2005, S. 41. 转引自王叶刚：《人格权中经济价值"可让与性"之反思》，载《广东社会科学》2014年第2期，第238页。

对人格权与人格尊严保护的重视在世界范围内得以确立。在这一阶段，哲学思想与伦理观念发生了变革，人格尊严的内涵开始扩张，除保护人格尊严不受侵害之外，人格尊严还扩展包含了人格自由发展的内涵。人格权不再仅仅是消极地保护个人权利免遭他人侵犯，而是逐步具有了积极利用的权能。大众不再认为将姓名、肖像等人格标识授权给他人使用是一种不道德的行为，而是认为个人有权利自主决定其经济上的自由发展，有权利决定是否以及以何种方式将其人格标识许可给他人使用，以获取经济利益，实现其个人价值。①

人格标识的可分离性为商业化利用提供了便利和可能。② 众所周知，人格权具有固有性和专属性，许多人格权与主体本身密不可分，如生命权、健康权、名誉权等，但是也有一些人格权的权能可以在一定程度上与权利人的人身发生分离，权利人可以将其授权给他人进行使用。③ 例如，肖像具有可复制性，他人通过使用某人的照片便可达到使用其肖像的目的，肖像权权能与肖像权人之间的关系不再那么紧密，肖像能够被用于一些商业活动，肖像权人自己能够加以利用，也能够授权他人使用其肖像。④

更进一步，商业经济和传媒科技的快速发展为人格标识商业化利用的勃兴孕育了土壤。科技革命的发展为人类带来了先进的技术设备，

---

① 参见王叶刚：《人格权商业化利用与人格尊严保护关系之辨》，载《当代法学》2018年第3期，第24页。
② 参见姜新东：《人格权商业化利用的不能与能》，载《甘肃社会科学》2011年第6期，第126页。
③ 参见王利明：《论人格权商品化》，载《法律科学（西北政法大学学报）》2013年第4期，第55页。
④ 参见杨立新、刘召成：《抽象人格权与人格权体系之构建》，载《法学研究》2011年第1期，第95页。

也推动了传媒广告行业的不断革新,照相设备、录音设备、印刷技术、数码技术等技术设备可以将人的声音、肖像等人格标识复制到固定载体上,并将其传播到世界各地。① 图像的传播渠道伴随彩印、照相技术的普及变得多元化,商业经营者为提升自身产品的影响力和信服力,开始在广告中大量使用名人的肖像。② 商业经营者发现此种广告宣传手段能够取得良好的经济效应,增强特定商品或服务对公众的吸引力。由于这些名人具有市场知名度和社会影响力,获得了广泛的关注和喜爱,因此当这些名人的人格标识与特定的商品或服务联系在一起,公众会将其对名人的喜爱与信赖"移情"于该商品或服务,进而实施购买行为,为商业经营者带来可观的市场收益。人格标识的商业化利用伴随商品经济的发展获得承认与肯定,并进一步发展壮大。

三、人格标识商业化利用中的精神利益与财产利益

(一) 人格标识商业化利用中的精神利益

人格标识商业化利用以人格特质为前提。商业化利用的对象是人格标识,即姓名、肖像、声音等人格要素的外化符号标志,这些人格标识体现出强烈的个人特质,具有将不同民事主体区分开来的识别作用。受个人的情感、名誉和地位的影响,通常名人的人格标识具有更广阔的商业化利用空间,具备更高的商业开发价值。名人通过不断在其个人领域深耕付出,塑造良好的个人形象,不断提升自我知名度,才能获得与商业经营者签订广告合同、获取经济利益的机会。人格标

---

① 参见黄芬:《商品化人格权的定限转让》,载《河北法学》2017年第1期,第60页。
② 参见姜新东:《人格权商业化利用的不能与能》,载《甘肃社会科学》2011年第6期,第126页。

识的商业化利用以其所承载的精神利益为基础，体现为公众对其人格特质的社会评价、信赖和喜爱。如果不存在人格特质和人格因素，自然也不存在可以被商业化利用的人格标识，皮之不存毛将焉附，因此人格标识的商业化利用体现了人格权的精神利益。人格标识商业化利用中的精神利益还体现为人格权主体的人格自治和自主决定权。人格权主体有权利决定是否商业化利用其人格标识，利用其何种类型的人格标识，以及在何种条件下以何种方式来利用其人格标识。这种自主决定的利益，体现为受到人格权保护的精神利益，即每个人都有权利决定自己以何种状态存在，如何在公众面前展现自己，自由支配自己的人格标识且保证个人形象不被歪曲。由于人格标识具有区分人己，指代和识别某一特定民事主体的功能，所以人格标识并非一般的物品。当人格标识被利用到商业经营活动当中，会构成人格形象的对外表现和展示，这种表现和展示涉及到人的自由，当然属于人格权的保护范畴。反之，如果不对这种自我决定的精神利益加以保护，会导致商业经营者得以随意盗用他人的人格标识来服务于个人私益，从而导致人格标识降格为物、人格尊严遭受冒犯的不利后果。由此，人格标识商业化利用是受到人格权制约的精神利益，受到人格自治的保护，人格权主体有权利自主决定是否商业化利用其姓名、肖像、声音等人格标识。①

（二）人格标识商业化利用中的财产利益

人格标识源于人格要素，以人格特质为前提，但这并不意味着其

---

① 参见陈龙江：《人格标志上经济利益的民法保护——学说考察与理论探讨》，中国政法大学2007年博士学位论文，第138－139页。

与人格权主体不可分离。当社会经济发展到一定层次，人们发现部分人格权权能可以与人格权主体发生分离，获得相对独立的存在，从而具备一定的财产属性。[①] 借助于影像科技等先进技术，自然人的外貌、形象、声音等都能够被外化为一定的人格标识，商业经营者通过利用自然人的照片视频即可起到使用其肖像标识的作用，对这些照片视频的使用并不会造成人格权主体肖像的损毁，也并不必然给人格权主体造成精神损害。由此，人格标识的确源于传统人格要素，但在商业化利用的过程中，人格要素与人格权主体的联系不再那么紧密，可以与人格权主体暂时分离使用，人们可以通过人格标识的商业化利用来实现人格特征的财产价值。正如马俊驹教授的观点，人格权的专属性区分为享有的专属性及行使的专属性。[②] 所谓享有的专属性是指人格权中的精神利益，集中体现为人的伦理价值，人格要素伴随人的价值而存在，人格权不存在主体变更，人格权不得转让、抛弃和继承。而行使的专属性并不似享有的专属性那么绝对，当人格权体现出财产价值时，人格要素与人格权主体具有可分离性，自然人可以对自己的人格要素作出处分，通过许可他人使用的方式来对人格标识进行商业化利用，从而获得一定的经济利益。人格权主体与被许可人可以通过订立许可使用合同的方式来约定人格标识商业化利用的具体范围、使用期限等内容，在合同约定的期限内，人格权主体需接受容忍被许可人对其人格标识的利用，甚至人格权主体自己在使用其人格标识时也需要接受暂时性的限制，由此产生人格权主体与人格权权能相分离的法律

---

① 参见杨立新、刘召成：《抽象人格权与人格权体系之构建》，载《法学研究》2011年第1期，第95页。

② 参见马俊驹：《人格与人格权理论讲稿》，法律出版社2009年版，第114页。

效果，人格权的财产利益通过被许可人行使对人格标识的使用权得以实现。值得注意的是，人格标识商业化利用中财产利益的实现并不是人格权主体的变更，并不会导致人格权主体丧失对其人格权的控制和支配，当合同期限届满之后，财产利益范围内的人格权权能将会重新归于人格权主体。由此，人格标识商业化利用中体现的财产利益并不会对传统人格权的精神利益和伦理价值造成冲击。

（三）人格标识商业化利用的双重属性

人格标识商业利用过程中所体现的精神利益与财产利益不再是传统割裂对立式的关系，而是相互依附和联系的关系，这引发了对精神与财产二元利益关系的再思考。人格标识商业化利用中的财产利益依附于精神利益。财产利益的产生以精神利益的存在为基础，以人格特质为前提，自然人享有人格自由可以自主决定是否开发利用其人格特征中的财产利益。同时人格标识商业化利用中的精神利益与财产利益又是紧密联系的，二者互为目的及手段。自然人首先要投入金钱时间成本来发展和完善自己的人格，保持良好的个人形象和精神面貌，才能获得与商业经营者签订广告代言合同的机会，才有可能获得财产利益。可获得的财产利益的多少与民事主体的个人形象密切相关，随着社会评价的升降而有所变化。例如公众人物的名誉因负面事件而受损，则必然会影响到其所签订的广告代言的商业价值，造成其财产利益的损失。反之，财产利益的激励又可以助推人格权人不断完善发展其个人形象，推动正向循环。当公众人物通过人格标识的商业化利用获得了初始的财产利益之后，会投入更多的金钱来宣传和打造自己，促进自己在专业领域不断深耕，才能更进一步地提高社会知名度，获得更多的商业机会。在这一过程中，公众人物的名誉和形象得到了进一步的发展，促进其精神价值不断提高，人格得以断完善。由此可见，人格标识商业化利用同时涉及精神利益与财产利益并不矛盾，精神与财产二元利益的关系并非割裂对立的，而是相互依附、紧密联系并互相促进的。

第三节　人格标识商业化利用保护的正当性基础

一、经济上的正当性基础

（一）劳动财产权理论与防止不当得利理论

从经济上的正当性基础来看，人格标识的名望和商业价值是个人劳动所得，根据洛克的劳动财产权理论，个人对其劳动所得享有财产权，禁止任何人收割他人劳动所得的不当得利行为，法谚有云："他人耕种，不得收割。"

洛克为抨击"君权神授"论，系统地发展了自然法的财产权劳动思想，提出了劳动财产权理论。洛克劳动财产权理论的核心思想在于：对身体的支配权是排他性权利，除本体之外，任何人不能享有，而由劳动者身体延伸出的其他权能也应当属于劳动者本人。① 推而论之，劳动作为人类独特的工作形式，是劳动者通过身体进行的，因此工作成果仅归属劳动者本身，无论是精神的还是物质的，都是正当地属于他的，他人不能剥夺。换言之，人对其身体的劳动享有所有权，事物在经过身体和双手所从事的劳动之后改变了其自然原始的状态，添附了劳动者赋予的独一无二的价值创造，因此价值创造部分天然属于劳

---

① See John Locke, *Two Treatises of Government*, Book II, Ch. V, Cambridge University Press, 1967, pp. 287–288.

动者的成果,归属于劳动者所有。① 伴随经济发展,法学家们逐渐发现劳动财产权理论更适于解释无形财产权的取得,劳动财产权理论的适用对象不只局限于能被人们直观感知的有体物,它也为"知识产品"等无形财产权利的确定和保护提供了合法性基础。② 对劳动财产权理论的扩展性认识使得许多学者热衷于将劳动财产权理论用于解释人格标识商业化利用的正当性基础,这部分学者认为尽管洛克的劳动财产权理论是因解释有体物的财产取得而提出,但该理论的扩展适用为人格标识商业化利用的法律保护提供了一个想象的空间。尼莫(Nimmer)教授率先提出应当从劳动财产权角度来为人格标识的商业化利用寻求根据,其认为保护人格标识商业化利用的正当性理由在于一个人在提升个人名望和商业价值的过程中投入了劳动和努力。尼莫教授在其《公开权》一文中指出:一个人的人格标识如果要获得商业价值,意味着此人需要付出长期的辛勤劳动。当一个人意图成为知名人物,其名望、能力、声誉的培养都不是一蹴而就的,其中包含着大量时间、精力甚至金钱的付出,以寻求个人技能的不断提升,才能被更多的社会公众所认识,进而提高个人的社会知名度和商业价值利益。除非存在与之相抵触的公共政策,每个人都有权利享受其劳动所得的果实,这是美国私法的首要原则(first principle)和根本公理(axiom)。③ 受尼莫教授的影响,内维尔(Neville)法官在 Uhlaender

---

① 参见[英]洛克:《政府论》(下),叶启芳、瞿菊农译,商务印书馆1964年版,第19页。
② 参见易继明:《评财产权劳动学说》,载《法学研究》2000年第3期,第98-99页。
③ See Melville. B. Nimmer, *The Right of Publicity*, 19 Law & Contemporary Problems 203 (1954), p. 216.

v. Henricksen案件判决中表达了类似的观点。① 内维尔法官认为，名人对其人格标识享有合理的财产性利益。一个人只有不断地付出时间、精力和努力，其姓名、肖像等人格特征才能具有市场价值；只有经过多年的竞争和努力，其形象才能得到市场认可，最终成为名人。这些具有市场价值的人格标识特征，是名人多年来辛勤耕种的劳动果实，是应由其享有的一种财富。② 还有学者以木匠制椅为例作出形象的比喻，一堆本无价值的木料，经由木匠持续不断地辛勤付出和时间投入，最终转变为一张精美的椅子，此时木匠就拥有了一件此前并不存在的有价值之物。同理，一个人多年来一直勤勤恳恳地付出和投入，经过坚持不懈的努力，最终将自己从默默无闻之人打造为被公众所熟知的名人，使其姓名和肖像等人格标识拥有了市场价值，他就如同那个木匠一般，创造出了前所未有的有价值的财产。③ 这些人格标识所带来的商业价值乃基于其个人所付出的时间、技能、金钱等劳动创造，当然应由其个人享有财产权。

与前述探究人格标识上的商业利益为什么归属于本人的劳动财产权理论不同，不当得利论者关注的重点在于，倘若使用者没有为他人人格标识的商业利益做出过任何努力，其就无权免费使用他人的人格标识。无权使用者不当利用他人辛勤耕耘的成果，会被视为搭便车者、

---

① Uhlaender v. Henricksen, 316 F. Supp. 1277 (D. Minn. 1970).
② 参见［澳］胡·贝弗利-史密斯：《人格的商业利用》，李志刚、缪因知译，北京大学出版社2007年版，第358页。
③ See Eileen R. Reilly. Note, *The Right of Publicity for Political Figures: Martin Luther King, Jr., Center for Social Change, Inc. v. American Heritage Products*, 46 U. Pitt. L. Rev (1985), p. 37.

盗猎者，将受到法律的制裁。法谚有云："他人耕种，不得收割。"①

美国司法实践的一些判决从防止不当得利的角度进行说理论证，对防止不当得利说的正当性予以了肯定。在 Munden v. Harris 一案中，某一珠宝公司在未经许可的情形之下，将某一小男孩的照片运用于其珠宝广告之中，小男孩遂将其诉至法院，法院从防止不当得利的角度对小男孩的权利予以了肯定："如果小男孩的形象中存在某种价值并足以唤起他人的贪欲，那么不正说明这样的形象是具有价值的财产，而小男孩本人乃是这种形象价值产生的源泉。小男孩可以为了自己金钱上的利益而行使对其形象的权利，自然也可以阻止其他人擅自利用小男孩的形象来获利的行为。"② 在 Onassis v. Christian Dior‐N. Y., Inc., 一案中，法院更是明确指出："不应当存在搭便车的可能性。那些未经许可企图搭乘他人名望之车的人都应当学会向权利人支付车费，否则权利人就有权让其走开。"③ 除法官判决说理之外，学者也论证指出，保护人格标识商业化利用的正当性基础正是，阻止通过"盗窃"他人的名望形象与良好声誉而不当得利的行为。因为从公共利益的角度而言，允许被告免费利用原告的具有市场价值的人格标识并不会带来社会利益的增进，反而只会给原告的正当权利造成损害。④ 如果无权使用者不为此支付相应的对价，社会任由这种不劳而获的搭便车行为发生，不但会对人格标识的拥有者本人造成损害，同时也是以一种

---

① See Michael Madow, *Private Ownership of Public Image: Popular Culture and Publicity Rights*, 81 Cal. L. Rev 125 (1993), p. 196.
② Munden v. Harris, 134 SW 1076 (1911), 1078.
③ Onassis v. Christian Dior‐N. Y., Inc., 472 N. Y. S. 2d 254 (Sup. Ct. 1984).
④ See H. Kalven, *Privacy in Tort Law: Were Warren and Brandeis Wrong?* 31 Law & Contemporary Problems (1966), p. 326.

不正当竞争的形式剥夺以正当方式获得授权者的利益，长此以往，将损害正当的市场秩序。通过规制商业化利用的准则，保护人格标识的价值，能够防止侵权者的不当得利。总而言之，防止不当得利说的主张来源于一种法律上的直觉：价值从何处产生，也当落于何处。

(二) 经济学激励理论

经济学激励理论为知识产权提供了正当性基础，激励理论对人格标识商业化利用的正当性的论证正是类推借鉴了知识产权（尤其是著作权与专利权）中的激励理论。从激励理论的角度来看，知识产权制度实质是一项激励手段。[①] 法律制造出一种稀缺性，使著作权人与专利权人对于自己的作品或发明享有一项专有性的权利，并能借此获得财产收益，从而激励人们踊跃投入到智力成果的创造之中。激励理论的核心是正向反馈论，即充分的法律保护能够让创造者获得更高的安全感和自信心，这类激励能够进一步推动智力创作者完成新一轮创造从而获得高额收益，而社会利益在此过程中也会得以增进。[②] 美国联邦最高法院在著作权与专利权相关的一系列案件判决中，再次重申了激励理论的观点。例如在 Sony Corp. of America. v. Universal City Studios, Inc. 案件中，法官强调保护著作权与专利权的目的乃在于激励作者和发明者们献身于智慧及艺术创作之中。[③] 在 Twentieth Century Music Corp. v. Aiken 案件中，法官直接则将著作权的正当性基础描述为一种"为了整体社会公众的利益刺激艺术活动"的"诱因"。[④]

[①] 参见冯晓青：《知识产权法哲学》，中国人民公安大学出版社2003年版，第192页。
[②] 参见冯晓青：《知识产权法哲学》，中国人民公安大学出版社2003年版，第192页。
[③] Sony Corp. of America. v. Universal City Studios, Inc., 464 US. 417 (1984).
[④] Twentieth Century Music Corp. v. Aiken, 422 US. 151 (1975).

随着激励理论的发展，美国学界及司法实践将其运用于解释人格标识商业化利用的正当性。学者麦卡锡（McCarthy）认为将人格标识所具有的商业价值归属于个人，会激励人们不断努力来塑造良好的个人形象，提升个人名望，这也将有助于促进社会经济及文化发展。[1] 在查西尼（Zacchini）案件中，法官认为人格标识的商业化利用与知识产权具有类同性（quasi-IP right），具备激励效应。[2] 当人格标识的商业价值受到法律保护，人们（尤其是名人们）看到通过对其姓名、肖像等人格标识进行商业授权便可以获得不菲的收益，由此会激励更多的人不断提升自我价值来成为名人。这些人在自我提升的过程中必然会投入大量的时间和精力来增加个人技能，保持良好的声誉形象，不断产出优秀的作品或表演活动，从而提高社会关注度和个人知名度，帮助自己变成名人。在这一过程中，这些优秀的作品或表演活动对社会而言也是文化财富，进而提高了社会公共福利，为社会创造出更多的文化财富。联邦最高法院的上述判实质上认可了激励理论的正当性。

学者麦肯纳（Mc Kenna）认为激励理论是从工具性的视角为人格标识的商业化利用提供正当性基础。[3] 具体而言，是从以下两个方面对人格标识商业化利用的正当性予以了论证：第一，人格标识的商业化利用可获得的经济利益会激励人们努力工作来增加名望，以成为成功的演员、歌手、运动员等公众人物。同时，也会激励已经成为名人的人在其本职工作中不断加大投入，提升自我，以保持其在演艺界、

---

[1] See J. Thomas McCarthy, *The Rights of Publicity and Privacy*, Vol. I, West Group, 1999, § 5: 8.
[2] Zacchini v. Scripps-Howard Broadcasting Co., 433 U. S. 562 (1977).
[3] See Mark P. Mckenna, *The Right of Publicity and Autonomous Self-Definition*, 67 U. Pitt. L. Rev. 257 (2006), p. 257.

运动界等领域的公众知名度。第二，人格标识的商业化利用可获得的经济利益会激励名人对其个人人格特征进行开发投资以吸引更多的消费者。这两类激励虽然具有一定的相关性但仍具有明显的区别。前者侧重于激励人们在职业领域提升个人业务能力，后者则侧重于让名人发掘其鲜明的个人特征，培养对消费者的独特吸引力。通常情况下后者即市场价值的成功需要以前者即职业领域的成功作为基础和前提，例如迈克尔·乔丹等已经达到职业生涯顶峰的运动员本身就具备极强的消费者吸引力和市场价值，但是也存在例外情形，一些颇具个人魅力的运动员具有强烈的市场吸引力但却未必在职业生涯达到顶峰。但无论如何，应当对人格标识商业化利用提供保护，防止"野蛮人"以低成本攫取本应属于人格权人的收益。当人格权人确信，人格建设投资能够获得超额收益，就能够激励个体更加积极地花费时间和努力来完善人格、提升自我，以获得公众认可的技能和成就并贡献出更多优质的作品和表演，由此也会让整个社会受益，最终促进社会公共文化利益的增进。[①]

（三）经济学分配效率理论

分配效率理论是解释财产私有正当性的一种常见经济学理论。在一个没有私有财产的共同体中，公有领域的资源容易遭到破坏和过度开发。"草地放牧"是法经济学家经常引证的一个典型例子。假设在一个没有私有财产的环境中，草地由大家共有，对于草地的使用没有一个合理的限制机制。既然是免费使用，那么必然会有一大批牧人将自己的牛赶到这片草地上吃草，最开始每增加一头牛，并不会增加显

---

① 参见张丹丹：《商品化权研究》，吉林大学2008年博士学位论文，第69页。

著的边际成本，但是当源源不断的牧人将牛带来，不断地增加这片土地上吃草的牛的数量，最终会导致这片草地被过度利用、失去价值。由此可见，对于公有领域的资源，每一个利用者并不会在意其个人加诸在公有资源上的成本，最终可能导致资源被消耗殆尽的"公地悲剧"。而如果这片草地上存在私有财产权，只有付费的牧人才能进入，这相当于帮助草地的所有者做了一次有益的筛选，只有恰当数量的牛才能进入这片草地。同时草地的所有者可以将收取到的费用投入到草地的除虫、施肥等相关维护工作，使草地质量得以保证并得到高效的使用。① 由此，波斯纳（Posner）认为确立私有财产权是解决稀缺资源分配效率的有效办法。

法经济学家也将分配效率理论运用到人格标识商业化利用的正当性分析之中。法经济学家认为人格标识本身就是一种稀缺资源，一个人的人格标识可以开发的商业价值是有限的，从时间维度上来看是不断缩减的，如果纵容所有人都可以不经许可就开发利用他人姓名、肖像等人格标识中的商业价值，势必会导致人格标识的商业利益被过度开发（prematurely exhausted），加速商业价值的损耗，最终导致人格标识要素整体价值的下降。② 威廉·兰德斯（William Landes）和波斯纳都是分配效率理论的积极主张者，他们强调保护人格标识的商业利益是为了阻止他人非法盗猎人格特征的行为。③ 波斯纳在其文章著述之

---

① 参见［美］理查德·A·波斯纳：《法律的经济分析》（上），蒋兆康译，中国大百科全书出版社1997年版，第41页。
② See Jennifer E. Rothman, *The Right of Publicity: Privacy Reimagined for a Public World*, Harvard University Press, 2018, p. 103.
③ See William Landes & Richard Posner, *The Economic Structure of Intellectual Property Law*, Harvard University Press, 2003, p. 223.

中更进一步地表达了自己的观点,即名人形象的价值即在于独特性和稀缺性,如果所有生产者均能无条件使用任意名人的姓名和形象,意味着失去区分功能的名人形象将毫无价值,名人形象附加的认可价值也将消失殆尽。① 当大量的生产者使用同样的照片为不同的产品做广告,消费者将无从判断究竟哪一个产品得到了名人的真实授权,名人与某一产品联系起来的价值就会缩小,名人照片的市场价值会不断降低,甚至变得一文不值。② 事实也的确如此,一个人要通过不懈的努力,才能成为备受瞩目的名人,名人的姓名、肖像等人格标识作为一种独特的注意力资源,具有稀缺资源的特征。如果将该人格标识投放到公共领域,人人均可使用,天生具有逐利性的广告商不需要再考虑这部分成本,必然会大量使用该人格标识。当市场上充斥着大量附有该人格标识的产品,该人格标识再也不能吸引到消费者的注意,消费者甚至会因为市场过于饱和而对该人格标识产生审美疲劳甚至厌倦,直至该人格标识完全失去市场价值。③

在美国司法实践中,一些法官也采纳分配效率理论来解释人格标识商业化利用的正当性。在 Douglass v. Hustler Magazine Inc. 一案中,法院指出保护人格标识商业化利用的一个重要方面就是可以控制一个人的公众形象出现的时间、地点以及次数。名人在接收到广告邀约之后,都会遴选出最适合自己的广告。没有哪个名人会将其姓名或肖像

---

① 参见 [美] 理查德·A·波斯纳:《法律的经济分析》(上),蒋兆康译,中国大百科全书出版社1997年版,第52-53页。
② See Richard A. Posner, *The Right of Privacy*, 12 Ga. L. Rev. 411 (1978), p.393.
③ See Julius C. S. Pinckaers, *From Privacy toward a New Intellectual Property Right in Persona*, Kluwer Law International Press, 1996, p.246.

一概授予给所有前来请他做广告的人使用。① 只有这样才能真正使得人格标识这种稀缺资源得到高效利用，避免遭致过度开发。与此类似，在 Mattews v. Wozencraft 一案中，美国第五巡回上诉法院在判决中阐释道：如果一个人的人格标识得不到保护，那么他的肖像可能会在滥用中失去价值，直至边际效用归零，名人形象被摧毁，这将从根本上背离人格标识保护的初衷。如前所述，名人形象的价值在于独特性与稀缺性，可控的"稀缺"是名人形象附加价值的来源，有助于维护名人的价值。名人价值通过授权使用的形式保留给商家，消费者才能将名人的"稀缺"和广告的"独特"产生关联，进而确信名人与广告商之间的联系，消费者方能知晓究竟哪些广告商已经向名人支付了报酬并获得了名人的真实授权。②

总而言之，法律应当赋予每个人对其拥有的人格标识特征享有排他性的权利，并且承认人格标识上的商业利益为可交易的绝对性权利，如此才能保证每个人能够控制其人格特征的使用权并按照个人意愿将其广告价值最大化。人们可将其人格标识的使用权授权给愿出高价者使用，从而使人格标识获得最佳的商业化，发挥最大的经济效用。③ 在获得高价的商业授权费用之后，人格标识的拥有者方能受到激励，可以投入更多的资金将个人形象打造地更好，以此形成正向激励和良性循环。

---

① Douglass v. Hustler Magazine Inc., 769 F 2d 1128 (1985), 1138.
② Mattews v. Wozencraft, 15 F 3d 432 (5th Cir. 1994), pp. 437–438.
③ Magold, Hanns Arno, Personenmerchandising: der Schutz der Persona im Recht der USA und Deutschlands, Diss. Frankfurt am Main/Berlin/Bern 1994, S. 214. 转引自严城：《论人格权的衍生利益》，黑龙江大学 2010 年博士学位论文，第 7 页。

二、人格自主理论的正当性基础

（一）康德、黑格尔哲学中的人格自主理论

人格自主理论（personal autonomy）源于康德、黑格尔哲学中的人格理论，在康德与黑格尔的法哲学思想中，财产是人的自由的延伸，自由体现于财产的所有权中，财产与自由的内在紧密地结合在一起。人格自主理论的核心在于人的定义，每个人生来自由，人格自主就意味着思想和行为自由。具体而言，该理论涵盖了自我控制权和自主决定权两方面。[1] 每个人都有权利决定如何发展自己的人格以及以何种方式向外在世界展示自己的人格。既然人天生具备自由的权利，人格标识又属于人身权利的一部分，那么人对于人格标识就有自由支配的权利，相应产生的财产利益作为人格特征的一部分，也自然应当被人格权人自主控制。[2] 即人格标识的商业化利用应当受到保护，人对其人格标识被商业化利用所产生的利益应当享有权利。

康德的法哲学思想中的财产理论对自由支配作出了论述，对后世的财产理论产生了深远的影响。康德认为自由是财产理论的基石，人格权中自我控制和自主支配的权能与生俱来，财产作为物权能被人自主支配，自由是人作为自己主人的标志。尽管康德的理论以"自由"为核心，强调自由是"先验理念"赋予每个人的本源性权利，但是康德的财产理论并不排斥"自由"以外的"物质"因素，而是认为自由与财产之间存在某种内在的联系。财产的支配源于自由，当物品确认

---

[1] 参见张红：《人格权总论》，北京大学出版社2012年版，第199页。
[2] 参见张红：《人格权总论》，北京大学出版社2012年版，第199页。

归属后,所有权的产生意味着其他人未经许可都不得触碰该物,否则将构成对物的主人的自由的侵犯。[1] 康德对自由与财产的密切关系的解读被学者引申到人格特征领域,学者试图就人能否对其人格特征的使用主张财产权的问题作出解答。例如,某人拥有其肖像即意味着肖像可以成为一种归属于个人的客体,那么为何不能将肖像视为一种个人的财产呢。从财产权的角度而言,肖像与一般物品没有区别,都可以被视作肖像主人的财产,那么肖像主人也拥有自由使用、支配的权利。人的身体特征和形象特征是天生的,从出生的一刻起个体就已经获得对应的人格特征,因此个体对其肖像的权利本质上来说构成"先占"。[2] 在此,姓名、肖像等人格标识共同构建了人格的同一性(identity[3]),与人格的发展是统一的过程,或者说人格的发展一定意义上就是朝向人格同一性目标的趋进。基于人格完全自主的基础上,个人才获得了决定自身发展方向的权利。因此人格的发展必然包含着对姓名、肖像等同一性要素的控制,进而扩展到对其衍生权益的支配。[4] 换言之,即使对姓名与肖像等人格标识的商业化利用,只要不对个人的自由造成妨碍,反而在一定程度上能够体现出个人对其人格形象的决定力和自主性,强化外界对个人人格同一性的观感。由此可见,即使从早期"消极"人格权保护的康德的哲学理论中,我们也能

---

[1] 参见 [德] 康德:《法的形而上学原理》,沈叔平译,商务印书馆1991年版,第68页。
[2] See Alice Haemmerli, *Whose Who? The Case for a Kantian Right of Publicity*, 49 Duke L. J. 383 (1999), p. 418.
[3] identity 一词的另一层意思是"认同",在这层意思上,人们对个人姓名、肖像等标识的认同,也可以被认为是对个人人格本身的认同。
[4] See Eugene Salomon, *The Right of Publicity Run Riot: The Case for a Federal Statute*, 60 S. Cal. L. Rev. 1179 (1987), pp. 1189-1190.

够找到保护人格标识商业化利用的最根本依据：这是基于人性的需要，是基于人格自主的自然推导结果。① 这里有必要指出，康德的理论出发点是唯心主义的。马克思主义认为，人的本质（本性）是由社会关系决定的，个人人格及其同一性是在现实的社会实践活动中产生和形成的。人格权的法律认同和保护只有在社会的经济基础和生产方式中才能找到其最终的根源。

此外，人格"同一性"观念也可以理解为人格的"整体性"，即人格是个体和社会、内在和外在、历史和现实等各种因素综合构成的整体。关于这种人格总体性观念，康德之后的德国古典哲学家有所论证。黑格尔是德国19世纪哲学的代表性人物，其出现的时代略晚于康德。在黑格尔的哲学思想中，自由、意志、理性、人格等概念都是相互联系的。黑格尔强调自由并不是指一种为所欲为的权利，自由要受到意志的调控与理性的支配，自由与意志是不可分割的。② 黑格尔的人格理论与康德的人格理论具有一脉相承之处，二者都强调财产与自由的重要性，但黑格尔显然比康德走得更远一些，康德对于财产与自由之间关系的理解定格于财产是自由的延伸，而黑格尔则将财产理解为是自由意志的定在。黑格尔认为人作为具有自由意志的存在，需要将其意志变为定在。而自由意志的定在过程，实际也是财产所有权的取得过程。黑格尔认为人是理性的产物，必须给予它的自由以外部领域。"外部领域"便是指财产。黑格尔认为界定财产的关键是人与人、人与物的关系，一件物品从物质实体转变为财产的过程是：我在某物

---

① 参见张红：《人格权总论》，北京大学出版社2012年版，第199页。
② 参见［美］E·博登海默：《法理学：法律哲学与法律方法》，邓正来译，中国政法大学出版社1999年版，第80页。

上"倾注"了足够的个人意志,该物因融入了我的意志而为我所有,而不能再成为他人意志的载体。① 黑格尔的财产意志注入说同样适用于人格特征,人格特征是将某人与其他人相区别的重要特质,一个人在成长过程中,必然会倾注其个人意志于人格特征的自主发展之上,换言之,只有我能自主决定我要成为如何之人,外界基于对个性化人格特征的判断,方能辨别我是我,而非其他人,显然每个人的个人意志都已注入其个性化的人格特征之中,并将贯穿人的一生。学者通过对黑格尔财产权的人格理论作出进一步阐释,发现黑格尔的思想特别适用于个人与其人格形象,对于解释人格标识商业化利用的正当性极具启示。意志是由占有外在之物证明其定在,财产是人格的具体展现及延伸,财产的真正价值在于实现和发展权利主体的人格,这正体现出人格标识商业化利用中"自主的自我阐释"(Autonomous Self-Definition)的思想。② 如前所述,人格形象的本质是人与社会交互的产物,因此人格标识商业化利用的过程即是将人格形象与特定的商品或服务相结合的过程,这一过程必然伴随着权利主体人格信息的展现,权利主体对代言品牌及公司的选择将反映其价值取向。个人可由其人格形象加以识别,人格标识商业化利用给个人带来的经济收益乃是源于人格,因而形象于人而言具有人格利害关系。③ 未经许可擅自将他人的人格标识进行商业化利用,其损害的法益并非权利主体的精神利益,而是损害权利主体之自主决定权。每个人都能够自由地构建其人

---

① 参见卢冠男:《论我国自然人商事人格权的立法构建》,吉林大学2017年博士学位论文,第67页。
② See Alice Haemmerli, *Whose Who? The Case for a Kantian Right of Publicity*, 49 Duke L. J. 383 (1999), p.419.
③ See Hughes, *The Philosophy of Intellectual Property*, 77 Geo. L. J. 287 (1988), p.340.

格，有权利自主决定是否将其人格展现给外界，以及决定将其人格的哪一方面以何种方式展现给外界，即每个人都享有自治的自我界定中的利益，控制着对个人人格特征的使用自由。

康德与黑格尔的哲学思想为人格自主理论的提出奠定了基础。一方面，康德与黑格尔的思想非常注重人的伦理价值，强调人只能是目的而并非手段；另一方面，康德与黑格尔从自由的角度重新对人与财产的关系作出阐释，即对个人财产的支配的彰显了个人的自由意志和人格尊严，[①] 自由人格生来具有财产的支配权，对他人财产的尊重是对自由人格尊重的必要部分。如果财产脱离身体的支配，所谓的财产仅是"物"而已，排除了"我"作为人格本源的价值。[②] 相应地，在人格标识的商业化利用方面，姓名、肖像等人格标识的所有者当然享有对其人格标识自主控制与自由支配的权利。[③] 当然，黑格尔所说的"自由"是"绝对理念"的发展过程和层次，如果我们像马克思那样把黑格尔的哲学"头脚倒置"，对其进行唯物主义的改造，那么我们就可以在现实社会的历史运动和人类能动的实践活动中找到"自由"的现实基础，人格标识商业化利用的法理基础才可以得以真正的确立。

（二）人格自主理论对人格标识商业化利用的支撑

人格自主理论的倡导者麦肯纳教授认为人格标识被商业化利用之时，权利主体的选择将反映其价值取向，彰显其人格内涵的自主权。例如，艺术家汤姆·怀特（Tom Waits）拒绝将其人格标识用于商业

---

① 参见卢冠男：《论我国自然人商事人格权的立法构建》，吉林大学2017年博士学位论文，第68页。
② 参见易继明：《评财产权劳动学说》，载《法学研究》2000年第3期，第106页。
③ 参见洪伟、郑星：《试论人格权的商品化》，载《浙江社会科学》2008年第12期，第42页。

用途，是因为其坚信商业化利用将为艺术家带来负面影响，有损于艺术家的形象。又如一些名人在成为素食主义者之后就不再接肉类广告的代言，在体会到酒精对人的损伤之后就不再为酒类产品做广告。当某球星与使用童工的企业签约合作，人们就会推断他对于企业使用童工的行为是漠不关心的。当某名人的形象出现在香烟广告中，就传达出其在观念上并不认为烟是应该受反对的。再如普通人对于其肖像被用于性保健产品会感到羞耻和愤怒，是因为此类广告会向大众传递出其可能正在遭受性功能障碍的人格信息。将人格标识进行商业化利用所反映的信息，就如同从一个人的交友可以看出此人的为人，从一个人所抉择的产品品牌也可以透露出个人的喜好与生活追求，这些信息都真实地反映了我们每个人的人格，体现出我们希望自己被看待成为怎样的人。① 由此可见，当权利主体的人格标识和特定的商品、服务相结合，会在融合后传递出具有倾向性的人格信息，权利主体对代言品牌及公司的选择将反映其价值取向。为了保证每个人都能够自主地传达其人格信息，将其价值取向展现给公众，有必要承认每个人对其人格标识的控制权以及人格标识与特定对象结合的决定权。

基于人格理论，人与其人格要素具有内在的关系，人格要素是人格的展现，是人的自己本身。而人格标识是人格要素的外化载体，具有个体识别性，权利主体对其人格标识存在人格利益。② 姓名、肖像、声音等人格标识如同个人的容纳器一样能够包含每个人的独特人格，

---

① See Mark P. Mckenna, *The Right of Publicity and Autonomous Self-Definition*, 67 U. Pitt. L. Rev. 257 (2006), pp. 280 – 281.

② See Julius C. S. Pinckaers, *From Privacy toward a New Intellectual Property Right in Persona*, Kluwer Law International Press, 1996, p. 243.

而人格包含着人的最高价值——人格尊严。因此，姓名、肖像、声音等人格标识的商业化利用会涉及到人格尊严，①每个人都有权利控制自己的形象与何种商品或服务联系在一起。未经许可擅自利用他人的人格标识将对权利主体造成巨大的损害，这种损害不仅涉及到财产层面的损失，更涉及到对权利主体人格尊严的伤害。②每个人控制自己人格标识的权利就体现为人格的自主利益，人格标识商业化利用中侵害人格自主利益主要存在以下两种情形：第一，未经许可就将人格标识用于商品或服务的广告之中，以示权利主体对产品的支持或授权，这种对权利主体人格自主利益造成的侵害为"强制言论"。③这种强制言论类似于著作权法中盗版者的"强制言论"，不仅破坏了权利人决定是否表达的自由，也剥夺了作者控制自身表达方式的权利。同样地，未经权利主体的许可就将其人格标识用于商业用途，在其本人未知的情形下就通过广告的方式让其表达对某种产品的支持态度，将影响社会公众对权利主体的认知。被强制代表给权利主体造成的损害可能不会马上显现，但潜藏的长期风险将使得权利主体遭受巨大的损失。如果放纵商业经营者随意利用权利主体的人格标识，长此以往，公众将无法判断究竟哪些产品得到了权利主体的真实许可与授权，权利主体将丧失表达其人格之权利，其将失去权衡是否将其人格标识与某产品或服务相联系的选择权，最终将导致权利主体社会评价的降低。第二，

---

① 参见阿依加马丽·苏皮：《人格权中财产利益的私法保护研究》，吉林大学2015年博士学位论文，第57页。
② See Kwall, Roberta Rosenthal, *Perspective on Human Dignity, the First Amendment, and the Right of Publicity*, 50 B. C. L. (2009), p. 1345.
③ 参见曾丽：《人格特征商业利用法律问题研究》，西南政法大学2013年博士学位论文，第34页。

未经许可就将他人的人格标识进行商业化利用,将造成权利主体的人格内涵不确定,对权利主体人格自主利益的自我界定权造成损害。这种情形主要发生在权利主体的人格标识被使用在与其形象不相容或不一致的产品或服务之上,例如本以清新校园形象示人的艺人的肖像被商业经营者用于香烟或酒精产品的广告中,将让观众产生不相容的价值碰撞,进而可能让观众对该艺人的人格内涵产生负面认知。此类不良影响短期内很难消除,公众对艺人的认识将长期处于不稳定的状态,权利人需要付出非常大的代价才能重建公众的认知,最终权利人将承担经济损失与精神损失的双重伤害。[①] 因此,有必要确立权利主体对人格标识的控制权,对人格标识的商业化利用提供保护,由此才能让权利主体的价值取向与人格内涵得以完整表达,[②] 进而保护权利主体的人身自由与人格尊严。

人格自主理论源于康德、黑格尔哲学中的人格理论,康德基于唯心主义思想认为人格的基础是自由,这集中体现为人的自主决定权与自我控制权。[③] 传承康德、黑格尔思想的《德国基本法》在开篇即强调"人之尊严不可侵犯",并且"人有自由的权利",经济决定权也是人格自由的重要组成部分。在康德与黑格尔的哲学思想中,财产是自由的延伸与自由意志的定在,既然人能控制其自由,那么对于依据其自由而产生的财产利益当然应该自主决定,这种利益就包括因利用其

[①] 参见曾丽:《人格特征商业利用法律问题研究》,西南政法大学 2013 年博士毕业论文,第 34 页。
[②] 参见卢冠男:《论我国自然人商事人格权的立法构建》,吉林大学 2017 年博士学位论文,第 11 页。
[③] 参见张红:《人格权总论》,北京大学出版社 2012 年版,第 199 页。

人格标识而产生的财产利益。① 德国联邦最高法院在司法实践中支持了上述观点,认为擅用他人姓名行为的不法性不在于贬损精神利益,而是损害相对人的自主决定与自我控制权。② 权利主体的自主决定权与自我控制权可以从正反两反面来看待,从正面来看,人格权上的财产利益具有积极的一面,每个人都有权利选择将其人格标识有偿地许可给他人使用,从反面来看,任何人也都有权利拒绝他人利用自己的人格标识实现商业目的,以保护自身的人格形象不被滥用。③

---

① 参见张红:《人格权总论》,北京大学出版社2012年版,第199页。
② BGH GRUR 1981,846,847 – Rennsportgemeinschaft. 转引自严城:《论人格权的衍生利益》,黑龙江大学2010年博士学位论文,第9页。
③ 参见严城:《论人格权的衍生利益》,黑龙江大学2010年博士学位论文,第10页。

第二章

人格标识商业化利用的
司法现状与法律问题

在可商业化利用的人格标识中，姓名标识与肖像标识最为典型，二者在司法实践中应用最为广泛，面临的案件争议也最多，二者集中反映了人格标识在商业化利用的过程中所面临的关键法律问题。尽管声音也是可商业化利用的人格标识，但根据《民法典》第1023条的规定，对声音的保护可以准用肖像标识保护的有关规则。因此，对肖像标识与姓名标识规则的研究最具有代表性与典型性。本章将从实证分析的角度切入，分别研究姓名标识与肖像标识在商业化利用过程中所面临的司法现状与法律问题。

第一节　姓名标识商业化利用的司法现状与法律问题

一、姓名标识商业化利用的规范内涵

姓名是一种对自然人的称呼，系将某自然人与其他自然人相区分的一种文字符号和标记。姓名作为自然人用以区别人己的人格表征之一，其与自然人之关系，就如人之皮肤般密切。[①] 姓名作为表彰某一自然人之人格标识，具有表征人格特征或者张扬个性之功用，包含自我决定之利益、同一性利益及个性化利益。随着人格权与财产权之间的绝对壁垒被打破，姓名标识中的财产价值得以发掘并受到重视，姓名标识蕴藏着巨大的信息量，尤其是借助名人的姓名标识商业经营者能够快速实现信息传递及商业宣传之效果，因此如何对姓名标识进行商业化开发利用引发人们的关注。可商业化利用的姓名标识的范围不仅包含一个人正式登记之姓名，还包括具有社会知名度、能使人产生特定联想之笔名、艺名、网名、译名、字号、姓名简称等。伴随社会经济的快速发展，姓名标识商业化利用的方式不一而足，包含姓名广告、商标注册、域名注册、姓名出资等多种利用形态，不同的商业化利用方式各有其特点及侧重。

---

① 参见［德］歌德：《歌德自传——诗与真实》，刘思慕译，人民文学出版社1983年版，第203-204页。

(一) 姓名标识所涉之利益及权能

根据《民法典》第1012条及第1014条的相关规定，自然人对其姓名享有决定、使用、变更、许可他人使用四项积极权能，同时享有防止干涉、防止盗用、防止假冒等消极权能。决定、变更姓名的权能体现为自然人的自我决定利益（也称自由利益）。为自己命名是自然人的基本权利之一，他人不得强行干涉。就我国文化传统而言，婴儿之姓名决定权由其监护人行使，姓氏多取自父母姓氏，名通常由父母或其他长辈共同决定，但这并非意味着对自然人姓名自我决定权的否定，而是父母实施亲权的代理行为，姓名承载着命名者的美好期待及意愿。[1] 姓名变更权是姓名决定权的延伸，只要不违反法律的强制性规定和公序良俗，自然人就有权利对自己的姓名进行变更。私法上的原理认为姓名的自我决定利益乃姓名权之权利根源，包含不违反自然人之意思而剥夺其姓名之权利以及不被强制违反其意思而变更其姓名之权利。[2]

对姓名进行使用及许可他人使用之权能涉及同一性利益及个性化利益。所谓同一性利益是指姓名权人有权使用特定姓名并禁止他人将这一特定姓名用于指称他人而造成混乱。姓名具有特殊标记意义及人格承载功能，因此姓名权人不希望发生别人和自己的姓名相混淆的情形，亦即避免经由姓名的混用使他人的行为归属于自己，或者反之使得自己的贡献、立场等被归属于他人。个性化利益的功能在于"防止归属上的混淆"，防止因姓名的使用而使公众误认为姓名权人与姓名所

---

[1] 参见纳日碧力戈《姓名论》，社会科学文献出版社2002年版，第1页。
[2] 参见张红：《人格权各论》，高等教育出版社2015年版，第23页。

用于的产品、服务或企业机构之间具有某种实际并不存在的联系。这种不被误认有错误联系的利益称为个性化利益。对于企业机构而言,姓名是显而易见和常用的标识,通过对姓名标识的使用,可以让姓名权人与某物之间产生精神上或经济上的紧密联系,通过姓名的个性化利益,姓名权人可以实施其自我表现,展示其行为及影响。总而言之,同一性利益体现为对身份一致性的要求,防止他人假冒姓名权人之姓名实施民事法律行为,从而造成"人"的混淆。个性化利益则意在避免他人盗用姓名权人之姓名,从而产生"人"与"物"之间具有某种关系的错误认识。尽管同一性利益体现为防止冒用,个性化利益体现为防止盗用,但二者都旨在实现姓名的区分功能,进而在身份识别用途以及商业推广用途中起到区分个人或区分产品服务的功能,避免公众产生混淆和误认。而自我决定利益的功能体现为防止干涉,既包括私法层面对抗第三人的强制干涉,也包括对抗公权的干涉,即对姓名行政管制的对抗,例如由于某些方式和场合之冲突而导致姓名权人人格受损。① 据此,姓名标识所涉之利益及权能体系,如下表所示:

表1 姓名标识所涉之利益及权能

积极权能	利益	消极权能
决定、变更	自我决定利益 (也称自由利益)	防止干涉
使用、许可他人使用	同一性利益	防止冒用
	个性化利益	防止盗用

---

① 参见张红:《人格权各论》,高等教育出版社2015年版,第20–24页。

(二) 可商业化利用的姓名标识所涵范围

姓名就其固有意义而言，指的是依法向行政机关办理户籍登记之本名，自然人依法登记的姓名以一个为限。姓名由姓和名两部分组成，二者均受法律保护。除法律另有规定之外，自然人决定、变更其姓名的，应当依法向行政机关办理登记手续。除户籍登记之本名以外，头衔、昵称、绰号等能否与姓名一样受到同等保护，而笔名、艺名、网名、字号等又是否在姓名标识所涵范围之内等相关问题值得关注。

社会生活中常有将自然人的姓氏与头衔、职务、学位相结合使用的情况，例如"陆博士""李教授"等，一些国家甚至明确规定学位、头衔构成广义的姓名组成部分，在与民事身份相关的文件记载中需进行提及。① 然而，根据我国现有对姓名权的相关规定，绰号和头衔通常被认为排除在姓名权的保护范围之外。因为此类称谓并非民事主体在社会交往过程中会使用的正式称谓，通常只在小范围内为部分人群所熟知，不具有公开性和稳定性，难以被认定进入了公众所知的领域，因此难以如同姓名一般享有法律上的专有利益。② 与之不同的是，艺术创作者通常会在职业生涯中采用笔名或者艺名作为自己的代称，这类代称和本人具有高度的关联性，并且通常艺术创作者不会轻易更换其代称，所以此类称谓广为流传时，可以受到与真名相同的姓名权保护。③ 简而言之，判断某一称谓能否如通常姓名般受到保护，主要取决于该称谓是否达到让人联想到特定人之程度。诸如"李教授""张

---

① 参见张学军：《论姓名的界定、特征、功能——以法律制度为中心》，载《浙江工商大学学报》2008年第3期，第21页。
② 参见张红：《人格权各论》，高等教育出版社2015年版，第14页。
③ 参见 [日] 五十岚清：《人格权法》，铃木贤、葛敏译，北京大学出版社2009年版，第9页。

处长"等姓氏与学位、职务的结合称谓，并不具备表述上的显著性，在全国范围内有诸多"李教授""张处长"，因此无法起到对自然人的区分识别作用。而笔名、艺名、字号等通常系因自然人从事某一职业而选定之名称，具有较高的社会知名度，能让公众产生特定的联系和对应，有时甚至比本名更具有认知度，例如"鲁迅"这一笔名比"周树人"这一本名更具有社会认知度。随着网络科技的发展，网名的重要性也日益凸显。社交软件作为虚拟的网络空间，通常人们并不会使用其真名，一些网络知名人士也是以其网名而非真名为公众所熟知。对于外国人而言，受限于语言文字之通用性，商业经营者在商业化利用之时通常使用其译名而非外文原名，译名之重要性不言而喻，这在"乔丹"商标注册系列案件中也得到充分体现。因此，判断某一称谓能否受到姓名权的保护，关键在于判断其是否已经具有一定的社会知名度，能否起到区分识别特定自然人的作用，以及被他人使用会否造成公众混淆，《民法典》第1017条对此也作出了开放性的规定。由此可见，可商业化利用的姓名标识的所涵范围并不只局限于自然人户籍登记之本名，还包括笔名、艺名、字号、网名、译名、姓名和名称的简称等。

（三）姓名标识商业化利用的方式

随着社会经济的快速发展，姓名标识所蕴藏的商业价值不断攀升，人们对姓名标识进行商业化利用的方式也不断增多，主要可分为姓名广告、商标注册、域名注册、姓名出资、著作署名等几种形态。

1. 姓名广告

姓名广告是指在广告宣传中使用自然人的姓名标识，以起到荐证商品或服务的作用。姓名广告的利用对象主要是影视明星、体育冠军等名人,名人可以授权商业经营者将其姓名标识投放于产品的外包装以及各种传媒广告中,从而起到增加产品附加值、增加消费者购买欲望、提升企业知名度的综合效果,帮助企业实现经济利益的增长,同时名人也可以从中获得姓名标识的授权许可费用。

2. 商标注册

现代市场竞争呈现出激烈化的发展趋势,想要在相同或类似的产品或服务中脱颖而出就需要另辟蹊径,不少商业经营者采用了注册姓名商标的方式来凸显其产品或服务的特色,例如"李宁"运动服饰。值得关注的是,市场中不乏商业经营者擅自盗用他人的姓名标识进行商标抢注,此类行为构成对姓名权人在先权利的侵犯。鉴于后文将对姓名标识在商标领域的商业化利用作详细介绍,此处不再赘述。

3. 域名注册

随着我国互联网产业的蓬勃发展以及商业电子化进程的加快,域名已经从网络技术上的地址符号转变为潜藏巨大商业价值的经营性标记。[①] 将知名的姓名标识注册为网络域名,将起到引导使用者进入网站的作用,从社会意义上而言,域名是"使用者在网络空间人格形象的鉴别符号"[②]。将姓名标识用于域名注册既可以充分发挥姓名标识的商业价值,同时也能提升网站知名度,是一种双赢的商业合作策略。然而实践中亦不乏商业经营者盗用姓名标识非法抢注域名的行为,对此,国际通行的《统一域名争议解决政策》(Uniform Domain Name Dispute Resolution Policy, UDRP)以及我国相应制定颁布的《中国互

---

① 参见杜小卫,《域名抢注及其法律规制》,载《河北法学》2008年第6期,第30页。
② 吴汉东、胡开忠,《走向知识经济时代的知识产权法》,法律出版社2002年版,第379页。

联网络信息中心域名争议解决办法》（CNNIC Domain Name Dispute Resolution Policy，CNDRP）对这类违法行为作出相应规制和调整，以更好地保护姓名权人的合法权利。

4. 姓名出资

姓名出资是指姓名权人将其姓名标识出资给某一市场主体，姓名权人作为对价将获得相应的股份，例如袁隆平农业高科技股份有限公司（隆平高科）。姓名出资通常采用"二次交易法"：第一步，姓名权人与市场主体（通常为公司）订立姓名许可使用合同，约定由公司向姓名权人支付相应许可使用费；第二步，姓名权人将该许可使用费投入该公司，并获得相应股份。二次交易法合理地解决了人身权无法出资的障碍，将交易化解为最常见的货币出资过程，同时也使得特定姓名标识进入生产要素领域，促进公司生产发展。姓名出资符合资本金制度的要求，姓名标识构成一项经济资源，可以用于公司的生产经营活动。从实际效果来看，恰当地使用知名人士的姓名标识将有助于提高企业的知名度及可信度，获得客户信赖，使企业受益。在一些情况下，姓名权人往往是行业领域的专家，成为该企业的股东之后，将从更深层次改善企业的治理结构，促进企业长远高效发展。[1]

5. 著作署名

姓名标识在著作权领域的商业化利用价值不断攀升，拥有知名作家署名的文学作品，相较其他不为公众熟知的作家作品，前者更能吸引公众的关注，读者可能出于对知名作家的认同而购买书籍。作家署名本质是一种个人影响力的背书行为，使消费者在购买前对作品产生

---

[1] 参见刘国强：《谈谈姓名权"出资"的问题》，载《财务与会计》2005年第4期，第23-24页。

一定的认同感。近年来司法实践中不断出现冒用他人的姓名标识,用于自己创作的作品之上的案例。这种情况下不仅涉及姓名权,还涉及《著作权法》以及《反不正当竞争法》等多重调整规则的竞合。

二、作品创作中冒用姓名标识的主要争议

(一) 著作权署名中姓名标识的商业化利用

在著作权法中,署名意在表明作者的身份,向外界彰显某一作品与作者之间具有创作联系。对于消费者而言,在遴选各式各样的文化作品之时,如果能看到一个熟悉而优秀的作者姓名,将会增加其购买该作品的兴趣。姓名标识在著作权领域的商业化利用主要表现为署名行为。创作者的署名是消费者选购文化作品的重要参考标准之一,知名作家极具辨识意义的署名实际已经转变为一种商业标识,能让消费者将其署名与高质量的作品之间产生对应联想,进而引领消费者作出购买决定。

(二) 冒用他人姓名标识造成个体识别混淆之后果

随着商业经营者发现知名姓名标识在著作权领域的重要作用,市场上开始出现仿冒他人姓名标识用于自己作品的不法行为。对于如何规制此类冒用姓名标识的行为,司法实践中不乏争议。通过"湖南王跃文诉河北王跃文案"及"刀郎诉西域刀郎案"这两个经典案例的不同判决结果,可以窥见法院在处理此类问题时的不同见解。

1. 湖南王跃文诉河北王跃文案

在湖南王跃文诉河北王跃文案中,原告是我国的知名作家,原告创作的《国画》是我国经典的小说作品。被告河北王跃文,是河北从事煤炭生意的农民,其原名王立山,后更名为王跃文。被告以王跃文

之名创作发表了《国风》这部小说，并由中元公司发行，华龄出版社出版。《国风》小说封面的作者署名为"王跃文"，并在作者简介中配以诱导性宣传词汇，暗示小说作者此前已经发表过多部文学作品。与此同时，该小说还在宣传文字中提及了"风行全国""《国画》"等词汇，意图引导读者将该小说的作者与知名作家湖南王跃文产生联系。原告深感其合法权利遭受侵犯，故诉至法院，要求被告河北王跃文、中元公司、华龄出版社承担相应法律责任。

案件争议焦点在于被告行为是否构成假冒原告署名，其创作的《国风》是否构成侵权作品，发行《国风》一书是否构成不正当竞争。对此法院认为，尽管湖南王跃文是知名作家，但是没有任何法律禁止他人使用与名人相同的署名。被告将其姓名由王立山改为王跃文，履行了姓名变更相关手续，符合法律规定。被告在其所著的小说作品上使用自己的姓名合法有据，并未侵犯原告的著作署名权。

事实上，被告河北王跃文、中元公司、华龄出版社的行为违反了我国《反不正当竞争法》的相关规定。在文化市场中，作者的署名实际已经成为了一种商业标识，署名不仅标明了作者的身份，同时也是作者以自身形象为保证向市场推销宣传的渠道，消费者通过对署名的认同会产生对作品质量的熟悉信任之感，进而帮助消费者作出购买决定，尤其是知名作家已经积累了大量的读者基础，其作品署名具有较高的商业价值。未经许可擅自冒用知名作家的署名可能造成个体识别混淆之后果，消费者可能对作品的来源产生混淆误认，进而作出错误的购买决定。这样的行为一方面构成对消费者的欺骗，另一方面也会使消费者在欣赏作品后对原作者的评价降低，对知名作家的正当权益造成损害，构成不正当竞争。回归该案件，原告湖南王跃文为我国知名作家，原告此前所著的《国画》等作品已经广为读者所知，尤其是在官场小说这一特定的文化领域，原告已经获得了相当的声誉与知名度，当消费者在类似题材上看到"王跃文"这一署名时无疑会自然联想到原告。反观被告河北王跃文此前并未发表过任何作品，涉案作品《国风》是其发行的首部小说。在此情形下，被告仍然在官场题材小说《国风》的宣传中故意使用夸大诱导的宣传词汇，假借原告湖南王跃文之名提升自己作品的美誉度，故意混淆作品创作来源，构成虚假宣传。这样的行为违反了诚实信用的基本原则，有损商业道德，扰乱了市场竞争秩序，对消费者以及原告湖南王跃文的合法权益都造成了损害，构成不正当竞争行为。最终法院酌定被告应向原告湖南王跃文承担十万元的经济损失赔偿。①

由此可见，法院认为使用与名人相同的姓名标识进行文化创作并不构成对名人著作署名权或姓名权的侵犯，因为任何人都享有决定、变更其姓名，并利用其姓名展开作品创作的自由。但这种自由并非没有边界，如果以攀附声誉为目的而使用该姓名标识发行出版作品，故意导致消费者混淆误认，将受到我国《反不正当竞争法》的调整与规制。

2. 刀郎诉西域刀郎案

在刀郎诉西域刀郎案件中，原告罗林（艺名刀郎）是我国著名的歌手，因创作演唱西域风格的音乐作品而闻名。被告潘晓峰以"西域刀郎"作为署名发行音乐作品，并在专辑设计、包装中采用了和原告近似的风格，原告以侵犯署名权及姓名权为由，将被告诉至法院。被

---

① 参见湖南王跃文诉河北王跃文等侵犯著作权、不正当竞争纠纷案，载《最高人民法院公报》2005 年第 10 期（总 108 期）。

告潘晓峰认为"刀郎"作为一个地方文化名称,是人人得而用之的文化财富,这一称谓不应该由原告个人垄断,因此其使用"西域刀郎"一名并不构成对原告著作署名权的侵害。

案件争议焦点在于被告采用"西域刀郎"一名发行专辑的行为是否构成假冒原告署名,是否侵害了原告的著作权及姓名权。对此法院认为,《中华人民共和国民法通则》(以下简称《民法通则》)第99条中,从姓名权角度规定了禁止假冒姓名的行为,意在保护权利人的人格利益;反不正当竞争法规定了不得擅自使用他人姓名,避免消费者产生混淆,意在保护权利人的财产利益。而著作权法从署名权角度将以上两种利益相结合,既保护权利人的人格利益,也保护权利人的财产利益。著作权中的署名权,是用以表明作者身份以及作者与作品之间联系的权利,作者不仅有权禁止不是作者的人在作品上署名,亦有权禁止其署名被使用于任何非由他创作的作品之上。署名权与姓名权和不正当竞争在司法判断中会产生责任竞合,但是署名权作为著作权法的保护部分应属特别规则,按照特别法优于普通法的原则,在本案中应适用著作权法中的署名权规则来进行调整。[1]

署名权不仅保护自然人的真实姓名,也保护艺名。本案中"刀郎"原指地方文化的名称,但原告以"刀郎"为名并非作为地方文化的标志,而是作为署名首次出现,用以表明原告罗林与其创作作品和演唱歌曲之间的联系。当原告创作并演唱《2002年的第一场雪》等一系列作品之后,已经获得了较为广泛的市场知名度,当提及刀郎音乐作品时,消费者会将之与原告罗林产生对应联系。被告潘晓峰在非罗

---

[1] 参见广东飞乐影视制品有限公司与罗林侵犯著作权及姓名权纠纷案,北京市第一中级人民法院(2006)一中民终字第6252号民事判决书。

林创作演唱的作品上署名"西域刀郎",尽管已经加注"西域"二字,但是原告罗林作为以西域风格为特色知名艺人,"西域"二字又含有地域性指向,被告使用的艺名并不能起到显著的区分作用。与此同时,"西域"二字仅置于"刀郎"二字左上角,字体大小与"刀郎"二字也不同比例,视觉效果上与直接使用"刀郎"基本相同。此外,被告选择的专辑曲风与原告类似,在专辑外包装上也追求与原告专辑近似的效果,均配以雪域背景,被告意图采取整体混同的方式来增加其作品与原告罗林之间的虚假联系,从而让消费者误认为"西域刀郎"是"刀郎"的另一种表现形式。据此法院认定被告以"西域刀郎"署名的行为构成对原告"刀郎"署名的假冒。法律并不禁止艺术的模仿,但商业模仿行为必须明示,当模仿行为让消费者对作者与作品之间的联系产生混淆,并企图借此获得商业利益之时,这种行为就超出了合理限度,既损害了权利人的署名权,亦对公众利益造成了损害。最终,法院判决被告停止对原告署名权的侵害行为,并公开致歉、消除影响,酌定被告向原告赔偿三万元经济损失。①

由此可见,法院认为使用与名人相同的姓名标识来表演类似风格的作品,将导致消费者对作者与作品之间的关系产生混淆,侵犯了权利人的姓名权与署名权,并构成不正当竞争。但署名权相较于姓名权与不正当竞争而言属特别规则,当产生法律竞合时,应优先适用署名权进行调整。因此,对他人艺名的使用和演唱者身份的假冒构成对署名权的侵犯,应承担相应侵权责任。

---

① 参见广东飞乐影视制品有限公司与罗林侵犯著作权及姓名权纠纷案,北京市第一中级人民法院(2006)一中民终字第6252号民事判决书。

3. 观点反思

通过前述"湖南王跃文诉河北王跃文案"及"刀郎诉西域刀郎案"可以看出，对于冒用他人姓名标识造成个体识别混淆的违法行为究竟侵犯何种权利，法院存在不同见解，由此也导致司法判决的差异。究其原因，乃在于著作权法相关条文未对此作出释明。《著作权法》第52条第3项规定了未参加创作，在他人作品上署名的侵权行为，第53条第8项规定了"制作、出售假冒他人署名的作品"的侵权行为。这两类侵权行为都与署名相关，都意在虚构作者与作品之间的联系，但二者是否侵害的是同一种权利即作者的署名权并不明确，由此导致了司法实践中规则适用的模糊性，出现类案异判之判决结果。笔者认为对于第一种情况即未对创作作出贡献而直接在他人作品上署名的行为，构成对著作权法中署名权的侵害，并不存在疑议。关键在于第二种情况即假冒他人姓名，用于自己创作的作品之上，侵犯了何种权利存有争议。关于署名权的判断，笔者赞同王迁教授的观点，认为只有作者有权在作品上署名，而冒名行为并不构成侵犯署名权。《著作权法》之所以将"制作、出售假冒他人署名的作品"列为侵权条款实际是借鉴英美法系著作权法的结果，因为在立法中明确禁止"冒名"的大部分是英美法系国家的著作权法。[1] 其注重保护的是作品作为财产的经济价值，冒名的实质是利用知名作者的声誉牟取不当经济利益，会在损害知名作者声誉的同时影响其今后作品的销售，影响其本应取

---

[1] 英国《著作权法》第84条明文禁止"冒名"（false attribution），澳大利亚《著作权法》195AC条、新西兰《著作权法》第102条也为作者规定了相似的"禁止冒名权"。美国《著作权法》在1990年的《视觉艺术家权利法案》通过后，增加了第106（A）条，其中第（a）款也对"禁止冒名"作出规定。参见王迁：《"署名"三辨——兼评"安顺地戏案"等近期案例》，载《法学家》2012年第1期，第141页。

得的收入。因此，英美法系国家规定"禁止冒名权"实质是为了制止利用知名作者的声誉进行不正当竞争的行为。① 英美法系国家著作权法将"禁止冒名权"作为与"署名权"相并列的一项独立权利，足以说明"冒名"并不存在侵犯署名权的问题。我国许多学者也赞成这一观点，例如刘春田教授认为将"冒名"认定为侵犯姓名权更合乎法律理性，② 郑成思教授认为"冒名"实际具有不正当竞争的性质。③

综上，结合前述经典司法案例，可将冒用他人姓名标识造成个体识别混淆之法律后果作如下分析。首先，应当明确冒用他人姓名标识用于自己作品的"冒名行为"并不侵犯署名权，因为涉案作品是由侵权人创作完成，被侵权人并非涉案作品的作者，只有作者有权在作品上署名，冒名行为并不构成对著作署名权的侵犯。具体可分为两种情形来进行处理：第一种情形，行为人正当履行完决定、变更其姓名的行政登记手续。因为每个人都享有决定、变更其姓名之权利，即便这一姓名可能与知名作者重名，但只要履行完毕更名的登记手续，即可自由使用其姓名开展文艺创作，并在个人作品上署名。这是艺术表达自由之需求，这一权利并不应由知名作者垄断。行为人正当行使其自我表达之自由，第三人仅因行为人姓名与知名作者相同而过失产生混淆，行为人因其并无侵害之主观意图而不承担法律责任。但是假如行为人在更名之后故意将自身身份特征包装地与知名作者别无二致，再将此身份投入社会交往，这种行为便具有违法性，其代表了行为人对

---

① 参见王迁：《"署名"三辨——兼评"安顺地戏案"等近期案例》，载《法学家》2012年第1期，第141页。
② 参见刘春田主编：《知识产权法》（第四版），中国人民大学出版社2009年版，第73页。
③ 参见郑成思：《著作权法》（修订本），中国人民大学出版社1997年版，第142页。

侵权后果的积极追求，即行为人主观故意地混淆目标消费群体的认知以获得商业收益。① 对此，可采用《反不正当竞争法》第2条诚实信用条款来对行为人进行规制和约束。第二种情形，行为人并未履行变更其姓名的行政登记手续，而是出于利用知名作者市场影响力之目的而冒用其姓名，并将这一"假名"运用于个人创作的作品之上。在这种情形下，"假名"搭载了知名作者的名人效应，对"假名"的使用可能使消费者产生混淆误认，错误认为该作品与知名作者之间存在对应关系。② 一方面，"假名"者的行为构成以假冒方式侵害他人的姓名权，③ 此乃我国《民法典》第1014条④明令禁止的行为，权利人可从姓名权侵害的角度寻求救济。另一方面，"假名"者的行为意在制造辨识混淆，这种行为将造成权利人的法益失衡，属于《著作权法》第53条第8项规定的"制作、出售假冒他人署名的作品"的侵权行为，权利人可援引这一条款来寻求救济。此外权利人还可采用《反不正当竞争法》第2条诚实信用条款与第6条第2项禁止擅自实施使用他人姓名的混淆行为来对此类冒名行为进行规制和约束。

（三）采近似称谓是否构成对姓名标识的冒用

在司法实践中，部分商业经营者对姓名标识的使用并不会采用完全相同的称谓，而是采用谐音字、形近字等相似字，对于采用近似称谓"模仿"他人姓名的行为是否构成对姓名标识的冒用值得思考。如

---

① 张红：《人格权各论》，高等教育出版社2015年版，第97页。
② 参见张红：《人格权各论》，高等教育出版社2015年版，第98页。
③ 参见［德］迪特尔·梅迪库斯：《德国民法总论》，邵建东译，法律出版社2001年版，第694页。
④ 《民法典》第1014条规定："任何组织或者个人不得以干涉、盗用、假冒等方式侵害他人的姓名权或者名称权。"

果单从表面分析,《民法典》禁止以假冒方式侵害他人姓名权针对的是权利人的完整姓名,"模仿"他人姓名是无法适用姓名冒用禁止条款的。但从深层进行思考,特定人的姓名与其行为具有高度相关性,有时使用近似称谓也可能对姓名权人的正当权益造成侵犯。采近似称谓是否构成对姓名标识的冒用,需要结合实际案件进行综合判断。例如,在前述刀郎诉西域刀郎案件中,尽管"西域刀郎"与"刀郎"存在区别,二者构成近似称谓,但结合案件整体而言,被告不仅在姓名上故意模仿原告,而且在音乐曲风、专辑封面、商品包装上也故意制造与原告近似的效果,以上行为综合起来就易使受众产生被告就是"刀郎"的误认。如果单单是使用"西域刀郎"并不足以构成对"刀郎"这一姓名标识的冒用,但在使用"西域刀郎"这一称谓的过程中被告对原告进行了全面性的模仿,故意借助原告的市场知名度来引起混淆结果的发生。对于这种主观恶意较大的行为,如果不认定其构成对姓名标识的冒用,不对其采用姓名权、著作权及反不正当竞争法进行规制和约束,势必会对权利人的合法权利造成巨大损害。在实践操作中,消费者在实施商品或服务的购买行为之时需要尽到合理注意义务,注意辨别类似称谓。但是如果某些商业经营者为了诱导消费者实施购买行为,可能利用消费者信息的不对称性来采用各种不同的销售手段,如不加以特别注意,就极易产生混淆,这种情形显然已经超出了合理理性人的注意范围,构成对消费者合法利益的损害,甚至构成对消费者的欺诈,对此消费者可利用《消费者权益保护法》来寻求救济。[1]

---

[1] 参见张红:《人格权各论》,高等教育出版社2015年版,第98页。

综上所述，伴随姓名的商业化利用价值在著作权领域不断攀升，知名作者的署名已经成为一种重要的商品标识，引领着消费者作出购买决定。冒用他人姓名标识用于自己创作的作品意在借助他人的市场影响力，让消费者对作品与作者之间的联系产生错误认识。对于冒用他人姓名标识的行为需要区分具体情况，采用《著作权法》、《民法典》姓名权及《反不正当竞争法》的相关条款来进行规制和调整。

三、商标注册中盗用姓名标识的核心要点

（一）商标注册中姓名标识的商业化利用

伴随商品经济的快速发展，姓名标识在商标领域逐渐发挥出重要的作用，将具有社会知名度的姓名注册成为商标能够迅速抓住消费者的注意力，帮助该商标所指引的商品或服务从一众类同的产品中脱颖而出，同时消费者出于对该姓名称谓对应主体的喜爱和吸引，会将这种情感移情于商标所标示的商品或服务，进而帮助商业经营者获取更多的经济利益，提高其商业活动价值。①

（二）盗用姓名标识注册商标构成对在先姓名权的侵犯

在发掘到姓名标识的商业化利用价值之后，许多商业经营者热衷于将名人的姓名标识注册成为商标，并将该商标投放于其生产经营的商品或服务之中。假如商业经营者与权利人提前通过许可使用合同的方式达成合意，自不存在争议，但在实践操作中，许多商业经营者是在未经权利人许可的情形下，擅自盗用权利人的姓名标识进行商标抢

---

① 参见陈志兴：《使用自己姓名作为商标注册不得有不良影响——"刘德华"商标确权案引发的思考》，载《中华商标》2013年第8期，第35页。

注，此类行为违反了《中华人民共和国商标法》（以下简称《商标法》）第32条商标注册禁止损害在先权利的相关规定，构成对权利人在先姓名权的侵犯。

美国球星迈克尔·杰弗里·乔丹（以下简称迈克尔·乔丹）与我国乔丹体育股份有限公司（以下简称乔丹公司）围绕"乔丹"商标展开的系列诉讼纠纷乃是经典代表性案例。案件争议焦点在于乔丹公司在国际分类第28类的体育活动器械等品类上注册的"乔丹"这一商标，包含有迈克尔·乔丹的中文译名，是否构成对迈克尔·乔丹在先姓名权的侵犯。当适用《商标法》第32条规定以保护在先姓名权的利益时，所保护的对象除了表观的人格尊严，亦触及姓名背后所蕴藏的经济利益。违背姓名权人的意思将其姓名注册为商标，将误导公众将姓名权人与载有该商标的商品、服务产生联系，损害了姓名权人的合法权利。当自然人就特定称谓主张姓名权保护时，法院应如何确立保护标准殊值考量：一方面，保护标准不可过于宽泛，避免商标注册申请人的权利受到过分限缩，假如案涉姓名只是为极小范围内的少数人群所熟知或对该姓名仅是短暂性的临时使用，则不宜认定对自然人的姓名权构成侵害；另一方面，保护标准也不应过于严苛，如果严格要求案涉姓名必须与该自然人形成唯一匹配关系，且不存在其他对应的可能，才能认定构成侵权，将对自然人的姓名权保护设置过多障碍，使得在先权利的保护最终落空。

从最高人民法院在判决中所作的具体解释来看，能够获得《商标法》第32条"在先权利"保护的姓名应当是：第一，在我国具有一定社会知名度的姓名，并且相关公众对该姓名熟知；第二，相关公众使用该姓名指代该自然人；第三，相关公众在看到该姓名时会自然联想到该自然人,而不会联想到其他人,即该姓名与该自然人之间已经形成稳定的对应关系。①

值得注意的是,一些商业经营者在商标注册的过程中并不会完整使用权利人的全名,而是采用部分姓名附加图形或其他要素的方式来注册商标。这种情形下,应从商标整体之识别性来考量其与权利人的对应关系能否成立。在"云迪yundi及图"商标争议案中,从涉案商标来看,尽管未使用知名钢琴家李云迪之全名,但是其设计内容不仅包括了李云迪的名及其拼音,也包括画有琴键和吉他形状的两个图案,如此紧密的组合设计,很容易使公众联想到钢琴家李云迪,甚至将该商业经营活动与李云迪本人联系起来。在此情形下,可以认为构成对李云迪在先姓名权的损害。② 在商业活动中,以某一歌手之名加一麦克风图形,或以体育明星之姓氏加一运动动作或运动器材之商标并不鲜见,尽管商标注册申请人对权利人的姓名标识并未完整使用,但结合歌手、体育明星所从事的行业工作,公众在看到这些商标时难免将其与该歌手或体育明星产生对应联系。因此,即便商标注册申请人未使用权利人之全名,只要商标整体形成的身份性指向明确,能让公众将该商标与权利人产生对应关系,即可视同商标注册申请人直接利用他人姓名注册商标,存在侵权事实。③

针对外国人姓名,商标注册对姓名标识无需完整使用的规则也同样适用。与我国的姓名习惯不同,外国人的姓名通常由三部分组成,

---

① 参见迈克尔·杰弗里·乔丹与国家工商行政管理总局商标评审委员会、乔丹体育股份有限公司商标争议行政纠纷案,最高人民法院(2016)最高法行再27号行政判决书。
② 参见中华人民共和国国家工商行政管理总局商标评审委员会商评字[2009]第25683号重审第07111号争议裁定书。
③ 参见张红:《人格权各论》,高等教育出版社2015年版,第108页。

遵循名—中间名—姓的排列顺序，我国通常仅用姓名中的姓来翻译指代某一外国人，例如美国前总统 Bill Clinton 的全名为比尔·克林顿，但国人通常使用"克林顿"这一称谓，每当提及美国政界"克林顿"这一人物，公众都默认指代的是美国前总统比尔·克林顿，而不会联想到其他姓为"克林顿"的美国人。[1] 因此，出于文化习惯传统以及社会认知程度的差异，公众对于外国人的姓氏往往比名字更为熟悉，多数时候仅使用外国人的姓氏结合其所从事的行业领域，就足以识别指向某一特定人士。[2] 例如将贝克汉姆与足球图形相结合注册商标，就足以与英国知名球星大卫·贝克汉姆产生对应联系。由此再次说明，商业经营者在商标申请注册的过程中，即便不使用权利人的完整全名，也可能指向或暗示某一领域的特定人士，让公众误认为权利人与商标指示的商品或服务具有对应关联，这种情形之下，权利人需采用《商标法》第 32 条在先权利的相关规定来寻求保护，避免商标注册申请人盗用其姓名标识。

（三）采姓名谐音注册商标可能的不良影响

在司法实践中，一些商业经营者为赚足噱头常常使用姓名谐音来注册商标，例如"泄停封""锅德刚"等等。消费者一般对此具有基本的识别能力，能够判断出这只是商业经营者的宣传策略，不会认为权利人将其姓名标识授权给商业经营者使用。因此，权利人难以从姓名权遭受侵犯的角度来提出异议。但不可否认的是，商业经营者采用戏谑他人的方式来注册商标，尤其当商标的读音与权利人姓名的读音

---

[1] 参见刘粉宝：《已故名人的姓名（权）与商标权冲突的调整》，载《中华商标》2001 年第 3 期，第 18 页。
[2] 参见张红：《人格权各论》，高等教育出版社 2015 年版，第 108 页。

完全一致时，公众还是会不自觉地联想到权利人，由此将导致权利人的姓名标识被攀附和淡化，对此可采取《商标法》第10条第8项"有其他不良影响"条款来对权利人提供保护。① 如果待注册商标将造成特定权利人的权利受损，且损害社会公共利益，即符合第10条第8项的情形。② 将具有影响力的姓名标识的谐音字注册为商标，用于商品或服务用途，一方面具有影射戏谑权利人之嫌，另一方面消费者因读音相近难免被误导，可能将商标与权利人产生错误关联，该商标如果被核准注册将导致权利人与消费者的合法利益均遭受损失，造成不良影响，实务观点对此普遍认可。③ 比如，国际知名球星大卫·贝克汉姆就"贝壳汉母BECOHAM"商标提出的姓名权保护请求虽然未能得到支持，但是商标评审委员会从"有其他不良影响"的角度驳回了争议商标的注册申请。商标评审委员会认为，争议商标"贝壳汉母BECOHAM"与大卫·贝克汉姆的姓名虽然在写法上有所差异，但二者在读音上十分相近，异议人大卫·贝克汉姆作为著名球星在我国享有较高的社会知名度，将"贝壳汉母BECOHAM"注册商标用于避孕套等商品上，将对社会公众产生误导，同时也会对异议人大卫·贝克

---

① 《商标法》第10条第8项规定："下列标志不得作为商标使用：（八）有害于社会主义道德风尚或者有其他不良影响的。"
② 参见陈志兴：《使用自己姓名作为商标注册不得有不良影响——"刘德华"商标确权案引发的思考》，载《中华商标》2013年第8期，第34页。
③ 司法实务中也有法院对此持否定观点，认为适用"有其他不良影响"条款来处理此类商标争议并不妥当。例如，在"亚平YAPING及图"商标案中，二审法院指出，争议商标标志中的文字部分"亚平"的发音与"邓亚萍"相近似，相关公众可能会认为争议商标核定使用的商品与邓亚萍存在某种关联，但这种后果并不影响社会公共利益或公共秩序，并不属于"有其他不良影响"的情形。参见陈志兴：《使用自己姓名作为商标注册不得有不良影响——"刘德华"商标确权案引发的思考》，载《中华商标》2013年第8期，第36页。

汉姆的声誉造成损害,有害于社会主义市场秩序及社会主义道德风尚,属于《商标法》第10条第8项规定的"有其他不良影响"的情形。①

(四) 同名同姓商标注册行为的可责难性

在现实生活中,存在商标注册申请人与异议人正好同名同姓的情况,这种情形下商标注册申请人会主张其将自己的姓名作为商标使用具有正当性,即便该姓名与名人的姓名相同,但这与恶意盗用他人姓名标识抢注商标存在本质区别,其行为并不具有恶意,法律不应禁止。法院对此认为将姓名注册为商标不是行使姓名权的必要方式,如果确实需要将其姓名注册为商标,应当满足《商标法》对商标注册、使用的法定要求。②在待注册商标名称与具有一定知名度的异议人的姓名重合,且该待注册商标所使用的产品用途与该异议人的工作活动具有密切联系时,公众极其容易产生误解,认为该异议人与该产品之间具有授权代言等密切联系,使得该产品获得不正确的社会评价。这种情况不仅会对市场秩序造成干扰,也可能给该异议人的职业发展带来负面影响。③

在"刘德华"商标争议案件中,异议人亨泰环宇公司主张,其公司旗下知名艺人刘德华的姓名被注册成为多种日化产品的商标,此种行为构成对刘德华本人姓名权的侵害,故应当撤销案涉争议商标。商

---

① 参见中华人民共和国国家工商行政管理总局商标评审委员会商评字〔2010〕第17044号商标争议裁定书。
② 参见陈志兴:《使用自己姓名作为商标注册不得有不良影响——"刘德华"商标确权案引发的思考》,载《中华商标》2013年第8期,第35页。
③ 参见广州市金栢丽保健品有限公司诉中华人民共和国国家工商行政管理总局商标评审委员会商标争议行政纠纷案,北京市第一中级人民法院(2011)一中知行初字第2272号行政判决书。

标评审委员会经查明后认定,本案中商标注册申请人本人的姓名也是刘德华,该申请人享有将其个人姓名注册为商标的权利,故其行为不构成对影视明星刘德华姓名权的侵害。与此同时,商标评审委员会也指出,影视明星刘德华具有很高的社会知名度,为大众所熟知,"刘德华"这一姓名具有很强的指向性,将争议商标用于化妆品等各种日化产品用途,容易让消费者将相关商品与艺人刘德华产生对应联系,进而基于误认产生误购行为,同时不正当地借用艺人刘德华的知名度和影响力也可能导致艺人刘德华的个人声誉受损。最终商标评审委员会以具有不良影响为由撤销了案涉争议商标。[①]

由此可见,在商标注册申请人与异议人同名同姓的情形下,商标注册申请人使用其真实姓名注册申请商标,并不侵犯异议人之姓名权。但当异议人已经成为公众人物,社会大众的认知已将案涉争议商标的特定称谓与异议人形成对应联系,那么,使用争议商标所获得的经济利益乃建构于异议人的社会名望之上,而非商标注册申请人自身的努力成果。[②] 此时商标注册申请人故意将该姓名标识注册申请为商标,并用于异议人所从事的行业领域的行为,便超出了权利行使的合法界限,损害了消费者和异议人的合法权益,具有不良影响,[③] 违反了《商标法》第 10 条第 8 项的规定。因此,姓名权人即使是利用其个人

[①] 参见中华人民共和国国家工商行政管理总局商标评审委员会商评字〔2011〕第 09341 号关于第 4143917 号"刘德华"商标争议裁定。
[②] 参见陈志兴:《使用自己姓名作为商标注册不得有不良影响——"刘德华"商标确权案引发的思考》,载《中华商标》2013 年第 8 期,第 35 页。
[③] 参见臧宝清:《关于姓名权与商标权冲突有关问题的思考》,载《中华商标》2013 年第 3 期,第 38 页。

姓名注册商标，创造经济价值，也应当尊重公平诚信的市场规则。[①]在同名同姓的情形下，非知名一方故意注册申请商标，意图捏造与知名一方的不实关联联系的，属违背诚实信用原则之举，当然应受到法律调整而不可免责。

综上所述，姓名标识在商标注册中发挥出重要的作用，将名人的姓名标识注册成为商标能够迅速吸引消费者的注意，帮助商标所指引的商品或服务从琳琅满目的产品中脱颖而出。商业经营者应提前与权利人进行协商，就姓名标识的授权许可事项形成合意。商业经营者若未经许可擅自将权利人的姓名标识抢注为商标，将构成对权利人姓名权的侵害，权利人可依据《商标法》第32条在先权利的相关规定来寻求保护。此外，采谐音字或在与名人重名的情形下，将姓名标识注册成商标，虽未侵犯权利人之姓名权，但仍会对消费者产生误导作用，扰乱正常的市场秩序，损害权利人的个人声誉，造成不良影响，对此应依据《商标法》第10条第8项的相关规定来进行调整。商标注册中姓名标识的商业化利用应注重平衡好商标注册申请人与在先姓名权人之间的利益，不能过分偏倚或倾斜某一方的利益。涉及到在先姓名权与注册商标权的权利冲突时，应首先考虑该姓名标识是否具有一定的社会知名度，为相关公众所知悉，正是基于知名度才会出现后续引起消费者误认的问题；其次，应当考虑相关公众是否使用该特定的姓名标识指代某一自然人或具有明确的指向性；最后，应当考虑该特定的姓名标识是否已与该自然人之间形成了稳定的对应关系，如果已经形成稳定的对应关系，则该自然人应当优先享有该姓名所带来的经济利

---

① 参见张红：《人格权各论》，高等教育出版社2015年版，第110页。

益。当然,《商标法》在先权利条款与不良影响条款仅能适用于在先姓名权人知名度所涉及或者与其职业相关度较高的商品领域,在其知名度或与其职业相关度较低的领域,相关商标的使用并不会导致消费者对商品或服务的来源产生误认,在先姓名权人自然不应当垄断其姓名标识在所有商品领域的商标注册行为,否则将造成利益失衡,导致对其他商标注册申请人权利的过分限缩。

四、域名注册中非法利用姓名标识的关键争点

(一) 利用姓名标识抢注域名的不正当竞争问题

域名是连接到国际互联网上的计算机的地址,通过域名,可以连接至该地址对应的网络页面。[1] 域名原本只是为了便于互联网用户接收发送邮件及访问网站而设计,[2] 但随着互联网技术的新兴蓬勃发展,域名已经从一个网络技术上的地址符号转变为潜藏巨大商业价值的经营性标记,由此也引发了商业经营者对相关域名的抢注,不可避免地带来虚拟空间与现实空间的利益冲突。[3] 商业经营者尤其热衷于将名人的姓名标识注册为域名,借助于名人的社会影响力,此类域名能够起到引导用户进入网站、帮助提升网站知名度的作用。但实践中也带来一系列问题,实践中不乏商业经营者未经权利人许可便擅自盗用其姓名标识进行域名抢注的行为,对此可采用《反不正当竞争法》的相关规定对权利人进行保护。

在"周立波"域名抢注案件中,岳彤宁于 2007 年注册了域名

---

[1] 参见杜小卫:《域名抢注及其法律规制》,载《河北法学》2008 年第 6 期,第 30 页。
[2] 参见薛虹:《网络时代的知识产权法》,法律出版社 2000 年版,第 296 页。
[3] 参见杜小卫:《域名抢注及其法律规制》,载《河北法学》2008 年第 6 期,第 30 页。

"zhoulibo. com",并将其出售。随后,艺人周立波向亚洲域名争议解决中心提出投诉,主张该域名与其姓名的汉语拼音相同,会使公众误认该域名与其本人有关。后争议解决中心裁决该域名应当为艺人周立波所有。岳彤宇不服该裁决,遂向法院提起诉讼,法院一审与二审判决均认定岳彤宇无权持有和使用"zhoulibo. com"这一域名,其行为构成不正当竞争。法院是从《反不正当竞争法》第5条第3项(现《反不正当竞争法》第6条第2项)"擅自使用他人姓名"的角度认定岳彤宇抢注域名的行为具有不正当性。首先,艺人周立波作为适格主体,有权利主张他人行为不得侵犯其姓名权;其次,岳彤宇注册的域名"zhoulibo. com"的前半部分与艺人周立波姓名的拼音相同,公众会误以为该域名与艺人周立波之间存在特定联系;再次,岳彤宇对该域名的注册、使用行为并不存在合法正当事由;最后,岳彤宇注册案涉域名后,曾欲高价将其出售,足以证明岳彤宇认识到该域名上附带较高的商业价值,其注册、使用域名的行为具有主观恶意。[①]

由于域名争议解决属于全球互联网发展背景下的新问题,传统争议解决方式在处理域名争议时存在不足,因此国际上逐步建立和发展起来专门性的域名争议解决机制。目前国际通行的域名争议解决机制是《统一域名争议解决政策》(UDRP)。UDRP由注册在美国的互联网名称与数字地址分配机构(ICANN)制定和颁布,以专家裁决的方式解决ICANN管理的通用顶级域名(即以.com、.net、.org等结尾

[①] 法院作出以上认定时,主要参考了《最高人民法院关于审理涉及计算机网络域名民事纠纷案件适用法律若干问题的解释》第4条、第5条第1款第3项的相关规定。参见上海市第二中级人民法院(2011)沪二中民五(知)初字第171号民事判决书,上海市高级人民法院(2011)沪高民三(知)终字第55号民事判决书。

的域名）争议。UDRP 的争议解决范围包括姓名与域名的冲突，考量标准主要有两方面：第一，投诉人的姓名标识是否具有显著性。一般而言，演员、歌手、运动员等名人的姓名标识较容易获得保护，因为他们的名字具有社会知名度，为社会公众所知晓。第二，投诉人的姓名标识是否具有"第二含义"（secondary meaning），即相关公众在提及该姓名标识时，是否会将其与特定的商品或服务的来源相联系。姓名的"第二含义"源于姓名权人在商业活动中的付出，如果投诉人未曾开发利用过其姓名中的商业价值，那么投诉人的姓名就不具备第二含义，难以获得域名保护，例如宗教人物和政治人物的姓名。① 此外，还存在一些例外情形，有时虽然名人能够证明其姓名标识具有显著性并且进行了商业使用，具有第二含义，但如果该姓名恰巧属于通用词汇，那么名人便无权阻止其他人使用这一通用词汇，域名注册人将被允许保留使用该域名。② 中国互联网络信息中心以 UDRP 为蓝本，发布了《中国互联网络信息中心域名争议解决办法》（CNDRP），建立起我国的专门性域名争议解决机制。③ CNDRP 第 8 条规定了域名争议

---

① 参见丁颖、冀燕娜：《专门性域名争议解决机制中投诉人权益的认定》，载《知识产权》2013 年第 8 期，第 37 页。
② See Zinatul A. Zainol, Wan M. H. W. Hussain, and Noor Inayah Yaakub, *WIPO Panels' interpretation of the Uniform Dispute Resolution Policy（UDRP）three - prong test*, 33 World Patent Information（2011），p. 275.
③ CNDRP 以 UDRP 为蓝本，适用于因互联网络域名的注册或者使用而引发的争议，争议域名限于由中国互联网络信息中心负责管理的 CN 域名和中文域名（即 ". CN"、". 中国"、". 公司"、". 网络"域名）。

解决的三方面标准,① 其整体保留了 UDRP 的主要内容,但同时也根据我国的具体情况作出了部分修改。就姓名与域名的冲突而言,CNDRP 并不如 UDRP 严格,不要求投诉人此前必须就其姓名标识进行过商业使用,即不要求姓名标识须具有第二含义,只要投诉人能够证明其对个人姓名享有正当民事权益即可,整体更有利于保护姓名权人的利益。

（二）正当域名注册与姓名标识之冲突

在一些情形下,尽管域名注册人利用了名人的姓名标识,但域名注册人对争议域名合法享有民事权益。面对正当域名注册与姓名标识之冲突,法律需要权衡各方利益作出评价,为协调利益冲突提供标准。目前我国司法实践中此类域名与姓名正当利益冲突的案件尚不充分,但在域外实务中已存在相关案件的有益探索。

德国"shell. de"域名争议案与"krupp. de"域名争议案乃是正当利益下域名注册与姓名标识冲突的代表性案件。在"shell. de"域名争议案件中,原告是世界知名企业壳牌公司（Shell Oil Company）的子公司 Shell GmbH,被告 Andreas Shell 从注册者手中合法受让了争议域名"shell. de"。原告认为其母公司壳牌公司作为享誉全球的知名企业,享有对"Shell"的合法商标权,而被告不仅使用了"Shell"这一标识,甚至还在争议域名"shell. de"的网址中使用了原告商标中代表性的红色及黄色来装扮其主页。据此,原告主张被告持有的域名构成对

---

① CNDRP 第 8 条规定:"符合下列条件的,投诉应当得到支持:（一）被投诉的域名与投诉人享有民事权益的名称或者标志相同,具有足以导致混淆的近似性;（二）被投诉的域名持有人对域名或者其主要部分不享有合法权益;（三）被投诉的域名持有人对域名的注册或者使用具有恶意。"

原告商标的侵犯,同时还违背了公平交易原则。案件争议难点在于尽管原告合法享有争议域名的名称权,但被告系从他人手中合法受让该域名,因此被告对争议域名的使用是合法正当的,并不构成恶意。德国联邦最高法院指出,在这一案件中,各方当事人的利益都很重要,因此有必要对同一姓名(名称)的不同拥有者之间的利益进行平衡。法院认定,考虑到原告壳牌公司拥有的广泛知名度,被告对争议域名"shell. de"的使用存在混淆大众认知的可能,但被告作为争议域名的合法受让人,其对域名的使用行为并不具有恶意,因此也无权剥夺其对争议域名的正当使用权利,最终法院判决要求被告在其域名中加上一个区别性的标识再进行使用,从而达到与原告相区分的目的,让双方当事人的正当利益实现平衡。由此可见,若同一姓名(名称)的不同拥有者均主张其享有将姓名标识注册为域名的合法权利,将产生大量的冲突主张,此时运用在先注册原则能高效公平地解决此类冲突。但同时也要考虑一个问题,某些企业已经拥有非常广泛的社会知名度,但尚未来得及将企业名称注册为域名,此时就不能单纯根据在先注册原则排斥这些企业将其名称注册为域名的权利。当在先注册者使用的域名可能会对其他拥有相同姓名(名称)的权利人造成利益损害时,在先注册者就负有私法上的义务,即以最大限度来排除这种混淆或误导公众的风险产生。[1]

德国曾有人以自己之姓名登记为企业之名称来提供线上服务。在"krupp. de"域名争议案件中,被告取自己的姓氏部分 Krupp 注册了域名"krupp. de"。原告是德国的著名钢铁企业,Krupp 是其企业名称的

---

[1] 参见张红:《人格权各论》,高等教育出版社 2015 年版,第 116-117 页。

重要组成部分,并且原告已将 Krupp 注册为商标。原告认为被告所注册的域名侵犯了其合法权利,遂诉至法院。Hamm 高等法院认定原告的权利应受到保护,被告应停止使用争议域名。法院认为,原告作为享誉全国的知名企业,其企业名称是基于其多年来在行业内的持续使用才建立起广泛的知名度,被告将该名称登记注册为域名,将产生混淆之危险,为避免该名称被淡化,原告知名企业之名称权应该较被告之姓名权享有更高之优先性。因此,本案中并不因被告在先注册就当然享有该域名,还须侧重考量另一方当事人对争议域名所享有的社会知名度与影响力。最终法院支持了原告排除侵害与请求不作为之请求权,判决被告不得继续使用该域名。①

由此可见,德国法院在处理正当利益下域名注册与姓名标识之冲突时,立足于如何平衡双方当事人之间的利益这一核心问题。一方面,以保护在先注册为原则,对于已履行合法程序在先登记注册之域名,法院应予保护。另一方面,应当考量该域名的使用会否与其他主体产生利益冲突,尤其是否会产生混淆、误导公众进而损害其他主体合法利益的法律后果。为避免产生混淆,域名的在先注册人在持有使用该域名时负有一定的法律义务,不仅应当合理利用,而且需要通过必要的手段使该域名与其他名人或知名企业相区分。在某些极为严苛的情形之中,若另一方当事人为在全国范围内极具知名度的企业,相关域名的使用让社会公众与该知名企业产生关联的可能性极大,此种情形下该知名企业将优先获得争议域名的使用权。

我国在处理网络域名与姓名标识的纠纷之时,可参考借鉴德国实

---

① 参见张红:《人格权各论》,高等教育出版社 2015 年版,第 117 页。

务案件中的有益经验，具体区分为域名的在先注册人主观善意且客观上无混淆之危险、在先注册人主观善意但客观上存在混淆之危险、主观恶意三种情形。对于第一种情形，域名在先注册人已正当履行登记注册程序，其合法权益应当受到保护，即以保护在先合法权益为原则。然而，若该域名的使用会产生与同一姓名的其他拥有者相混淆的危险，此时应当对在先注册人的域名权益作出相关限制。如果在先注册人系善意拥有了与知名人士相同姓名的域名，然该域名客观上可能会导致社会大众产生误认，则在先注册人可通过在域名争议部分添加字符的方式来增强区别、避免混淆。但是，如果域名注册人系出于恶意，故意制造混淆或误导公众的效果，意在借助名人或知名企业的社会影响力来增加网站访问量，则可直接撤销该域名，排除危险发生。①

---

① 参见张红：《人格权各论》，高等教育出版社2015年版，第118页。

第二节　肖像标识商业化利用的司法现状与法律问题

一、肖像标识商业化利用的规范内涵

根据《汉语大辞典》的定义,肖像是指"用图画、素描或其他绘画手法描绘人脸部的像"。这主要是从美术角度对肖像一词所作的定义,一方面强调肖像需要借助于一定的艺术手法表现于特定的载体之上,另一方面强调肖像是对人的姿态、表情、容貌等客观真实的反映。从《民法通则》开始我国就确立了对公民肖像权的保护。肖像作为每个人都不可或缺的人格要素,与自然人的一生始终相伴,须臾不可分离,对肖像利益的保护体现出对人的伦理价值和精神利益的保护。然而伴随商品经济的快速发展,肖像所体现的商业价值不断提升,除了对肖像精神利益的保护之外,人们开始挖掘肖像所体现出的财产利益,肖像标识成为具有财产价值的商业符号,肖像标识的商业化利用逐渐为公众所关注。肖像的构成要件、肖像权的客体、肖像标识所涉之权能乃肖像标识商业化利用的基本问题,首先须对这些基本问题进行分析阐释,方能对肖像标识的商业化利用进行深入研究。

（一）肖像构成的三要件

在《民法典》颁布之前,我国法律并未对肖像的概念作出明确界定,因此此前学界对肖像的构成要件存在多重见解,实践中通常认为

面貌的完整性是判断是否构成肖像的关键,《民法通则》将以营利为目的作为侵犯肖像权的构成要件在司法实践中曾饱受诟病。《民法典》在汲取司法实践经验的基础之上,于第1018条第2款对肖像构成的三要件作出明确规定,① 将可识别性作为构成肖像的判断标准。

1. 肖像载体

肖像需要通过影像、雕塑、绘画等方式呈现于一定的载体之上,从而形成对自然人形象的真实反映。关于肖像载体的表现形式,学界存有争议,有学者认为肖像载体侧重强调对个人外在形貌的真实反映,而具体通过何种形式予以表现,在所不问。② 另一种学术观点则认为肖像的载体形式须属艺术作品,具体而言是须以自然人的形象为主题,描绘自然人五官形象的造型艺术作品。③ 根据对《民法典》第1018条第2款的文义解释,肖像载体是否属于艺术作品并不重要,只要是对自然人真实形象客观反映的表现形式即可。艺术作品是肖像的典型载体,但并非唯一载体,如果把载体形式仅局限于艺术作品将缩小肖像的范围。例如,监控录像中载某人肖像的截屏,其只能称为一种实时记录而非艺术作品,但由于截屏中载有自然人的肖像,该监控录像同样可构成肖像的载体。④ 因此,肖像载体可以是任何能够反映自然人

---

① 《民法典》第1018条第2款规定:"肖像是通过影像、雕塑、绘画等方式在一定载体上所反映的特定自然人可以被识别的外部形象。"
② 参见黄松茂:《人格权之财产性质——以人格特征之商业利用为中心》,台湾大学法律学研究所2008年硕士学位论文,第62页。
③ 参见张俊浩主编《民法学原理》,中国政法大学出版社1991年版,第139页。
④ 参见张红:《人格权各论》,高等教育出版社2015年版,第152页。

外部形象的物理形式，而不仅仅局限于艺术作品的形式。①

2. 外部形象

关于肖像的保护范围，学界一直以来存有争议。此前实务中主要将肖像的保护范围局限于面部形象，并且认为完整的面部形象才具有可保护的价值。有学者将肖像的含义进一步限缩为表现自然人五官形象的作品，即把肖像的保护范围仅限于自然人的面部特征。② 然而以王泽鉴为代表的学者提出，对肖像范围的界定应当从更宽泛的意义上来理解，尽管面部形象是自然人肖像最为明显的特征，但其他能够反映自然人外部形象的特征，也应当包含在肖像的范围之内。③ 该观点得到了《民法典》的承认，《民法典》第1018条第2款对肖像所作的定义是自然人的外部形象，而不仅限于面部形象，具体应从两方面来进行理解：第一，从外部形象与面部形象的关系来看，肖像之像不仅仅指面部五官形象，而是自然人外貌形象的完整体现，既包括面貌五官也包括外在形体。因此，只要能够清楚地展示个人特点，并指引至具体的个人，就构成法律含义下的肖像。换言之，除了对面部容貌的展示，其他能够对应至具体个人的表现形式，也被认为构成肖像。④ 例如，著名篮球运动员姚明的形象极具特色，其形体特征具有极强的识别性，多数人不看其面部，就可以辨认出是姚明。第二，从整体形

---

① 参见黄薇主编：《中华人民共和国民法典人格权编解读》，中国法制出版社2020年版，第143页。
② 参见张俊浩主编：《民法学原理》，中国政法大学出版社1991年版，第149页。
③ 参见王泽鉴：《人格权法：法释义学、比较法、案例研究》，北京大学出版社2013年版，第141页。
④ 参见张红：《人格权各论》，高等教育出版社2015年版，第151页。

象与局部形象的关系来看,自然人的整体形象与局部形象都可以作为肖像的内容,只要达到足以认定与某一自然人的形象具有一致性即可,即使该形象只是某一自然人外部形象的一部分。① 例如拍摄某知名模特的"大长腿"的广告,当大众通过腿部特征能够指引至具体的某个人时,就已包含在肖像的调整范围之内。"②

3. 可识别性

肖像应当具有较为清晰的可识别性。法律保护自然人肖像的目的是保护其外部形象不被他人混淆从而遭致贬损或者滥用,因此通过一定载体所呈现出的外部形象应当具有较为清晰的指向性和识别性,如果通过载体呈现出的外部形象无法指向或者识别出特定自然人则不应纳入肖像的范围。③ 但是,如果通过某载体展示的形象能够使人关联至某自然人,该形象就已产生鉴别和区分功能,则可以认为其构成肖像。对此,肖像权人当然有权向侵犯其权利的行为人要求停止侵害肖像的行为。因此,当物质载体所展示的形象形成具体指向,该肖像权人就可以对此主张相应的权利。④ 可识别性是判断是否构成肖像的重要标准,前述判断肖像的保护范围是外部形象还是面部形象、是整体形象还是局部形象均是以可识别性为前提和基础。从更广泛的意义上

---

① 参见张红:《〈民法典各分编(草案)〉人格权编评析》,载《法学评论》2019年第1期,第106页。
② 参见王泽鉴:《人格权法:法释义学、比较法、案例研究》,北京大学出版社2013年版,第141页。
③ 参见黄薇主编:《中华人民共和国民法典人格权编解读》,中国法制出版社2020年版,第143页。
④ 参见张红:《人格权各论》,高等教育出版社2015年版,第152–153页。

而言，对于卡通化的个人形象，以及以素描、雕塑等方式所呈现的个人形象是否构成肖像在司法实践中不无疑问，这类形象并非对被呈现者外貌的直观再现，一般都加入了作者的主观创作，如果仅仅因为其包含创作者的主观构思就排除对被呈现者肖像权的保护，将会导致自然人的肖像在变化表现形式之后被随意滥用。归根结底，还是应当以可识别性为标准，只要某一形象能反映出特定自然人的体貌特征，在外人看来能与特定自然人建立对应的联系即可达到肖像权保护的判断基准。

从比较法的角度来看，以美国和德国为代表的国家对肖像的可识别性标准采取了更为宽泛的解释，能借助其他表现形式使人识别出为本人即可满足可识别性标准，受到法律保护。即便图像中的无容貌者或容貌模糊者，可通过其他特征识别出特定人的，也能受到法律保护。美国法甚至将标志性的物品（如赛车手驾驶的标志性的车辆、篮球运动员标志性的球衣球鞋等）、肢体特点（如体态、身材、发型等）、特定场景下的模仿行为等都纳入到保护范畴。

综上所述，自然人的肖像由肖像载体、外部形象和可识别性三个要件构成。自然人的外部形象是自然人本身给他人形成的一种视觉映像；肖像载体则是再现自然人外部形象的物质载体，这种载体是再现自然人肖像的物质手段，载体形式具有多样性，并不只局限于艺术作品；可识别性则是判断是否构成肖像的重要标准，即通过物质载体再现的外部形象要能够清楚地辨别出其所反映的自然人形象属于谁。

第二章 人格标识商业化利用的司法现状与法律问题

(二) 肖像权的客体：肖像利益

关于肖像权的客体，存在肖像说①、自主决定权说②以及肖像利益说③等多种学说，笔者赞同张红教授的观点，认为应采肖像利益说。首先，人格权的客体定位为人格利益，肖像权作为人格权的一部分，相对应地，其客体应为肖像利益。其次，肖像利益说肯定因肖像产生的人身和财产两方面利益，顺应了时代经济的发展潮流。再次，将肖像权客体定位于肖像利益有利于解决一些特殊的肖像权纠纷，例如死者的肖像利益保护问题。自然人在死亡之后其肖像权利即宣告结束，此时再谈死者的肖像已无实质意义，但若放任商业经营者对死者的肖像任意进行使用，不免会给死者之近亲属带来精神痛苦，因此死者肖像保护的实质乃是因其生前肖像的存在而延续的对其近亲属的精神利益以及对其继承人的财产利益的保护。由此可见肖像利益说为不同主体的肖像利益保护提供了更为合理的依据。④

肖像权体现出双重利益的特征：一方面，作为一种具体的人格权，肖像权具有人身专属性，不可转让，对肖像的保护体现出对肖像权人

---

① 学者吕彦主张肖像权的客体是公民的肖像，参见吕彦：《公民肖像权若干问题探讨》，载《现代法学》1990年第4期，第52页。学者隋彭生主张肖像权的客体是人身外部形象，肖像正是指人的外部形象，因而，肖像权的客体仍然是肖像，参见隋彭生：《论肖像权的客体》，载《中国法学》2005年第1期，第48页。
② 目前我国台湾学界大多认为肖像权乃人之尊严及价值体现于对自己肖像上人格特征的自主权利。参见王泽鉴：《人格权法：法释义学、比较法、案例研究》，北京大学出版社2013年版，第139页。
③ 以张红教授为代表的学者认为肖像权的客体应采肖像利益说，具体包含肖像精神利益与肖像财产利益。笔者对此赞同。参见张红：《人格权各论》，高等教育出版社2015年版，第162-163页。
④ 参见张红：《死者生前人格财产利益保护》，载《法学研究》2011年第3期，第112页。

精神利益的保护；另一方面，伴随商品经济的快速发展，肖像作为一种人格标识，能够将不同主体区分开来，彰显肖像权人的个性特征，肖像能够为商业目的而使用进而体现出一定的财产利益。

　　肖像标识的商业化利用既体现出精神利益也体现出财产利益。具体而言，肖像所承载的精神利益是肖像标识商业化利用的基础和前提，精神利益表现为肖像权人的人格特质和人格因素，商业化利用依赖于公众对肖像权人人格特质的社会评价、信赖和喜爱。同时肖像权人有权决定是否将其肖像标识付诸于商业化利用以及如何在公众面前展现自己，未经许可擅自将肖像标识用于商业化开发利用将损害肖像权人的自主决定权，有损其精神利益。当商品经济发展到一定层次，除了对精神利益的保护之外，人们发现肖像标识在商业化利用的过程中，更集中地体现为财产利益。肖像作为一种人格要素可以通过一定媒介与肖像权人发生分离，获得相对独立的存在，从而具备一定的财产属性。借助于影像科技等先进技术，自然人的外貌特征、整体形象可以外化为一定的标识符号，商业经营者通过利用自然人的照片视频即可起到使用其肖像标识的作用，对这些照片视频的使用并不会造成权利主体肖像的损毁。在商业化利用的过程中，肖像标识与肖像权人的联系不再那么紧密，可以与肖像权人暂时分离使用，肖像权人可以通过肖像标识的商业化利用来实现人格特征的经济价值。

（三）肖像权的基本权能

　　《民法典》第1018条第1款对肖像权的基本权能作出规定，肖像具有制作、使用、公开以及许可他人使用四项基本权能。

　　1. 制作权能

　　制作权能又称形象再现权能，即自然人有权自己或者许可他人通过造型艺术形式或者其他形式再现自己的外部形象。经过制作这一过程，肖像就具有了物的属性，能够为人们所利用和传播。① 制作权能本身包含两层含义：首先，权利人自己有权决定通过何种形式制作或者不制作肖像；其次，权利人有权决定禁止或允许他人制作自己的肖像。② 值得注意的是，尽管《民法典》第1018条只强调制作自己的肖像是自然人的权利，但如果该权利人从未制作过自己的肖像，只是表明其从未行使过这项权能，但并不影响权利人享有这项权能，其可以选择在以后任何时候来行使这项权能。③ 这一点至关重要：在人格标识的商业化利用过程中，即使权利人从未制作过个人肖像，或从未将其个人肖像运用于商业渠道，商业经营者也不得将其作为抗辩理由，对权利人的肖像进行任意利用。是否制作、何时制作以及通过何种形式制作其肖像乃肖像权人依法享有之权利，他人无权干涉，商业经营者不得未经许可擅自盗用权利人之肖像标识。

2. 使用权能

使用权能是指肖像权人对其个人肖像享有专有的支配权，只要不违反法律法规的规定和公序良俗的原则，自然人就有权以任何方式来使用其个人肖像。肖像权人有权将自己的肖像用于任何合法的目的，这种目的既可以是获得精神上的愉悦，也可以是出于商业目的获得一定的财产利益。同时，肖像权人使用肖像的方式具有多元化的特点，既可以用复制、展示的方式使用，也可以以销售的方式使用。肖像权

---

① 参见杨立新：《人格权法》，法律出版社2015年版，第193页。
② 参见王利明主编：《人格权法新论》，吉林人民出版社1994年版，第375页。
③ 参见黄薇主编：《中华人民共和国民法典人格权编解读》，中国法制出版社2020年版，第140页。

人对于制作完成的肖像拥有是否使用以及使用方式的决定权。在不存在法律禁止或妨害他人正当权益的情况下，肖像权人既可以自己使用肖像，也可以通过授权决定同意他人使用自己的肖像。使用权能体现出肖像所具有的商业价值与财产利益，并可以与肖像权人相分离。

3. 公开权能

公开权能意味着肖像权人具有自由选择是否将其个人形象公诸于众的权利。肖像权人对于已经制作的肖像，可以公开也可以不公开，可以自己对外公开或者许可他人公开，除非具有法定抗辩事由，他人不得干涉，也不得擅自公开。公开权能从广义上讲，当属肖像使用权能的内容。但是考虑到公开肖像这种形式对于肖像权的重要性，肖像公开与否对肖像权人的影响极大，因此《民法典》第1018条特别将其从广义的使用权能中分离出来加以单独规定。[1] 德国法实务中认为，公开权能体现为肖像权人的自主决定权，即保障个人得自主决定是否以及在何种条件下散布或公开展示其肖像的权利。[2] 值得注意的是，《民法典》第1019条第2款就肖像作品权利人不得擅自使用或公开肖像权人的肖像作出特别规定。从著作权法层面而言，肖像作品权利人对作品依法享有发表、复制、发行、出租等权利，但由于该作品载有肖像权人之肖像而具有特殊性，此时涉及著作权与肖像权两种权利的冲突，如何对这两种权利做出合理协调，如何在肖像标识商业化利用与肖像作品著作权之间作出平衡也是司法实践中常常面临的困惑，具

---

[1] 参见黄薇主编：《中华人民共和国民法典人格权编解读》，中国法制出版社2020年版，第140-141页。

[2] 参见黄松茂：《人格权之财产性质——以人格特征之商业利用为中心》，台湾大学法律学研究所2008年硕士学位论文，第175-176页。

体将在后文进行详尽论述。

4. 许可他人使用权能

肖像的许可使用是指肖像权人有权依照其个人意志,将其肖像上的利用价值许可给他人使用。肖像的许可使用是肖像权人和被许可人平等协商和意思自治的结果,这种许可使用可以是有偿的,也可以是无偿的。但无论是有偿使用还是无偿使用,都必须经过肖像权人的许可同意,任何自然人、法人或非法人组织未经肖像权人的同意擅自使用其肖像的都构成侵权,这与《民法通则》第100条的规定有所区别。《民法通则》第100条以他人是否以营利为目的使用肖像作为判断是否构成侵权的标准。但从司法实践的实施效果来看,以营利为目的的判断标准存在诸多缺陷,并不利于保护肖像权人的利益,因此《民法典》对此作出修改完善,不再以他人的使用是否营利作为判断是否侵犯肖像的要件,在未经肖像权人同意的情形下,即便使用行为并未获取商业利益,也可能构成对肖像权的侵害。[①] 许可他人使用的权能一般通过签订肖像许可使用合同的形式得以实现。在现实生活中,名人的肖像一般具有较大的经济价值,商业经营者倾向于将名人的肖像标识运用于广告宣传等商业渠道,以起到招揽顾客的作用,名人也热衷于将其肖像标识许可给商业经营者使用,以此来获得广告费等不菲的授权许可费用。《民法典》第1021条与1022条对肖像许可使用合同作出专门规范。整体来看,肖像许可使用合同倾向于保护肖像权人的利益。在肖像许可使用合同中,双方当事人应当对肖像许可使用的时间期限、地域范围、内容方式、许可费用等相关事项作出约定。当肖像

---

① 参见黄薇主编:《中华人民共和国民法典人格权编解读》,中国法制出版社2020年版,第141页。

许可使用合同的条款内容不清、存有争议时，对合同解释的作出应当有利于肖像权人。此外，如果合同对于许可使用的期限未作出约定或者约定不明确的，双方当事人均享有对合同的任意解除权。即便合同对许可使用的期限作出约定，只要肖像权人具有正当理由，在向对方当事人赔偿损失的情况下，肖像权人仍然可以解除合同。

二、肖像标识商业化利用的实证分析

肖像标识的商业化利用所涉及的主要问题包含商业化利用的内容范围、商业化利用的方式、商业化利用的地域期限以及商业化利用的费用报酬等。关于商业化利用的方式，随着商业经济的发展，肖像标识商业化利用的方式呈现出多样化的特点，除直接将名人的肖像标识用于商品广告之外，有的商业经营者会将名人的肖像标识做成商业纪念品，如制造销售印有名人肖像的明信片、马克杯或雕像工艺品等；也有商业经营者将肖像标识用于工商业标记，以起到与其他的商品或服务相区别的作用，如将名人的肖像标识注册为商标使用；一些商业经营者还将名人的肖像标识用于展览橱窗等陈列展示，或用于书籍封面等装潢展示，通过利用名人的知名度以起到对相关商品的宣传推广及品质鉴证作用。对于商业化利用的方式、地域期限以及费用报酬，当事人通常都会在肖像许可使用合同中作出明确约定，相关问题在司法实践中争议较小。而商业化利用的内容范围才是此类案件的争议焦点，理解肖像标识商业化利用的核心乃在于理解肖像标识商业化利用的内容范围。长久以来法律适用标准的模糊性导致在司法实践中出现同案异判之结果，通过实证研究的方法对经典案例进行透视分析，方能在比较中对肖像标识商业化利用的内容范围作出正确的理解，得出具有可行性的判断标准,为肖像标识的商业化利用提供合理的保护之道。

(一) 面部以外形体的肖像标识问题:乔丹案与真假孙悟空案

在"乔丹案"中,美国球星迈克尔·乔丹与我国乔丹公司围绕"乔丹"商标展开了系列诉讼争议。迈克尔·乔丹认为争议图形商标取自迈克尔·乔丹进行篮球运动的人体形象,反映了迈克尔·乔丹的运动形象与身体轮廓,与迈克尔·乔丹一张打篮球的照片形象高度相似,乔丹公司未经许可擅自注册使用争议图形商标的行为构成对迈克尔·乔丹在先肖像权的侵犯。然而本案在一审、二审及再审判决中,法院均不认可争议图形商标的注册会造成对迈克尔·乔丹肖像权的侵害。法院认为,肖像作为一种让社会公众识别对应权利主体的标识,应当能够清楚地反映特定自然人的主要容貌特征。争议图形商标是黑色人形剪影,只反映了身体轮廓,未能清楚地反映人物的容貌特征,导致相关公众难以对争议图形商标中的形象主体做出辨认,并且该图形对应的动作是篮球运动中的常见动作,其他自然人也可以做出相同或类似的动作,因此争议图形商标未能反映出迈克尔·乔丹的个人特征,迈克尔·乔丹不能就该标识享有肖像权。[①] 通过"乔丹案"可见,法院认为在商业化利用中肖像标识必须能够清晰地反映自然人的容貌特征,仅包含形体特征而不包含面部特征难以受到肖像权的保护。

在"真假孙悟空案"中,原告系知名演员章金莱(艺名六小龄童),因出演1987年版《西游记》中"孙悟空"的角色为大众熟知。

---

① 参见迈克尔·杰弗里·乔丹与国家知识产权局商标行政管理纠纷案,最高人民法院(2018)最高法行再32号行政判决书。

原告诉称被告蓝港在线公司在其运营的网络游戏"西游记"中擅自使用了原告在《西游记》电视剧中扮演的孙悟空形象，其游戏内容低俗，导致公众认为原告代言了相关产品，致使原告社会声誉受损，同时被告在游戏中擅自使用的"孙悟空"角色形象构成对原告肖像权的侵害。原告诉至法院，要求被告停止侵害、赔礼道歉、赔偿损失。本案的意义在于确认了影视演员与其扮演的角色形象的关联性。在二审判决中法院对肖像标识的内容范围作出了适当的扩张解释，认为肖像并不仅仅局限于面部特征，还应包含自然人的形体特征。尽管"孙悟空"的形象源于古典文学作品，但是在 1987 版《西游记》中，原告扮演的孙悟空形象已经与原告本人建立了独一无二的对应关系，观众即便不看面部形象仅凭借体貌特征也能在相关画面中识别出饰演者，包含体貌特征在内的整体角色形象都应纳入到肖像权的保护范畴。[1]

肖像标识是否包含面部以外的形体特征，在司法实践中备受争议和关注。《民法通则》并未对肖像的内容范围作出界定，此前司法实践中主要将肖像局限于自然人之面部特征，通常并不涵盖形体特征。当今社会以商业化利用的方式侵害人格标识的情形日益增多，从比较法之角度来看，域外许多国家采公开权、形象权之形式来保护人格标识形象，并将可受保护的肖像范围不断扩张。[2] 世易时移，变法宜矣，此番《民法典》将与肖像有密切联系的形象均涵盖在肖像权之中，是积极面对现实并顺应时代发展趋势的表现。因此，只要形象具有可识

---

[1] 参见章金莱与蓝港在线（北京）科技有限公司人格权纠纷案，北京市第一中级人民法院（2013）一中民终字第 05303 号二审民事判决书。
[2] 参见章金莱与蓝港在线（北京）科技有限公司人格权纠纷案，北京市第一中级人民法院（2013）一中民终字第 05303 号二审民事判决书。

别性,能够将形象与某一自然人建立特定的联系,此形象就属于可受保护的肖像范围之内,也即肖像标识并不只局限于面部,还应包含面部以外的形体特征。

(二) 局部形象特征的肖像标识问题:叶璇案

在商业化利用的过程中,肖像标识是否必须完整反映自然人形象的整体特征,抑或是对眼、鼻、嘴等局部形象特征的利用即构成对自然人肖像权的侵犯,也是司法判例中的争议焦点。"叶璇诉安贞医院、交通出版社、广告公司肖像权纠纷案"即围绕这一争议焦点展开。在"叶璇案"中,原告叶璇接受激光皮肤治疗后,效果良好,而后原告发现被告擅自将自己接受脸部治疗的图片刊登在《交通旅游图》上,以起到对被告医院的宣传效果。被告以其肖像权遭受侵犯为由诉至法院。案件争议焦点在于涉案图片仅展示了原告的部分面部特征,并对眼睛进行了遮挡,被告对局部形象特征的使用是否构成对原告肖像权的侵犯。[1] 一审与二审法院认定尽管通过高科技技术手段对比能够证明案涉争议照片的主体确系原告本人,但从公众视角来看,案涉争议照片仅反映了自然人面部的局部器官,无法体现自然人的相貌综合特征,故不构成肖像,原告叶璇败诉。本案认定肖像标识并不包含局部形象特征的原因在于:肖像需具有完整、清晰、直观、可辨的形象标识性。如果画像、照片不能清晰准确地还原肖像权人的相貌特征,一般大众无法直接作出判断,而只能凭借高科技技术手段才能确定这是某一自然人特有的一部分形象,那么这样的载体所表现的内容并不能

---

[1] 参见叶璇诉安贞医院、交通出版社、广告公司肖像权纠纷案,载《中华人民共和国最高人民法院公报》2003年第6期(总86期),第21-22页。

引起一般人产生与原形人有关的思想或感情活动，因此无法构成肖像。①

"叶璇案"明晰了肖像标识的内容范围并不包含局部形象特征，本案曾登载于《最高人民法院公报》，司法机关在类案处理时或会考虑本案之结论，故本案对司法实践产生了一定程度的影响。然细致斟酌本案，尚有问题有待进一步探讨：本案原告叶璇自己能清晰地辨认出照片上的面孔就是其本人，同时法院采用技术手段也鉴定、比对得出照片为原告叶璇本人的结论，该结论既为客观事实，就说明原告之权利确有损害，然现有法律却无法为原告提供权利保护之依据，反映出法律在解决此类问题时存在滞后性与空白性。对此问题，笔者认同张红教授之观点，或可考虑从肖像权的客体——肖像利益的角度切入，对精神利益与财产利益进行一分为二的分析。从精神利益的角度来看，尽管本案中叶璇的双眼被遮挡，没有露出完整的五官容貌，但对叶璇本人及其亲人而言，能够清楚地辨认出照片上的人就是叶璇本人，无论其他公众能否识别出来这是叶璇，这种对叶璇本人人格尊严造成的精神损害已经发生。精神损害是权利主体的内心感知，将相关判断标准交由权利主体之外的一般大众认知将不利于权利主体精神利益的保护。②而从财产利益的角度来看，自然人的肖像标识之所以能产生财产利益乃是因为肖像载体具有直观可辨的形象再现性，公众能通过相关形象特征联想到特定的自然人，由此产生与该自然人相关的思想或感情活动。财产利益通过一定的方式将肖像再现在一定的载体上，这

---

① 参见叶璇诉安贞医院、交通出版社、广告公司肖像权纠纷案，载《中华人民共和国最高人民法院公报》2003年第6期（总86期），第21－22页。
② 参见张红：《人格权各论》，高等教育出版社2015年版，第169页。

种载体在社会生活的流通中因为附着了一定的肖像而直接或间接产生了社会主体之间的财产流通。① 在此过程中，若载体承载的仅是模糊的局部形象特征，其他社会主体无法识别出对应的自然人，则难以产生借助该自然人的肖像实现财产流通之目的，更遑论财产利益的产生。本案中尽管叶璇是广告使用照片上的原形人，但照片中人物眼部以上的部分均被遮挡，从照片露出的局部形象特征来看，司法机关在调查过程中尚且借助了高科技手段才得出照片主体乃叶璇之鉴定结论，一般社会公众仅通过肉眼则更难以直接判断出照片的原形人是谁，主观上被告并不具有借助叶璇的肖像实现财产流通之目的，客观上被告也并未借此获得额外经济利益，被告行为并不构成对叶璇肖像财产利益的侵犯。因此，从肖像利益的角度切入，可以得出本案再分析之结论：被告行为构成对原告肖像权的侵犯，造成原告精神利益之损害，原告有权要求被告承担精神损害赔偿，但被告行为并未侵害原告的财产利益，故原告无权要求被告支付财产损害赔偿。

关于肖像标识是否包含局部形象特征此前多有争议，主要源于《民法通则》未对肖像的内容范围作出界定，而《民法典》的颁布则为这一问题的解决提供了相对明确的指引。《民法典》第1018条对肖像内容范围的界定并未要求必须是自然人的完整或整体形象，而是以可识别性作为判断标准，换言之，只要能通过显著的形象特征识别出对应的自然人即可，至于是整体形象还是局部形象特征则在所不问。例如某一模特的手具有极强的识别性，很多人都可以辨别出，则该模

---

① 参见张红：《人格权各论》，高等教育出版社2015年版，第169页。

特的手部形象也可以纳入肖像的范围。①

（三）卡通化个人形象的肖像标识问题：赵本山案与张振锁案

随着传媒技术的发展，许多商业经营者在盗用名人的形象时，并不会原封不动地复制名人的照片，而是会采用绘画的形式将名人的形象做卡通化的处理，然后再利用卡通形象来进行宣传推广。当名人试图寻求肖像权的保护时，商业经营者却有充分的理由进行抗辩，主张其从未利用名人本人的肖像照片，其利用的是卡通形象，卡通的虚拟形象显然不能等同于真人的肖像特点，故不构成肖像权侵权。商业经营者虽以此来规避法律责任，但在实际利用的过程中，消费者看到该卡通形象的显著特征还是能一眼辨认出并对应联想到特定的自然人，与直接使用名人照片的效果相差无几，实际已经起到了盗取名人的社会知名度与市场影响力来进行宣传推广的客观效果。若放任不法经营者任意利用此类卡通化的个人形象，自然人的肖像将会在变化形式之后被随意滥用，有损自然人的肖像利益。"赵本山案"与"张振锁案"是典型的擅自使用含有自然人肖像的卡通漫画侵权案件，通过这两个代表性案件，可以透视出肖像标识应当包含卡通化的个人形象。

在"赵本山案"中，原告是全国知名的喜剧演员赵本山，原告发现被告天涯公司在其开发的新产品中擅自使用了自己的形象。该形象的特殊之处在于并非其本人的照片形象，而是采取了卡通漫画的形式，并在卡通漫画旁搭配了原告小品中的经典台词。原告以其肖像权遭受侵犯为由诉至法院，主张权利。法院最终支持了原告的诉讼请求，并

---

① 参见黄薇主编：《中华人民共和国民法典人格权编解读》，中国法制出版社2020年版，第142页。

在裁判中指出：原告作为知名喜剧演员，其外观形象极易识别，涉案卡通形象与原告本人极为相似，当消费者观察到涉案卡通形象时，自然会联想到原告本人。一般而言，从事演艺工作的主体，其艺术形象和本人形象密不可分。未经许可擅自采用卡通漫画的形式展现自然人的形象，构成对自然人肖像权的侵犯。

与此类似，另一则典型案例是张振锁肖像权纠纷案。张振锁（艺名张亮）此前为一名模特，后通过参加综艺节目《爸爸去哪儿》成为知名艺人。原告张振锁诉称被告华日菱公司创作了原告与其儿子的卡通形象配图，并发布在另一被告车之家公司的网站中。张振锁认为两公司未经许可使用其形象的行为侵犯了其肖像权，故诉至法院。最终法院认定两公司侵犯肖像权的行为成立。尽管经过艺术处理后的卡通漫画形象与张振锁本人的形象有所差异，但除了文章的配图之外，文章中还进行了"张亮""T台"等内容说明，与原告张振锁本人的人生经历高度相关，当网站用户看到涉案卡通形象时，很容易将其与原告本人产生联系，此时涉案卡通形象已经具有了明显的识别性，属于原告肖像权的保护范畴。①

由此可见，卡通化的个人形象作为美术作品的一种形式，在创作过程中尽管会添加创作者的主观创意构思，使得卡通化的个人形象与肖像权人的形象并不完全一致，但这种卡通艺术形象并非凭空诞生于创作者的创意构思，而是以肖像权人的形象为蓝本，脱胎于个人形象。只要卡通形象能够反映出对应自然人的可识别特征，就能够成为肖像

---

① 参见张振锁诉北京车之家信息技术有限公司、北京华日菱汽车贸易有限公司肖像权纠纷案，北京市海淀区人民法院（2014）海民初字第22957号一审民事判决书；北京市第一中级人民法院（2016）京01民终496号二审民事判决书。

权保护的对象。尤其当卡通漫画形象旁还配有旁白台词或文字解释，而这些旁白台词和文字解释正是源于肖像权人的代表作或与肖像权人的个人经历高度相关，就足以判断其意在指引公众将该卡通漫画形象与肖像权人产生对应联系，进而利用肖像权人的社会知名度与影响力来起到广告宣传的作用。此时商业经营者通过卡通漫画的形式对肖像权人的形象特征展开的利用具有主观恶意，将损害肖像权人的肖像利益，法律需对此类侵权行为进行限制和调整。因此，肖像标识的内容范围并不只局限于肖像权人的真人形象，还包含艺术处理后的卡通漫画形象。①

(四) 可识别性的判断标准

通过前述实证案例的分析可以得出结论，对于肖像标识所涵盖的内容范围的判断，司法实践中以可识别性为标准，《民法典》颁布后其中第1018条对可识别性的判断标准作出正式规定，可识别性标准以法律的形式得以保证和实行。只要某一形象能反映出特定自然人的体貌特征，在外人看来能与特定自然人建立对应的联系即可达到肖像权的保护标准，这种形象既可以是自然人的面部特征也可以是形体特征，既可以反映自然人的整体综合特征也可以反映局部器官特征，既可以是自然人的真人形象也可以是经艺术处理后的卡通漫画形象。然而在具体案件中言及可识别性标准，仍然是一个抽象的概念，其与著作权法中实质性相似的判断标准相类似，有赖于社会公众的主观认识与法

---

① 关于素描、雕塑等加入了作者主观创作的艺术作品是否构成肖像亦是同理，尽管素描、雕塑等作品加入了创作者的主观构思，但作品中展现的形象若以特定人物形象为原型，并具有显著的可识别性，能够指向特定的自然人，则该作品就是对自然人肖像的一种再现。若创作者未经同意便制作、使用、公开该作品，将构成对他人肖像权的侵害。

官的内心确信。将此种主观性较强的标准具体化,才能在案件中具有可实操性。在实际运用可识别性标准之时,应当从三方面要素进行考量,分别是识别范围、识别方法和识别结果。①

识别的首要因素是识别范围,识别范围的要素包括肖像权人的类型、地域、面向人群等,核心是人的影响范围。普通人与知名人物的影响范围自然不同。如果肖像权人是普通人,则识别范围仅限于自然人的熟人,例如亲属、朋友等。当范围内的人群能够将识别形象和该自然人产生联系时,则构成受到肖像权保护的肖像;而当肖像载体所指向的对象是影视明星等具有知名度的社会名人时,识别范围应当扩张到一般社会公众,而不能只局限于名人周边关系密切的亲友同事。②

识别方法是指识别范围内的人群采用何种方法来判断载体上的形象和肖像权人存在关联。对此问题,一般认为采用第一印象为主、对比观察为辅的方法较为合理。首先,应当建立一般理性人的标准,观察者在无偏见的情况下观察涉案形象,判断是否能够识别出原告,或与原告形成联系。在经过第一印象判断后,再进行精细的对比观察,对比后如果发现二者的细节依然近似甚至相同,则可以认定涉案形象侵犯了原告的肖像权。也有观点指出,可直接采取对比观察法,即直接将涉案形象与原告形象进行比对。笔者认为,直接采取对比观察法更容易受到个人偏见的影响,从而导致识别结果产生误差。从物理角度而言,视觉是外界光学影像投射在视网膜上产生信号,随后电信号

---

① 参见刘承韪:《影视演员肖像权纠纷的实证研究》,载《山东科技大学学报(社会科学版)》2019年第1期,第30页。
② 参见刘承韪:《影视演员肖像权纠纷的实证研究》,载《山东科技大学学报(社会科学版)》2019年第1期,第30-31页。

通过视神经传递到大脑神经的成像过程。即使是同一人，在不同时间、地域、外界影响的条件下，对同一事物的判断也可能产生差异。已有的脑科学实验验证了上述偏见效应，即既有认知、他人诱导、外界刺激都可能对判断者的认知产生影响。如果先让判断者看原告照片，会在判断者脑中留存原告肖像的一些细节，当判断者再看涉案形象时，难免产生"越看越像"的错觉。此时，直接采取对比观察法更容易产生识别误差。反之，第一印象判断可以有效弥补细节对比的劣势，弥补单次判断中随机因素造成的误判。综上所述，直接采取对比观察法有一定的缺陷，更宜采用第一印象为主、对比观察为辅的识别方法。第一印象判断是细节对比的前置条件，如果在第一印象判断时难以将涉案形象与原告产生关联，即使细节判断中发现部分吻合之处，也不宜简单认定为侵犯肖像权。[1]

识别结果是指识别范围内的人群运用上述识别方法得出的结论。识别结果只存在是或否，即某一识别范围内的人以合理理性人之认知能否由载体所反映的形象联想到特定的自然人。[2] 当识别结果为是，则说明该载体所反映的形象构成特定自然人之肖像，若未经许可而制作、使用、公开该形象，将构成肖像权侵权。

在运用识别方法的过程中，有时还需要配合一定的调查手段来得出识别结果。在司法实践中，社会公众调查法受到肯定，为法院了解一般公众的认知提供了帮助。在前述"乔丹案"中，审理法院就充分

---

[1] 参见高翼飞：《角色形象成为演员肖像权的客体考量》，载《人民司法》2013年第16期，第41-42页。
[2] 参见刘承韪：《影视演员肖像权纠纷的实证研究》，载《山东科技大学学报（社会科学版）》2019年第1期，第30-页。

运用了第三方社会调查机构的结果。该调查在全国五个大中型城市进行，在调查过程中遵循了人口学分布特征来选择调查对象，采用了拦截访问的访问方式，运用了多阶段分层随机的方法进行抽样，由此得出结论：关于再审申请人与乔丹公司的具体关系，由高到低不同比例的受访者认为二者为"代言人""授权使用""企业开办人"等关系，最终形成《Michael Jordan（迈克尔·乔丹）与乔丹体育品牌联想调查报告》。① 法院对采取的社会公众调查法表示了认可，最终的调查报告为法院了解一般公众的认知提供了帮助，有利于法院作出具有真实性与说服力的裁判结论。有学者指出，社会公众调查法值得肯定，但从调查报告的专业程度来看，其需要耗费大量的人力、物力及财力，从全国范围内而言，能够承担高额调查费用的当事人少之又少，如果不能给予被侵权人高额赔偿的期待，实际会阻碍被侵权人的维权意愿。对此，可以考虑在案件审理过程中，先由法院委托专业机构进行类似"乔丹案"的社会公众调查活动，在案件判决作出之后，最终由败诉方来支付调查过程中产生的费用。② 如此既能真实地了解到一般公众的认知结论，避免了识别结果的片面性与主观性，同时也对调查费用作出了合理分配，避免当事人在案件调查初期承担过重的财务负担。

三、肖像标识商业化利用与肖像作品著作权的利益冲突与协调

肖像载体是肖像构成的要件之一，肖像标识的商业化利用通常需

---

① 参见迈克尔·杰弗里·乔丹与国家知识产权局商标行政管理纠纷案，最高人民法院（2018）最高法行再32号行政判决书。
② 参见刘承韪：《影视演员肖像权纠纷的实证研究》，载《山东科技大学学报（社会科学版）》2019年第1期，第31页。

要以一定的作品形式作为载体，自然人的形象需出现在图片（美术作品或摄影作品）、电影电视剧视频（视听作品）等作品形式之中，才能被公众直观感知。于是，司法实践中产生了肖像标识商业化利用与肖像作品著作权之间的利益冲突问题。著作权人享有对作品进行复制、发行、放映、创作衍生作品等一系列专有权利。而肖像权意味着如果要在作品中使用自然人的肖像标识则需要经过自然人的同意。由此会产生著作权人基于作品享有的著作权与肖像权人基于作品中载有其肖像标识享有的肖像权之间的冲突。① 剧照的使用集中反映了肖像标识商业化利用与肖像作品著作权之间的利益平衡问题。此外，电影、电视剧等视听作品中出现的特型演员的肖像标识具有特殊之处，其商业化利用的对象通常指向的是扮演的特定历史人物，而非特型演员本人，故不构成对特型演员本人肖像权的侵犯。随着新兴科技不断发展，AI技术在作品中的运用愈发普遍，AI技术的发展亦会构成对肖像标识商业化利用的新挑战。

（一）剧照的肖像权与著作权的利益平衡问题

剧照的使用集中反映了肖像标识商业化利用与肖像作品著作权之间的利益平衡问题。一方面，电影、电视剧等视听作品的制作者作为著作权人出于视听作品宣传的需要使用视听作品中的剧照是合法合理的，② 但如果制作者对剧照的使用不仅仅限于视听作品的宣传目的，而是擅自授权给其他商业经营者使用，此时便有可能发生争议，演员

---

① 参见李梦佳：《论著作权与形象权的冲突与协调——以美国法规则与案件为视角》，载《电子知识产权》2020年第5期，第53-54页。
② 依据我国《著作权法》第17条的规定，除当事人对视听作品的著作权归属作出特别约定之外，视听作品的著作权由制作者享有，制作者是视听作品的著作权人。

第二章 人格标识商业化利用的司法现状与法律问题

可对此主张其对剧照享有肖像权;另一方面,第三人未经许可便擅自使用视听作品中的剧照,此时既侵犯了视听作品制作者的著作权,同时也侵犯了剧照中所出现的演员的肖像权。具体而言,应当分为制作者(视听作品的著作权人)对剧照使用涉及的利益平衡问题、第三人对剧照使用涉及的利益平衡问题两种情况分别进行探讨:

1. 制作者对剧照使用涉及的利益平衡问题

制作者在与演员签订《聘请电影(电视剧)演员合同》时,双方会对著作权及相关权利的归属作出约定:制作者作为视听作品的著作权人对拍摄的电影(电视剧)享有著作权、邻接权等相关权利和利益。同时,制作者享有电影(电视剧)的剧照、角色形象、人物造型、工作照、海报等相关衍生内容的所有权及著作权。演员同意制作者在行使或处分前述权利的过程中使用演员的肖像、姓名等,演员不得就此主张其肖像、姓名等权益,亦不会要求制作者支付合同约定之外的任何费用。[①] 由此可见,演员在与制作者签订《聘请电影(电视剧)演员合同》之后,其职责在于尽职地完成电影(电视剧)中的表演活动,并配合制作者进行电影(电视剧)的宣传推广活动。制作者作为电影、电视剧等视听作品的著作权人,其对演员肖像的使用可以扩展至与视听作品高度相关的衍生品,这种情形并不构成对演员肖像权的侵犯。换言之,演员对制作者的授权许可范围包含将演员的肖像用于电影(电视剧)相关的必要宣传活动中,因此当制作者将演员在电影(电视剧)中的剧照用于海报、宣传物料等相关衍生品时,并不构成对演员肖像权的侵犯。

---

① 参见北京市律师协会组织编写:《中国影视娱乐合同范本与风险防范》,北京大学出版社2019年版,第286页。

然而，制作者对剧照的使用并非没有限制，当制作者在未经演员同意的情形下，擅自将演员的剧照授权给其他商业经营者使用，将构成对演员肖像权的侵犯。此时，制作者对演员剧照的使用已经超出了正当合理必要的范围，授权给其他商业经营者用于产品包装、店面装潢等用途，是为了借助演员的名人效应帮助商业经营者起到提升销量、增加客流的广告作用，与视听作品本身的相关度非常低。演员在《聘请电影（电视剧）演员合同》中授权制作者使用其肖像的范围并非没有边界，当剧照被用于与视听作品相关度非常低的衍生用途，此时制作者任意将演员的剧照授权给他人使用，变相起到了利用演员的肖像标识进行商业推广的作用，将剥夺演员本可获得的商业代言利益，构成对演员合法权利的侵犯，损害其肖像权。在"蓝天野诉天伦王朝饭店有限公司等肖像权、名誉权案"中，原告著名演员蓝天野诉称，被告北京电影制片厂（以下简称"北影厂"）作为电影《茶馆》的制片者①未经本人许可便和被告天伦饭店达成协议，许可对方使用带有自己肖像的剧照，造成对原告肖像权的侵犯。原告认为自己作为电影《茶馆》中"秦二爷"的扮演者，自然拥有"秦二爷"对应的肖像权。而被告天伦王朝辩称其仅使用了"秦二爷"的形象，与原告无关。另一被告北影厂主张自己作为电影制片者，自然有权使用相关电影角色形象。对上述问题法院认为肖像权的使用应当考虑其使用场景。如果将场景限于电影的放映，自不存在侵犯影片中演员肖像权的问题。但是过度扩张合理使用的边界将会损害演员的合法权益，制片者若要将剧照用于与电影宣传放映无关的商业活动，必须提前征得表演者的同

---

① 2020年修正以前的《著作权法》对"制作者"的表述为"制片者"，用以指代电影作品的著作权人。

意。回归本案中,被告天伦饭店经营领域为餐饮和住宿服务,并不属于与视听作品高度相关的衍生品和服务,故并不构成对剧照合理使用的领域。综上所述,法院认为北影厂虽然拥有电影的著作权,但是授权他人商业使用剧照的行为已经触及原告蓝天野的人格领域,造成对原告肖像权的侵犯。①

由此可见,制作者作为电影、电视剧等视听作品的著作权人,其在使用或宣传视听作品的活动范围内使用演员的剧照,并不构成对演员肖像权的侵犯,此时对剧照的用途与视听作品本身密切相关,演员的肖像授权范围可以覆盖至此类用途,不构成肖像权侵权。但是,在未与演员就肖像的使用范围作出特殊约定的情况下,就擅自将演员的剧照授权给其他商业经营者使用,以帮助商业经营者起到提升销量、增加客流的广告作用,此类用途与视听作品本身的相关度非常低,演员的肖像授权范围并未覆盖至此,此类剧照的使用方式构成对演员肖像权的侵权,需要对制作者进行一定限制。

2. 第三人对剧照使用涉及的利益平衡问题

与制作者擅自使用演员剧照的情形不同,第三人擅自使用视听作品中的剧照,不仅侵犯了演员的肖像权,还涉及对视听作品制作者的著作权的损害。首先,当公众看见剧照,不仅会联想到作品中的角色形象,也会对该形象的扮演者产生强烈的联系,从而将角色形象和扮演者本人建立对应联系。在此情形下,对剧照的使用构成对演员肖像的使用。其次,剧照是用以概括电影、电视剧等视听作品中的主要情节或人物形象的照片,其内容截取自视听作品中的相关画面。第三人

---

① 参见蓝天野诉天伦王朝饭店有限公司等肖像权、名誉权案,北京市东城区人民法院(2002)东民初字第6226号民事判决书。

未经许可便擅自公开、使用、传播视听作品中的相关画面,将对视听作品制作者的复制权、发行权、信息网络传播权等相关著作权利造成侵害。

在"葛优诉艺龙网公司肖像权纠纷案"中,原告葛优是我国著名演员,在影视领域有很高的知名度,其在情景喜剧中奉献了精彩的表演,剧中"葛优躺"的形象深入人心,引发网络热议。被告艺龙网公司在未经许可的情形下便擅自将"纪春生"瘫坐的多张剧照用于其公司网站的宣传页面中。原告葛优以其肖像权遭受侵害为由诉至法院。法院认为,考量角色形象和扮演者本人的关联时,需要综合判断涉案形象的知名度、关联性等因素。当一般公众看见"葛优躺"这一形象时,会自然地和原告本人产生联系,因此,被告宣传片中对"葛优躺"剧照的使用构成对演员本人肖像权的侵犯。值得注意的是,法院还对剧照著作权与演员肖像权关系的问题作出论述,因为涉案形象的使用是以剧照为载体,剧照脱胎于电影电视剧等视听作品,被告擅自使用剧照的行为除侵犯演员肖像权之外,同样构成对视听作品著作权人的权利侵害,视听作品著作权人亦可以对此主张权利,要求被告赔偿。①

由此可见,在视听作品的著作权与演员的肖像权均存在且不冲突的情况下,第三人未经许可擅自使用演员剧照的行为将同时对视听作品制作者的著作权与演员本人的肖像权造成侵害。②

---

① 参见葛优诉艺龙网信息技术(北京)有限公司肖像权纠纷案,北京市海淀区人民法院(2016)京 0108 民初 39764 号一审民事判决书;北京市第一中级人民法院(2018)京 01 民终 97 号二审民事判决书。
② 参见刘承韪:《影视演员肖像权纠纷的实证研究》,载《山东科技大学学报(社会科学版)》2019 年第 1 期,第 28 页。

（二）特型演员肖像标识商业化利用的法律问题

特型演员是指特殊造型演员，当电影、电视剧等视听作品中出现为世人所熟悉的著名历史人物或当代名人领袖的时候，出于剧情的需要，在视听作品中要较为真实地再现这些人物的外貌，此时特型演员就发挥出重要的作用。特型演员通常容貌形似某位历史人物或当代名人领袖，在经过化妆造型和演技训练之后，能达到神形兼备的效果。一般而言，特型演员只擅长饰演该特定人物，不经常饰演其他角色。由于特型演员扮演角色的独特性，其肖像标识在商业化利用之时所面临的问题也不同于普通演员，具有特殊性。

当特型演员扮演了特定形象，商业经营者利用该特定形象，是否构成对演员本人肖像权的侵犯是司法实践中争议的焦点问题。特型演员主张商业经营者所使用的形象是特型演员本人出镜饰演的形象，载有特型演员本人的肖像特征，其当然有权利对此主张肖像权。然而从司法实践的裁决结果来看，商业经营者对特型演员所饰演的特定历史人物形象的商业化利用并不构成对特型演员本人肖像权的侵犯。这是因为特型演员所扮演的特定历史人物早已为人们所熟知，商业经营者的利用对象指向的是该特定历史人物，而非特型演员本人。特型演员在扮演特定历史人物的艺术形象时，经过特殊的化妆技巧装扮，在外貌方面已与该特定历史人物达到了高度的相似性，在这种情况下，特型演员的个人肖像特征已被淡化，其个人形象被该特定历史人物的形象再现所覆盖，特型演员无法再对此主张肖像权。在卓玛诉伊利公司案中，法院判决体现了上述观点。法院认为原告卓玛的父亲恩和森系特型演员，虽然在电影《马可波罗》中饰演了非洲酋长贝克托的形象，但是这一形象中并未展现恩和森的个人形象，而是演员根据导演指示而展示的特定历史人物的形象。与之类似的是饰演领袖的特型演员，如果认同领袖的影视形象归属于特型演员，进而判定特型演员拥有领袖的肖像权，显然并不合理。①

（三）AI 技术对肖像标识商业化利用的新挑战

随着人工智能（Artificial Intelligence，简称 AI）和大数据等新技术的快速发展，通过信息技术手段伪造他人肖像标识进行商业化利用的现象也愈加普遍，例如，利用人工智能技术将他人的肖像"深度伪造"（deepfake）到特定的场景之中或者"移花接木"到其他人的身体上，通过这样的信息技术手段来编造或捏造他人的肖像，以达到谋取非法利益的目的。"AI 换脸"技术的设计初衷是作为人工智能深度学习训练的一个切入点，具有一定的娱乐性，但随着"AI 换脸"技术的推广普及，一些换脸软件在商业市场上的应用游走于灰色地带，容易引发多重法律风险。一方面，通过"AI 换脸"将自然人的肖像换到宣扬色情的露骨影片、音像、图片或者其他淫秽物品上，不仅有损社会公共利益，还涉嫌构成传播淫秽物品罪。通过"AI 换脸"合成的视频图片来传播虚假信息、扩散虚假新闻，还易引发侵财类违法犯罪行为的发生，涉嫌构成诈骗罪等刑事犯罪，需承担相应的刑事责任。另一方面，"AI 换脸"技术可以直接将别人（尤其是公众人物）的脸换到自己、第三人或者虚拟人物的脸上，保留该人物的肖像特征，但却套上了原本不属于该人物的面部表情，以此合成以假乱真的视频和照片。《民法典》第 1019 条对此作出明确规定，禁止通过信息技术手段伪造

---

① 参见徐坤：《浅析影视剧照中肖像权的法律保护》，载《科技与法制》2012 年第 1 期，第 658 页。

他人的肖像。这一条款在制定审议的过程中，许多专家指出，实践中利用"深度伪造"技术侵害他人肖像权的情形愈来愈普遍，这不仅会损害到自然人的肖像权和名誉权，还可能对国家安全和社会公共利益造成损害。因此，《民法典》专门对利用信息技术手段伪造等方式侵害肖像权的行为作出明确的禁止性规定，该规定适应了新技术环境下肖像权保护的需要，也体现出立法的与时俱进。[1]

四、对肖像权的限制：肖像标识合理使用的范围及规则

肖像权作为一项具有人身专属性的具体人格权，是一种绝对权，对自然人具有重要的意义。原则上讲，他人不经肖像权人的同意无权使用其肖像。但是，无论何种权利均会受到一定的限制。人们在正当开展社会活动的过程中，有时不可避免地需要用到他人的肖像，倘若对肖像使用的情形不加以区分，一概规定必须获得肖像权人的许可才能使用肖像，势必会给社会活动的开展带来诸多不便。[2]

为此，《民法典》第999条与第1020条对肖像标识合理使用的情形作出规定，在这些情形之下，行为人不可避免地需要用到肖像的，无须获得许可，行为人可以在必要限度内合理审慎地对肖像进行使用：

第一，基于学习、欣赏、教学、科研目的的肖像使用行为。允许基于学习与欣赏目的的肖像使用行为是为了保障个体的正常生活需求，从学习与艺术欣赏的角度来使用肖像，有助于实现个体的自我提升，同时也不具有商业牟利的目的，不会损害肖像权人的正当利益。允许

---

[1] 参见黄薇主编：《中华人民共和国民法典人格权编解读》，中国法制出版社2020年版，第145页。
[2] 参见张红：《人格权各论》，高等教育出版社2015年版，第197页。

基于教学与科研目的的肖像使用行为是为了促进精神文明的发展，从长远而言，有利于整个社会文化财富的增加。基于以上目的对肖像进行使用时，应当同时注意两点：其一，只能使用已经公开的肖像，不得使用他人尚未公开的肖像，擅自公开他人肖像的行为可能构成对隐私权与肖像权的侵犯；其二，对肖像的使用并不是无限度的，应当在合理必要的范围内开展。①

第二，基于新闻报道目的的肖像使用行为。新闻报道是民众了解社会动向与热点事件的窗口，对社会公共利益的保障起到了十分重要的作用。一般而言，新闻报道中出现的都是集会、庆典等公开性的活动和事件，自然人参与到这类活动或事件中，就应当意识到这些公开性的活动或事件有可能被记载或报道。尽管肖像权人在公开场合的报道中属于"被动入镜"，其本身可能并无入镜的意愿，但考虑到新闻报道的时效性与真实性，出于社会公共利益的考量，新闻报道者无须经过许可就可以直接制作、使用或公开肖像。与此同时，新闻报道者应当考虑两点：其一，对肖像的使用行为必须是出于不可避免之情形，如果通过人物肖像漫画或文字表达等形式足以表达清楚新闻报道之内容，则应当避免对肖像的使用；② 其二，对肖像的使用应当只是对新闻报道的点缀，而不能在大幅画面中展现相关肖像。③

第三，为履行法定职责的肖像使用行为。国家机关依法履行职责

---

① 参见石冠彬：《司法视域下民法典肖像权新规的教义学展开》，载《甘肃政法大学学报》2020年第5期，第112页。
② 参见黄薇主编：《中华人民共和国民法典人格权编解读》，中国法制出版社2020年版，第149－150页。
③ 参见石冠彬：《司法视域下民法典肖像权新规的教义学展开》，载《甘肃政法大学学报》2020年第5期，第112页。

是为了保护公众安全和维护社会秩序,出于维护国家利益和社会公共利益的考量,国家机关在依法履行职责时,无须获得同意即可直接使用肖像。例如,调查具有高度传染性的传染病患者,公安机关在通缉令上印上罪犯的肖像等。但是,国家机关对肖像的使用行为需符合行政行为的比例原则:首先,国家机关必须是出于依法履行职责的目的,若无正当事由与法律依据,则无权使用相关肖像;其次,对肖像的使用行为应当在必要范围内展开,不得逾越履行法定职责的边界。①

第四,为展示特定公共环境的肖像使用行为。此种合理使用的情形是民事主体开展正常的社会活动所不可或缺的,若要一一取得肖像权人的同意并不可行,也将限制人们的行动自由。例如,日常生活中到某一著名旅游景点拍照留念时,不可避免地将旁边其他的游客摄入其中。但应注意,此种情形下的肖像使用行为必须是出于展示特定公共环境的目的,并且是"不可避免"地需要用到他人的肖像,这就要求他人的肖像只能作为背景或者点缀存在,而不能是单纯为了拍摄他人的肖像而展开的行为。②

第五,为维护特定利益的肖像使用行为,其中既包含社会公共利益,也包含肖像权人自身的利益。这一情形实际是一个兜底条款,因为在现实生活中涉及公共利益与肖像权人本人利益的事项并不仅限于前四种情形,例如对优秀人物表彰进行的照片展示行为,又如为了寻找失踪儿童而公开发布儿童肖像的行为,前者是为了维护公共利益弘扬社会正能量,而后者是为了肖像权人自身的利益而使用其肖像。这

---

① 参见黄薇主编:《中华人民共和国民法典人格权编解读》,中国法制出版社2020年版,第150页。
② 参见王利明:《人格权重大疑难问题研究》,法律出版社2019年版,第523页。

一兜底条款的规定为司法实践的发展预留出一定的空间,但这并非意味着法院可以随意自由裁量,滥用此项规定或将此项规定泛化。在适用这一兜底条款的规定时,应当注意两点:其一,必须是基于维护特定利益的目的,即为了公共利益或者肖像权人本人的利益而展开的肖像使用行为;其二,必须是在必要范围内展开,不得超出合理范围的边界,例如"寻人启事上的肖像只得用于寻人之用,不得用于商业促销。"[1]

---

[1] 黄薇主编:《中华人民共和国民法典人格权编解读》,中国法制出版社2020年版,第151页。

第三章

比较法对人格标识商业化利用的承认与保护

面对人格标识商业化利用所涉的复杂问题，各个国家基于其既有的法律制度与法律文化，通过立法和司法的方式，创设了不同的法律保护模式。纵观域外法治经验，人格标识商业化利用的法律保护进路大体可分为两种：第一种是以德国法为代表的一元论保护模式，即在人格权的制度框架内处理人格标识商业化利用的保护问题，通过扩张既有人格权的内涵，使人格权同时包含经济价值，并借助人格权的具体规则来提供保护。第二种是以美国法为代表的二元论保护模式，即通过创设新的财产权利类型来规范人格标识的商业化利用，美国在隐私权体系之外单独设立了公开权制度，前者专注于调整人格的精神利益，后者则着眼于保护人格标识中的财产利益。上述两种法律保护模式发育自不同的法治文化土壤，各有其特点及优势。受比较法思想的影响，我国学界对于人格标识商业化利用的法律保护模式的探讨亦主要集中于上述两种模式。故本章从两大法系中各选取一个最具代表性的国家，分别深入分析研究德国法与美国法对人格标识商业化利用的保护制度，以期为我国法律制度的建构提供有益经验参考。

第一节 德国法对人格标识商业化利用的承认与保护

一、德国法人格权发展概况

德国民法中的人格权系由特别人格权发展到一般人格权。人格权不仅涵盖精神利益与财产利益两部分内容，对死者人格权的保护也被囊括在内。① 在德国民法中，人格权内涵的发展变迁旨在回应德国政治、经济与社会变化要求，这一过程延续了大约一个世纪之久。除传统制定法之外，德国联邦最高法院（BGH）及联邦宪法法院（BVerfG）的一系列关键性判决对促进人格权的发展也起到了至关重要的作用，充分凸显了司法造法的机能。② 德国对人格权的保护整体经历了从较为保守的态度至充分尊重个人尊严、人格自由发展的过渡与演变。随着传媒技术与社会经济的快速发展，肖像、姓名等人格标识在商业社会中发挥出前所未有的经济价值，由此除精神利益之外，人们开始格外关注人格之上所蕴藏的财产利益，如何为人格标识的商业化利用提供充分的保护成为学界与实务界关注的焦点。德国采取了"一元论"的保护模式，其未新设财产权，而是在人格权的制度框架

---

① 参见王泽鉴：《人格权法：法释义学、比较法、案例研究》，北京大学出版社2013年版，第271页。
② 参见王泽鉴：《人格权法：法释义学、比较法、案例研究》，北京大学出版社2013年版，第272页。

内同时对人格之上的精神利益与财产利益提供保护。因此，若想深入认知德国法如何在人格权体系内对人格标识的商业化利用作出制度安排与理论构造，须首先对德国法人格权的发展概况进行了解。

1900年施行的《德国民法典》是一部伟大的民法典，然而《德国民法典》对于人格的保护却采取了较为保守的态度。尽管学界力倡设置人格权规定，但受到以所有权为典型的支配客体论的影响，同时考虑到一般化的人格权在解释适用中的不确定性，《德国民法典》对人格保护仅设三条规定，其中尤值关注的是第12条，系首次对姓名权这一种特别人格权作出规定。[①] 不久之后，在1907年制定的《艺术及摄影作品著作权法》又明确将肖像权作为一种特别人格权加以保护，以防止对个人肖像的侵犯。由此可见，德国早期只对姓名权及肖像权这两种特别人格权作出规定，并未设一般规定对人格权进行保护，此种对人格权保护的保守法律状态一直持续至第二次世界大战结束。在第二次世界大战之后，德国吸取惨痛的经验教训，于1945年制定了《德国基本法》。其中，该法第1条与第2条分别强调了个人尊严不可侵犯及人格自由发展的重要地位，两条规定此后成为德国最高法律原则及法律价值要求。[②] 为弥补《德国民法典》对人格保护之不足，德国联邦最高法院与联邦宪法法院在"读者投书案"（Leserbriefe）中以《德

[①] 参见王泽鉴：《人格权法：法释义学、比较法、案例研究》，北京大学出版社2013年版，第20页。

[②] 《德国基本法》第1条规定："（一）人之尊严不可侵犯，尊重及保护此项尊严为所有国家机关之义务。"第2条规定："（一）人人有自由发展其人格之权利，但以不侵害他人之权利或不违反宪政秩序或道德规范者为限。"一般人格权的创设系以第1条第1项结合第2条第1项为依据。参见王泽鉴：《人格权法：法释义学、比较法、案例研究》，北京大学出版社2013年版，第21页。

国基本法》第 1 条第 1 项及第 2 条第 1 项的人性尊严及人格自由发展原则为依据建构了"一般人格权"。① 为进一步强化对人格的保护，德国联邦最高法院肯认人格权具有精神利益及财产利益双重构成部分，并通过保罗·达尔克（Paul Dahlke）案肯定了人格权系具有财产价值的排他性权利。② 更进一步，德国对人格权的保护还延伸至对死者利益的保护，德国联邦最高法院及联邦宪法法院通过梅菲斯特（Mephisto）案肯定了死者人格权上精神利益的保护，死者的精神利益受侵害时，由其指定之人或亲属代为行使排除妨害的救济方法；③ 而针对死者的姓名、肖像等人格标识，则通过马兰·迪特里希（Marlene Dietrich）案确立其具有商业化利用的财产价值，得为继承，可由继承人行使其权利。④ 由此可见，经过一百年的变迁，德国对于人格权的保护从保守且有限的个别规则发展成为具有前瞻性和整体性的规范体系。此项革命性演变并不仅仅借助立法机关的力量，其更大程度上依赖于司法实践中法院造法及学者提出相关学说理论，德国关于人格保护的改造"由数以百计的具体案件以接力赛的方式建构而成，体现了法律生命的开展与实践"。⑤ 由此，下文将以德国的代表性案例为逻辑线索展开，阐释德国法在不同阶段对人格标识商业化利用承认保护态度的转变及其相应采取的法律保护模式。

---

① BGHZ 13, 334 – Leserbriefe；BVerfGE 54, 148 – Eppler.
② BGHZ 20, 345 – Paul Dahlke.
③ BGHZ 50, 133 – Mephisto；BVerfGE 30, 173 – Mephisto.
④ BGHZ 143, 214 – Marlene Dietrich.
⑤ 参见王泽鉴：《人格权法：法释义学、比较法、案例研究》，北京大学出版社 2013 年版，第 22 页。

二、德国法对肖像标识商业化利用的承认与保护

德国对肖像权的保护源于摄影技术的产生这一社会背景，伴随摄影技术的发展，获取他人的肖像变得十分便利，同时照片的高度可复制性也使得肖像的传播变得更为快捷，再加之印刷技术的革新，促使传媒业产生了一场大变革。由于照片更为直观形象，能快速吸引读者的眼球，因此报业开始由传统的文字报道转变为图文并茂的报道。在这样的社会背景下，照片的拍摄和制作有了强大的驱动力，未经许可擅自拍摄传播他人照片的现象也愈来愈普遍，权利人常常因其个人形象被迫暴露于公众面前而感到精神遭受损害，由此产生出公众对个人肖像的保护诉求。

1899年的俾斯麦遗容偷拍案为法学界对肖像权的讨论拉开了序幕。德国前首相俾斯麦于1898年病逝，有两名记者悄悄潜入殓房偷拍俾斯麦的遗容，准备以高价出售。俾斯麦的子女为此申请了禁止令，并要求被告返还、销毁该照片。这一案件引发了偷拍遗容是否属于对死者人格权的侵犯以及死者人格权当如何保护的争议，法学界希冀于该案件的判决对死者人格权的保护给予指导，然而德国帝国法院判决却避而不谈上述问题，而从不当得利角度出发，认为侵入他人住宅拍摄构成以不法行为获取遗容照片，最终以不当得利为由要求被告承担返还责任。[①] 该判决遭到法学家科勒（Kohler）的批评，他认为未经允许拍摄遗容构成对死者人格权的侵害，并主张人格权并不伴随生命终结而俱灭，该判决将死者人格权的保护置于悬而未决的状态实有不妥

---

① RGZ 45, 170.

之处。俾斯麦遗容偷拍案引发了立法对肖像权保护的关注。在1907年制定的《艺术及摄影作品著作权法》中，德国法明确将肖像权作为一种特别人格权加以重点保护，其中第22条规定：人的肖像需在征得本人同意的前提之下，才能得以传播和展示。若肖像权人取得报酬的，对是否同意传播和展示其肖像仍有争议的，应视为肖像权人已经同意。肖像权人死亡后10年内，传播和展示其肖像的，应取得其亲属的同意。亲属应当是能够承继死者相关权利义务者，包括死者的配偶、子女，在死者既无配偶也无子女的情形下，亲属为死者之父母。第23条规定了肖像的传播和展示无需取得肖像权人同意的例外情形：1. 肖像属于当代历史人物的肖像；2. 肖像为展示风景或地点不可避免的一部分；3. 参与游行集会或类似活动中的人之肖像；4. 肖像的传播和展示是出于艺术利益的需求，而非为委任而制作。当满足以上情形之一，且未侵害肖像权人或其死后亲属的正当利益的，可以传播和展示肖像权人的肖像。《艺术及摄影作品著作权法》对肖像权的规定在实务中广为适用，成为保护肖像权人利益的直接法律依据。德国于1976年施行的《著作权法》尽管废止了《艺术及摄影作品著作权法》，但仍保留了其中肖像权的相关规定，足见其影响深远。[①]

（一）对肖像上的精神利益的保护：格拉夫·策佩林（Graf Zeppelin）案与图尔—哈德尔（Tull‐harder）案

根据《艺术及摄影作品著作权法》第22条关于肖像权的相关规定，早期德国的学说和司法判例并未将肖像权与财产利益相联系，强

[①] 参见王泽鉴：《人格权法：法释义学、比较法、案例研究》，北京大学出版社2013年版，第274页。

调肖像权保护的是肖像权人的精神利益，即肖像权人对其肖像的处分自由。肖像权作为人的专属权利，肖像权人有权决定是否以及在何种条件下公开其个人的肖像，未经肖像权人许可，任何人不得传播和展示其肖像。对肖像权的保护实质体现为一种自我表现自治权，每个人都有权自主决定如何在肖像中表现自己，同时免遭他人违背其意愿对其肖像的任意表现。① 未经允许而擅自公开、使用、传播及展示他人的肖像，将对肖像权人自主决定的自由和人格活动自由造成损害。由此，法院在司法判例中也一贯强调的是对肖像上的精神利益的保护，认为擅自公开他人的肖像无异于强制将肖像权人从其私人领域推拽至公众视线之中，这将对肖像权人的精神情感或名誉造成极大侵害。根据传统观点，作为"纯粹人格权"的肖像权具有不可转让性与不可继承性。肖像权具有高度的人身性，不能与肖像权人相分离，这便意味着肖像权人无法放弃其肖像权，更不能将其肖像权转让给第三人处分。当肖像权人过世后，法律保护死者的肖像免遭公开，在未经死者亲属同意的前提下，不得公开或展示死者之肖像。然而法律给予人死后的肖像保护，并不等同于认可肖像权可被继承。由此可见，德国早期学界认可肖像权仅保护权利人的精神利益，肖像权仅具备纯粹人格权的消极防御属性，即防止他人未经许可擅自公开传播肖像，而并未考虑肖像权积极利用的财产属性。

---

① Vgl. Horst‐Peter Götting, Persönlichkeitsrechte als Vermögensrechte, Tübingen, 1995, S. 29. 转引自陈龙江:《人格标志上经济利益的民法保护》，中国政法大学 2007 年博士学位论文，第 14 页。

1. 格拉夫·策佩林（Graf Zeppelin）案①

在格拉夫·策佩林案中，被告是一家烟草厂商，其在未经许可的情形下便擅自将原告格拉夫·策佩林的肖像注册为商标，用于其所生产的烟草产品之上。原告知晓后诉至法院，要求被告注销以原告肖像所注册的商标，并且禁止被告一切无权使用的行为。尽管最终法院肯定原告的法律利益受到了侵害，但法院并未提及肖像权中经济价值的保护问题，而完全是从精神利益的角度进行考量。法院认为将人的肖像作为商标在产品上任意使用，将侵犯肖像权人的正当利益，当肖像权人看到其肖像被迫与特定的商品联系在一起，这将违背一个敏感的人的意愿，并不符合每个人的品位，甚至会让肖像权人蒙受道德上的羞辱。②

2. 图尔—哈德尔（Tull‑harder）案③

图尔—哈德尔案发生在格拉夫·策佩林案之后的20年，此间德国的经济、社会、技术等都发生了较大的变化，大众传媒不断发展，人们的道德观念也发生了转变，人们不再认为将照片公开于大众面前是一种道德耻辱，文体界已经出现个别文体名人将个人肖像授予商家使用的情形。在图尔—哈德尔案件中，原告图尔—哈德尔是一名足球明星，其照片被收藏于"大众喜爱的足球运动员系列图片"之中，而被告未经允许便将该系列图片用于其香烟品牌的广告之中。原告深感其肖像权遭受侵犯，故诉至法院。然而法院的出发点仍是从精神利益的角度来判断原告是否存在权利受损，并未考虑原告的财产利益。法院

---

① RGZ 74, 308 – Graf Zeppelin.
② RGZ 74, 308 – Graf Zeppelin.
③ RGZ 125, 80.

认为根据《艺术及摄影作品著作权法》第23条的相关规定，原告作为文体名人，属于当代历史人物，在不存在侮辱贬损使用的前提之下，原告对他人使用其肖像的行为负有容忍义务。在本案中，尽管被告将原告的肖像用于商品广告领域，但该商品广告本身并不具有低级或不道德的目的，并未造成原告人格利益的损害，故判决原告败诉。①

从前述两个代表性案例可以看出，早期德国法院对肖像权的保护强调的是肖像权人的精神利益，尽管实践中已经出现商业经营者商业化利用肖像的情形，但法院仍然将肖像的商业化利用认定为是一种精神上的侵害，而并不认为这是对专属于肖像权人的财产利益的侵害。这种立场背后的道德法则是，如果公众怀疑某人为了金钱而将其肖像用于商业广告，这对肖像权人而言将是一种名誉毁损。② 尽管到图尔—哈德尔案时，社会观念已经发生转变，公众不再将肖像的公开商业化利用视为道德的贬损，但法院仍未认可和保护肖像的财产利益，如此对名人的肖像而言可能会产生一种危险的倾向。受《艺术及摄影作品著作权法》第23条的限制，名人作为当代历史人物必须忍受他人未经允许对自己肖像的商业化利用，只要他人在利用过程中不存在人格侮辱或人格贬低的情形，名人的正当利益就被认为没有遭受侵害，这种只保护肖像上的精神利益的观点可能使得名人陷入完全得不到保护的危险境地。③

---

① RGZ 125, 80.
② 参见陈龙江：《人格标志上经济利益的民法保护》，中国政法大学2007年博士学位论文，第17页。
③ Vgl. Horst – Peter Götting, Persönlichkeitsrechte als Vermögensrechte, Tübingen, 1995, S. 47–48. 转引自陈龙江：《人格标志上经济利益的民法保护》，中国政法大学2007年博士学位论文，第18页。

(二) 对肖像上的财产利益的保护：保罗·达尔克（Paul Dahlke）案与内娜（Nena）案

随着大众传媒的普及和社会经济的发展，将肖像用于商品和服务推销的商业化利用现象日益普遍，肖像所蕴藏的商业化利用价值不断增长。在实践之中，越来越多的体育明星和知名艺人通过签订广告协议，许可商业经营者利用其肖像来做广告，由此也给名人们带来了不菲的经济收益，有时甚至超过名人们从事本职工作所获得的收入。对于这些名人而言，未经许可商业化利用其肖像所侵害的并非其精神利益，而是他们本可获得的财产利益。肖像的商业化利用日益普遍，也引发了德国学界和实务界的思考和探讨，传统将肖像权界定为纯粹的精神性权利而忽略了肖像标识所蕴含的经济财产价值，存在一定的法律保护漏洞，由是司法实践中开始逐步探索对肖像上的财产利益提供保护。

1. 保罗·达尔克（Paul Dahlke）案[①]

最先肯定肖像标识中经济价值的案件是著名的保罗·达尔克案。在该案件中，原告是著名演员保罗·达尔克，被告未经许可将原告坐在摩托车上的一张照片用于该公司的摩托车广告中。原告认为其肖像权遭受侵犯，故诉至法院请求被告停止利用行为并赔偿损失。[②] 德国联邦最高法院支持了原告诉求，并对肖像使用问题作出了以下说明：当肖像权人未对其肖像的使用方法与使用范围进行明确限制时，应以

[①] BGHZ 20, 345 – Paul Dahlke.
[②] BGHZ 20, 345 – Paul Dahlke.

一案一议的形式对本人授权的意思表示加以解释，从而进行相关认定。① 判决中另提及，尽管法律允许在未经本人同意的情况下，可以对当代历史人物的肖像进行传播展示，但并不包含非为社会合理信息需要、纯为商业开发利用的情形。②

保罗·达尔克案之所以具有标志性的意义，其原因在于这是德国法院首次在判决中肯定肖像权的财产价值。肖像权人对其肖像享有"经济价值的专有权"，即肖像权人有权据此许可他人有偿使用其肖像以获得一定的经济利益，同时当他人未经许可商业化利用其肖像标识时，肖像权人有权要求对方赔偿损失。关于赔偿数额的计算方式，法院在判决中明确将许可类推作为计算赔偿数额的方法，即该赔偿数额相当于被告原本取得原告许可使用其肖像所应支付的"合理许可费"。③ "许可类推"原本是从德国知识产权法发展而来、并得到习惯法承认的一种侵权损害赔偿计算方法，法院在保罗·达尔克案中实际是将这一方法转用于肖像权。法院肯定了原告的诉求，认定任何人无权破坏他人就肖像享有的"经济价值的专有权"，被告擅自将原告肖像作为商品广告，本意在于逃避应付的合理对价义务。肖像权人可以根据《德国民法典》第812条④规定的不当得利返还请求权，请求被

---

① 参见王泽鉴：《人格权法：法释义学、比较法、案例研究》，北京大学出版社2013年版，第281页。
② 参见王泽鉴：《人格权法：法释义学、比较法、案例研究》，北京大学出版社2013年版，第281页。
③ BGHZ 20, 345 – Paul Dahlke.
④ 《德国民法典》第812条第1项第1句规定："无合法原因而受领他人的给付，或者以其他方式由他人负担费用而受到利益的人，负有返还义务。"

告支付一笔合理的许可费。①

保罗·达尔克案肯定了肖像权中包含一定的经济价值，受到了学界和实务界的认可，该案件影响深远，德国后续许多判决都采纳了该案判决的观点，承认肖像权人就其肖像排他性地享有一定的财产利益。肖像权人可授权他人复制、传播其肖像。上述思想优先保护权利人的自由选择，肖像权人可用明示或默示的方式表达同意，也可对他人的使用行为设限或不设限。从保罗·达尔克案开始，司法判例与学说均已认识到，肖像在社会生活中具备可量化的价值，是"具有财产价值的排他性权利"。②

2. 肖像的专有许可使用权

德国通说认为肖像权作为人格权，具有人格权的基本性质，具备人身专属性，不得与权利人分离而为让与。其思想根源在于康德对人格的哲学思考与萨维尼的人格权利理论，认为人格权的交易"物化"了人之尊严这一精神内涵。③ 肖像权虽不能转让，但因其具有经济价值和财产利益，法律允许肖像权人在不违反公序良俗的条件下订立合同授权他人使用肖像。在此情形，肖像权本身并不转移，当事人之间仅发生债的关系。如此一来，实践中也相应产生一个问题，即肖像许可使用合同仅在当事人之间发生债之关系，并不具备对抗第三人之效

---

① Horst-Peter Götting, Persönlichkeitsrechte als Vermögensrechte, Tübingen, 1995, S. 50, Fn. 181. 转引自陈龙江：《人格标志上经济利益的民法保护》，中国政法大学2007年博士学位论文，第20页。
② Marcel Bartnik, Der Bildnisschutz im deutschen und französischen Zivilrecht, Tübingen, 2004, S. 247. 转引自陈龙江：《人格标志上经济利益的民法保护》，中国政法大学2007年博士学位论文，第20页。
③ 参见王泽鉴：《人格权法：法释义学、比较法、案例研究》，北京大学出版社2013年版，第254页。

力，面对第三人任意无偿盗用肖像的情形，被许可人因其并不享有肖像权这项权利，而无法对第三人主张权利，这对支付了合理金钱对价、取得合法授权的被许可人而言显然是不公平的。[①] 从经济学角度而言，被许可人之所以愿意支付高价在商业广告中使用许可人的肖像，乃是因为该肖像所具备的社会知名度和市场吸引力，被许可人通过使用该肖像，能让消费者将该肖像与特定的商品或服务产生联系，进而帮助被许可人的产品从其他同类产品中脱颖而出，获得关注并提升销量。然而，当许多商业经营者都在同时使用某一名人的肖像作广告时，这种独特的市场吸引力便会消失，消费者将无从辨别哪一个产品是获得了该名人的真实授权，同时该肖像的泛滥使用也将使原本稀缺的资源变得普通，消费者难免会对名人的信誉产生质疑。这对合法取得肖像授权的被许可人而言尤为不利，其支付了高额的许可使用费却未达到理想的市场效果，甚至所付出的经济成本还远高于不遵守市场规则、任意无偿盗用肖像的其他经营者，长此以往，将产生"劣币驱逐良币"的消极后果，不利于社会经济的长远健康发展。由此德国学说与判例也在探索，如何在肖像权不得转让的前提下保障肖像权的专有使用。德国由内娜（Nena）案[②]确立了在肖像权不得转让的前提下，可以通过专有许可使用合同的形式确保被许可人享有第三人不得侵犯的肖像专有使用权利。

在内娜案中，肖像权人内娜是一名著名女歌手，原告是一家著作

[①] 面对第三人任意无偿盗用肖像的情形，肖像权人自身当然可以对该第三人主张合法权利。不过此处意在探讨，面对肖像权的不可转让性，如何为肖像许可使用中支付了合理对价的被许可人提供合理保护。

[②] BGH GRUR 1987, 128. 转引自曾丽：《人格特征商业利用法律问题研究》，西南政法大学 2013 年博士学位论文，第 107 页。

权集体管理组织，内娜与原告订立了一份授权许可使用合同，许可原告专有使用内娜的肖像。而后，原告发现被告在未经许可的情形下擅自将内娜的肖像商业性地使用在 T 恤、信纸等商品上。原告遂诉至法院，要求被告停止对内娜肖像的使用行为并返还不当得利。案件争议焦点在于，由于肖像具有不可转让性，那么内娜本人之外的组织是否对被告享有返还不当得利的请求权。德国联邦最高法院在判决中明确了肖像权是否转让并非是行使不当得利返还请求权的前提条件。法院首先肯定了该专有许可使用合同的效力，法院认为根据内娜对原告的授权，内娜的肖像只能由原告专有使用，其他人无权干涉，更不得盗用。当被告未经许可商业化利用内娜的肖像时，原告作为唯一的被许可人当然有权要求被告返还不当得利。这是因为被告在擅自使用肖像时，是以原告的受损为代价，被告节省了为获得商业利用肖像的授权通常需要支付的报酬，被告所获收益属无法律上原因所受利益，应予返还，具体数额按照拟制的许可费进行类推计算。[1]

由此可见，尽管德国法下的肖像权受制于传统人格权的强烈人身属性，无法与肖像权人分离而为转让，但肖像权人可以通过订立许可使用合同的方式来许可他人使用其肖像，以发挥其肖像标识中的经济价值，实现财产收益。由于市场发展的需求，对名人肖像享有独占性的使用权将有助于商业经营者在激烈的市场竞争中获得优势，在肖像权无法转让的前提下如何实现肖像的专有使用，使得被许可人的利益免遭第三人任意侵害引发司法关注。德国通过司法判例确立了相应规则：当事人可以通过订立专有许可使用合同的形式，保障被许可人对

---

[1] BGH GRUR 1987, 128. 转引自曾丽：《人格特征商业利用法律问题研究》，西南政法大学 2013 年博士学位论文，第 107 页。

肖像的专有使用权，被许可人对侵害的第三人可主张不当得利返还请求权，也即，被许可人对被授权专有使用的肖像享有一定范围内的权益归属内容。

3. 不预设限制条件

尽管德国由保罗·达尔克案确立了对肖像上的财产利益的保护，但在实践操作中，一些法院认为在未经许可商业化利用肖像的情形下，原告需符合一定的条件才能对其肖像中的经济价值给予承认和保护。具体分为客观条件和主观条件两方面的限制。从客观条件上而言，肖像权人此前已将其肖像付诸过商业化利用，或至少具备可商业化利用其肖像的可能性，即肖像权人的肖像需具备一定的市场价值。从主观条件上而言，在侵害发生前，肖像权人在受有报酬的情况下，通常会同意对方对其肖像标识的商业化利用。[1] 在"骑士案"（Herrenreiter）中，充分体现了限制条件的适用。在骑士案中，原告是一名著名骑士，被告未经许可擅自拍摄了原告在骑术竞技场上的英姿，并将该照片用于增强性能力药物的广告，原告知晓后诉至法院要求被告赔偿损失。然而德国联邦最高法院并未支持原告关于损害赔偿的请求，法院认为被告在特殊药物上对原告肖像的使用，让原告感到被羞辱和取笑，假定在侵害发生前，就算被告对原告提供报酬，原告亦不会同意将其肖像商业使用在鄙俗难堪的广告之中。既然原告不会授权被告作此羞辱其人格的广告，自不得主张侵害人受有不当得利，无权要求被告对其赔偿损失。对于原告遭受的人格贬损，法院判决被告应向其支付一笔

---

[1] Horst – Peter Götting, Persönlichkeitsrechte als Vermögensrechte, Tübingen, 1995, S. 50, 53. 转引自陈龙江：《人格标志上经济利益的民法保护》，中国政法大学2007年博士学位论文，第21页。

精神痛苦抚慰金。①

对肖像上的财产利益的保护预设限制条件，将产生一定的问题，这意味着肖像上的经济价值只能在非常有限的范围内得到保护和承认。首先，限制条件要求肖像权人此前已商业化利用过其肖像或至少应具备商业化利用肖像的可能性。这一限制条件将导致只有名人的肖像能被认可为具有财产利益的性质，而普通人的肖像将被排除在外。由于名人的职业特殊性，其肖像通常具备较高的市场价值，名人也常常通过授权他人使用其肖像来获取报酬。而普通人的肖像显然不具备如此的社会知名度，也并不以授权他人使用其人格标识作为营生手段。如果以肖像需具备一定的市场价值作为限制条件，普通人于其肖像标识遭到无权的商业使用时，将丧失不当得利请求权，肖像上的财产利益的保护将限缩为只保护极少一部分人的利益，对普通人的保护将落空，显然不符合公平原则。其次，限制条件将导致在肖像权遭受侵害时，肖像权人只能对财产方面的不当得利请求权与精神方面的抚慰金请求权择一进行主张，而不能同时主张。这是因为，判给合理许可费的赔偿是以肖像权人同意有偿商业利用其肖像为前提，而判给精神痛苦抚慰金则隐含着肖像权人拒绝行为人对其肖像的商业使用。② 限制条件的设置忽略了肖像权可以同时包含精神利益与财产利益，两种利益可以同时主张得以救济，二者并非非此即彼的简单逻辑关系。限制条件的设置反而使得肖像权人的救济途径变得过于单一，肖像权人的合法

---

① BGHZ 26, 349 – Herrenreiter.
② Vgl. Horst – Peter Götting, Persönlichkeitsrechte als Vermögensrechte, Tübingen, 1995, S. 52. 转引自陈龙江：《人格标志上经济利益的民法保护》，中国政法大学 2007 年博士学位论文，第 22 页。

利益难以得到周全的保护。

对肖像上的财产利益的保护预设限制条件遭到了学界的反对，其主要理由在于这样的限制条件与不当得利返还请求权的价值功能不符。因侵犯原告肖像上的财产利益所生的不当得利返还请求权，其功能在于剥夺侵权人财产的增加。侵权人未经许可的肖像利用而无法律原因的获利是一个事实，这与肖像权人此前是否对肖像进行过商业化利用，是否存在商业化利用的可能性，以及肖像权人的主观意愿均无关。①在未经许可而商业化利用肖像的情形下，作为肖像权人的每个人都有权保护其肖像权中的财产利益，要求行为人返还不当得利，请求支付相当于合理许可费的补偿金。②

三、德国法对姓名标识商业化利用的承认与保护

在《德国民法典》中，姓名权是唯一被提及的特别人格权。《德国民法典》第12条③对姓名权作出规定，该规定并未直接对姓名权这一概念下定义，而是界定了侵害姓名权的行为及其相应的救济方式。具体分为两种侵害行为：其一，争夺他人姓名的行为，界定这一侵害行为并不要求姓名权人的利益实际受损，仅以相对人精神价值贬损为

---

① Marcel Bartnik, Der Bildnisschutz im deutschen und französischen Zivilrecht, Tübingen, 2004, S. 249. 转引自陈龙江：《人格标志上经济利益的民法保护》，中国政法大学2007年博士学位论文，第22页。

② Vgl. Horst – Peter Götting, Persönlichkeitsrechte als Vermögensrechte, Tübingen, 1995, S. 57. 转引自陈龙江：《人格标志上经济利益的民法保护》，中国政法大学2007年博士学位论文，第23页。

③ 《德国民法典》第12条规定："有权使用某一姓名的人，因另一方争夺该姓名的使用权，或者因无权使用同一姓名的人使用此姓名，以致其利益受到损害的，可以要求消除此侵害。如果有继续受到侵害之虞时，权利人可以提起停止侵害之诉。"

要件；其二，无权使用他人姓名的行为，界定这一侵害行为要求姓名权人的利益受有直接损害。《德国民法典》针对上述两项侵害行为给出相应救济途径：姓名权人有权要求停止妨害，若存在继续受到侵害之可能，姓名权人可以提起停止侵害之诉。德国学界通说认为姓名作为区别人己并标明自我身份的外在符号，具有定名止纷的秩序规范功能，能够彰显每个人的独特性。姓名权实际包含同一性与个性化两种利益。同一性利益指的是姓名所称之人应当与姓名权人相同一，不得用于称呼他人而导致混淆。姓名具有特殊标记意义及人格承载功能，姓名权制度的首要功能在于彰显人的同一性，姓名权人不希望发生别人和自己的姓名相混淆的情形。同一性利益实质体现为对身份一致性的要求，防止他人假冒姓名权人之姓名而实施行为，从而造成"人"的混淆。个性化利益是为了避免产生归属上的混乱，如果未经许可将姓名权人的姓名用于商品、机构、商业广告或注册成为商标，将使公众误认为姓名权人与使用其姓名的产品、服务或企业机构之间存在授权许可等特定联系。对个性化利益的保护旨在避免他人违背权利人意愿将其姓名用于外物。

德国在设置姓名权这一特别人格权时，其目的在于保护姓名权人的精神利益，而不涉及财产利益。《德国民法典》第12条关于姓名权的规定保护的是在社会交往中标示每个人人格形象的姓名获得他人的尊重。尽管姓名权的内容被划分为同一性和个性化两种利益，但二者具有共同的目的，均是为了规范秩序，保障人的尊严。由此可见，德国初期关于姓名权的立法意旨乃在于区分人己，规范秩序，保障人的尊严，尊重姓名权人的自我决定权和人格自由发展，而并不涉及财产层面的价值，救济方式也体现为排除妨害及停止侵害，而并不涉及损害赔偿。

(一) 对姓名权中财产利益的保护

随着商业活动日渐频繁，德国从19世纪开始重视姓名在商业活动中的重要作用。商业经营者在激烈的市场竞争中逐渐意识到，要想在市场中处于不败之地，必须要保证商品的质量及销量。质量由企业自身的品质控制决定，然而产品质量过硬并不意味着就一定具备可观的市场销量，商业经营者还需要借助营销手段才能保证其产品获得市场青睐。随着媒体技术的发展，传媒广告业发生了大变革，"名人效应"引发了商业经营者的关注。名人的形象具有社会知名度和市场吸引力，当把名人的人格标识附着于特定的商品之上，用于广告促销，公众会将其对名人的喜爱"移情"于相应的商品，刺激消费，名人人格标识上潜藏的市场价值便转换为直接的财产利益。过去人们将姓名用作商号，或注册为商标，只是在商业活动中起到区分作用，保证交易安全。而此时姓名标识在商业活动中的运用充分展示出经济价值与财产利益。人们开始探索姓名权的个性化利益在传统保障人格尊严和精神利益之外，所具有的财产利益保护目的。

个性化利益旨在"防止归属上的混乱"，避免使公众误认为姓名权人与使用其姓名的产品、服务或企业机构之间存在某种特定联系。[1] 关于何种程度构成"归属上的混乱"，学界观点不一，狭义解释说认为消费者必须因广告行为直接将该姓名理解为是产品制造者的姓名，才构成"归属上的混乱"。[2] 而广义解释说认为，由于对姓名的使用，

---

[1] 参见张红：《人格权各论》，高等教育出版社2015年版，第20页。
[2] 参见严城：《论人格权的衍生利益》，黑龙江大学2010年博士学位论文，第167页。

使消费者误认为特定商品或服务与姓名权人之间可能具有某种联系，即构成"归属上的混乱"。① 联邦最高法院在 Uwe 案件的判决中指出，在广告中使用他人姓名，制造出姓名权人同意该姓名使用的印象，满足广义混淆之虞的，侵犯了姓名权的个性化利益，属于《德国民法典》第 12 条姓名权的适用范围。② 由此可见，从更好地维护姓名权中财产利益的角度考量，德国在司法实践中采取了较为宽松的解释即广义解释说，消费者无需认为姓名权人亲自生产或提供了广告中的商品或服务，只要消费者认为姓名权人与使用姓名标识的企业机构或广告商之间存在许可使用关系，即构成姓名"归属上的混乱"，姓名权人可就其姓名权主张合法财产权益。

(二) 一般人格权对姓名权中财产利益的补充保护

随着广告业的发展，出现了在广告中提及他人姓名的行为，这种行为的目的在于增强广告的信服力，加深公众对产品的印象，并不会使公众误认为姓名权人与产品或服务之间存在授权许可使用的关系，不会造成姓名归属上的混乱，因此姓名权人难以根据《德国民法典》第 12 条姓名权的相关规定来主张姓名侵权。例如在卡德莉琪案中，被告未经原告允许，在一则假牙清洁加固剂的广告中提到了她的姓名。原告以其姓名权遭受侵犯为由诉至法院，而法院认为广告中对卡德莉琪·巴兰德姓名的提及并不会让观众以为原告与产品之间存在授权许

---

① Vgl. Horst – Peter Götting, Persönlichkeitsrechte als Vermögensrechte, Tübingen, 1995, S. 90. 转引自严城：《论人格权的衍生利益》，黑龙江大学 2010 年博士学位论文，第 167 页。

② Schertz, Christian, Merchandising: Rechsgrundlagen und Rechtspraxis, München 1997, S. 149. 转引自严城：《论人格权的衍生利益》，黑龙江大学 2010 年博士学位论文，第 167 页。

可的关系，被告的行为并不构成《德国民法典》第 12 条规定的姓名权侵权。① 然而这种未经许可在广告中任意提及姓名的行为确实也给姓名权人造成了苦恼和困惑。对此，德国联邦最高法院提出应采用一般人格权来对姓名权人提供保护，其认为在广告中任意提及他人姓名，即使并无贬损名誉的情况发生，也构成了对姓名权人一般人格权的侵害。② 《德国基本法》第 2 条规定人人享有人格发展之自由，一般人格权乃构建在人的尊严不受侵犯以及人格自由发展的基础之上。人格自由发展是指人对于自己的人格享有自主决定之权利，这一自主决定权包括精神上和经济上两方面内容，自由谋求经济上的发展是人格自由发展的重要内容。③ 姓名权人享有对其姓名的自主决定权，可以自主决定是否将其个人姓名用于广告。④ 未经许可擅自在广告中提及姓名的行为，将对姓名权人的一般人格权造成侵害。

在奥利弗卡恩（Oliver Kahn）案件中充分体现了一般人格权对姓名权中财产利益的补充保护。在这一案件中，原告奥利弗卡恩是德国著名的足球运动员，被告是一家游戏开发公司。被告在未经许可的情形下，擅自在一款足球游戏广告上使用了原告的姓名。法院在判决中明确，由于本案并不涉及当事人的姓名被欺诈性模仿或否认，消费者不会误认为原告与被告之间存在授权许可的关系，并未产生姓名归属

---

① BGHZ 30, 7. 转引自曾丽：《人格特征商业利用法律问题研究》，西南政法大学 2013 年博士毕业论文，第 92 页。
② BGH GRUR 1981, 846, 847 – Rennsportgemeinschaft.
③ Vgl. Horst – Peter Götting, Persönlichkeitsrechte als Vermögensrechte, Tübingen, 1995, S.100. 转引自严城：《论人格权的衍生利益》，黑龙江大学 2010 年博士学位论文，第 171 页。
④ 参见严城：《论人格权的衍生利益》，黑龙江大学 2010 年博士学位论文，第 171 页。

上的混乱,因此《德国民法典》第 12 条关于姓名权的规范并不适用。但本案原告奥利弗卡恩的一般人格权确已遭受侵犯,即《德国基本法》所保护的人格尊严和人格自由发展遭到了侵害。被告在商业广告中对原告姓名的提及构成对原告姓名未经同意的使用,被告企图利用原告的商誉以起到加深广告印象、增加产品销量的目的,侵犯了原告将其姓名用于广告促销的自主决定权,侵犯了原告一般人格权中经济上自由发展的权利。[1]

(三) 对侵犯姓名权中财产利益的救济途径

由前述案例可见,德国在司法实践中确立了对姓名权中财产利益的保护。为商业目的使用他人的姓名标识作广告,或者将他人的姓名标识用作其他商业用途,只要未经过姓名权人的同意,都将构成对姓名权人的人格权的侵犯。涉及姓名标识的商业化利用主要存在两种情形:

第一,通过对姓名的使用,以姓名指向特定的商品或服务,让消费者认为姓名权人与提供商品或服务的机构之间存在广告代言等授权许可的关系,进而引导消费者将其对姓名权人的喜爱"移情"于特定的商品或服务,以起到提升销量、增加财产收益的目的。在此情形之下,如果系未经同意许可而对姓名标识进行使用,将构成对姓名权的侵害。姓名权人可依据《德国民法典》第 12 条姓名权的相关规定来主张其姓名的个性化利益遭受侵害。对此,姓名权人可根据《德国民法

---

[1] BGH Urteil vom 26.06.1981, GRUR 1981, S. 846-847 ff. 转引自严城:《论人格权的衍生利益》,黑龙江大学 2010 年博士学位论文,第 171 页。

典》第823条第1项第1句①规定的损害赔偿义务就其姓名权受损所遭受的精神损害赔偿和财产损害赔偿请求救济。姓名权人也可根据《德国民法典》第812条第1项②规定的不当得利返还请求权来主张救济，这是由于被告擅以他人姓名作商业广告，实际节省了通常应支付的金钱对价，系无法律上原因受有利益。而不当得利返还请求权不要求不当得利人具有过错，姓名权人也无须具有开发利用其姓名的先例。

第二，在广告中提及某一姓名，以加深观众对广告的印象，进而帮助广告中的产品或服务提升销量，增加经济收益。这种情形不会造成姓名归属上的混乱，姓名权人难以根据《德国民法典》第12条姓名权的相关规定来主张姓名权受损。但未经许可擅自在广告中使用他人姓名，侵犯了姓名权人的自主决定权。由于一般人格权保障人的自主决定权与人格自由发展不受侵犯，因此这种在广告中未经授权提及他人姓名的行为可在一般人格权项下得以调整。对此，姓名权人可根据不当得利返还请求权来主张救济。

四、精神利益与财产利益的"一元论"保护模式

在"一元论"框架内，德国并未将人格权中的财产利益设置为独立的权利，而是将其保留在人格权制度范围内，解决人格标识商业化

---

① 《德国民法典》第823条第1项规定："因故意或者过失不法侵害他人生命、身体、健康、自由、所有权或者其他权利者，对他人因此而产生的损害赔偿负赔偿责任。"对姓名权的侵害属于此处所言的"其他权利"遭受不法侵害。
② 《德国民法典》第812条第1项第1句规定："无合法原因而受领他人的给付，或者以其他方式由他人负担费用而受到利益的人，负有返还义务。"

利用的法律保护问题。此种"一元论"的保护模式①将人格权视为涵盖精神利益和财产利益的统一性权利。②

人格标识的商业化利用由一般人格权与特别人格权共同提供保护。首先,对于肖像权、姓名权这两种特别人格权,法律设有单独规定,应依据相关法律规定为肖像标识、姓名标识的商业化利用提供保护。对于未经许可擅自在商业用途中传播和展示肖像标识的行为,肖像权人可依据《艺术及摄影作品著作权法》第22条的规定主张其肖像权中的财产利益遭受侵犯。对于未经许可擅自在商业用途中使用姓名标识,导致公众对姓名归属产生混淆的,姓名权人可依据《德国民法典》第12条的规定主张其姓名权中的财产利益遭受侵犯。在权利救济方面,肖像权人与姓名权人既可以依据《德国民法典》第823条主张侵权损害赔偿请求权,也可以依据《德国民法典》第812条主张不当得利返还请求权,从而实现对肖像权和姓名权中的财产利益损失的补偿。

然而,随着商业经济的发展和传媒科技的进步,可被商业化利用的人格标识并不只局限于肖像和姓名两种,如何从更广泛的范围和更高的层次上为人格标识的商业化利用提供保护引发关注。德国通过一

---

① 所谓"一元论"保护模式是相对于"二元论"保护模式而言的。"一元论"保护模式是指对于人格权中的财产利益并不单独设立一种新的权利类型来进行保护,而是统一在人格权的范畴之内进行保护,人格权同时对人格权中的精神利益和财产利益提供保护,德国是采取"一元论"保护模式的代表性国家。"二元论"是指对于人格权中的财产利益单独设立一种新的权利类型来进行保护,美国是采取"二元论"保护模式的代表性国家,美国专门设立了公开权这项财产权利来为人格权中的财产利益单独提供保护,而人格权中的精神利益则由隐私权提供保护,从而形成精神利益与财产利益分别由隐私权与公开权保护的二元结构。
② 参见王利明:《论人格权商品化》,载《法律科学(西北政法大学学报)》2013年第4期,第57页。

般人格权制度构建起对人格标识商业化利用的全面保护。伴随社会经济的发展，人们对于名人将其人格标识用于广告目的并获得高额报酬的情形并不感到惊奇甚至习以为常。不论人们欢迎与否，这种现实都以日益强化的商业化为特征。①人格权包含财产利益的观点逐步为人们所接纳，一种新的"经济人格权"实际已经产生，但由于人格权所包含的精神利益和财产利益存在高度相关性，因此这种"经济人格权"应当包络于人格权边界内，不应孤立于人格权之外或被置于其他权利框架中。② 以一般人格权来保护人格标识的商业化利用具有合理性，符合一般人格权的价值基础。一般人格权的价值基础是人的尊严与人格自由发展。承认人格权具有财产利益，保护人格标识的商业化利用正是对当事人的尊严和自由进行保护的体现。当事人享有对自身自由的支配权，享有自我决定的自由，能够自主决定是否利用以及如何利用其人格权中的财产利益，同时，在人格标识商业化利用的过程中也要保障人的尊严，财产性人格利益的自由利用不能脱离于人格尊严的保护之外。德国联邦最高法院承认一般人格权的财产性内容，认为以一般人格权来保护人格标识的商业化利用具有合理性，这将使人格权的保护得以加强而不是弱化。

有学者曾提出应设立独立的人格利用（益）权，与一般人格权相区分，例如卢茨·海特曼提出的人格利用权理论，鲍廷恩和施墨茨提

---

① Vgl. Horst‐Peter Götting, Persönlichkeitsrechte als Vermögensrechte, Tübingen, 1995, S. 137. 转引自沈建峰：《一般人格权财产性内容的承认、论证及其限度》，载《比较法研究》2013 年第 2 期，第 50 页。

② Vgl. Horst‐Peter Götting, Persönlichkeitsrechte als Vermögensrechte, Tübingen, 1995, S. 276. 转引自沈建峰：《一般人格权财产性内容的承认、论证及其限度》，载《比较法研究》2013 年第 2 期，第 50 页。

出的人格利益权理论,其目的都在于纯化一般人格权的内容,形成一般人格权只保护精神性利益,人格利用(益)权保护财产性利益的二元结构。[1] 一般人格权与人格利用(益)权共存的二元模式遭致学界批判,若人格权的财产性内容成为一种独立的权利形式,该权利则可根据财产权的规则被行使、出售与转让,但由于人格权的财产利益归根结底是从人格这一要素产生,创设独立的人格利用(益)权不免存在将人格物化之嫌,从而违反了私法中不可使人沦为物的基本原则。[2] 上述批评在本源上受古典哲学思潮影响,视人格尊严为其他表观权利的核心而密不可分。人格利用(益)权脱离了一般人格权主体的控制,可能被用于一般人格权主体不愿意其被利用的目的,或处于一般人格权主体不愿接受的第三人的控制之下,这将严重损害人格权人的精神性人格利益及人格尊严。[3]

综上所述,德国法采用"一元论"模式同时保护人格的精神与财产利益,在一般人格权的制度框架内承认和保护人格标识的商业化利用,保障了人格权的价值基础,充分体现出对人的尊重以及对人格自由发展的保障。除姓名和肖像的商业化利用分别由《德国民法典》第12条和《艺术及摄影作品著作权法》第22条单独调整保护之外,其

---

[1] 参见沈建峰:《一般人格权财产性内容的承认、论证及其限度》,载《比较法研究》2013年第2期,第56页。
[2] Beuthien/ Schmölz, Persönlichkeitsschutz durch Persönlichkeitsgüterrechte, Verlag C. H. Beck, 1999, S. 52. 转引自沈建峰:《一般人格权财产性内容的承认、论证及其限度》,载《比较法研究》2013年第2期,第56页。
[3] 沈建峰:《一般人格权财产性内容的承认、论证及其限度》,载《比较法研究》2013年第2期,第56页。

余人格标识的商业化利用都可以通过一般人格权给予保护。[①] 人格的财产利益和精神利益都属于一般人格权的构成部分,财产利益与精神利益具有密切的关系,二者可以有所区分但不能完全分离。人格的财产利益的行使将受到精神利益的制约,人格权人不能抛弃、转让其人格权,相应地,德国并不承认人格标识的让与行为,人格权人可以通过缔结合同的方式授权他人使用人格标识。

[①] 事实上,《德国民法典》第12条及《艺术及摄影作品著作权法》第22条对姓名和肖像所提供的保护也是有限的,对于这两条并不涉及的内容,一般人格权起到了补充保护的作用。《德国民法典》第12条仅涉及对姓名权的同一性及个性化利益的保护,而未涉及在广告中提及姓名的商业化利用行为,对此一般人格权起到了补充保护姓名标识的作用。《艺术及摄影作品著作权法》第22条仅涉及未经许可擅自传播和展示肖像的行为,而未经许可擅自制作肖像的行为却不在禁止之列,对此一般人格权起到了补充保护肖像标识的作用。

第二节 美国法对人格标识商业化利用的承认与保护

与德国采用的"一元论"保护模式不同,美国采取了公开权与隐私权并行的"二元论"保护模式,隐私权对人格的精神利益提供保护,而对于人格的财产利益,则专门设立了公开权(right of publicity)这项权利来提供保护。公开权是美国法下特有的概念,公开权强调的是每个独立个体对其人格标识所享有的控制权,即每个人都有权利决定如何在商业活动中使用其姓名、肖像等人格特质。[1] 美国专设公开权来保护人格标识商业化利用的举措放眼世界来看是独一无二的。美国之所以强调对人格标识商业化利用的保护,与其文化传统中倡导的人身自由理念是密不可分的。[2] 美国公开权的诞生发展也经历了较为曲折的过程,美国法院最初是采取隐私权来为人格标识的商业化利用提供保护。然而隐私权是保护"个人独处"的精神性权利(right to be let alone),具有强烈的人身专属性,不得继承和让与,以隐私权来保护人格标识的商业化利用存在固有局限。随后美国才单独创设出公开

---

[1] See J. Thomas McCarthy, *The Rights of Publicity and Privacy*, Eagan: Thomas/west, 2007, § 1: 3.

[2] See Julius C. S. Pinckaers, *From Privacy toward a New Intellectual Property Right in Persona*, Kluwer Law International Press, 1996, p. 242.

权,专门保护人格标识的商业化利用。① 探讨美国对人格标识商业化利用的承认与保护须研究美国的公开权制度。

一、隐私权保护人格标识商业化利用之不足

（一）早期隐私权保护人格标识商业化利用

在美国，公开权通常被认为诞生于20世纪50年代。然事实上，公开权最早可追溯至19世纪末隐私权的发展。早期隐私权的目的在于禁止他人非法利用自然人的肖像，后期才慢慢扩展到禁止非法入侵、禁止非法公开个人秘密等领域。1890年，沃伦和布兰代斯发表的文章《论隐私》对隐私权展开了深入探讨，在学界产生了深远的影响。《论隐私》一文强调隐私权是每个人通过"个人独处"在精神层面所获得的一种权利，若个人形象非经允许被擅自公开，将造成个人的精神痛苦，并认为"这种痛苦并不逊于肉体上的伤害"。②

在19世纪末期，美国的文化产业呈现出蓬勃发展之势，由此也产生了新的社会问题。一方面，伴随拍摄技术的改进，拍照不再需要前往专业的照相馆。另一方面，偷拍、随意滥用他人肖像的问题也变得愈发严重。当时立法步伐滞后，法律仅规定照相馆如果未经许可擅自公布他人的照片，当事人可以用违约及违背诚信义务来追责。③ 但法律并未对在大街上随意偷拍的行为作出规制，当时新闻产业竞争激烈，

---

① Huw Beverley‐Smith, *The Commercial Appropriation of Personality*, Cambridge University Press, 2002, p. 173.
② See Samuel D. Warren and Louis D. Brandeis, *The Right to Privacy*, 4 Harvard Law Review (1890), p. 193.
③ See Samuel D. Warren and Louis D. Brandeis, *The Right to Privacy*, 4 Harvard Law Review (1890), p. 193.

第三章 比较法对人格标识商业化利用的承认与保护

杂志报纸都通过偷拍社会名流的照片来博得关注。[1] 此外，伴随工业革命的深入，各类产品产量大幅提升，开始跨州销售。在面临大量同质商品竞争之时，商业经营者选择用广告来吸引公众注意，主要通过将名人的照片附着在产品包装之上来彰显产品特色，吸引消费者购买。随意盗用他人肖像的问题引发社会关注，直到罗伯逊（Roberson）案[2]成为转折点。

在罗伯逊案件中，原告罗伯逊是一名妇女，拥有姣好的容貌，被告罗彻斯特（Rochester）面粉厂在未经过罗伯逊许可的情形下，便擅自将罗伯逊的照片用于其生产的面粉产品的包装之上，还印刷发布了25,000份产品广告传单。在当时的时代背景下，妇女并不习惯于抛头露面。罗伯逊因其形象被到处传播而感到惊恐耻辱，甚至生病卧床，遭到精神损害，遂诉至法院请求赔偿。该案件在纽约州上诉法院裁决时，法院认定原告罗伯逊胜诉，法院认可每位妇女都享有权利避免其肖像出现于公众视野当中。然而随后，纽约州最高法院推翻了上诉法院的裁决，认定原告败诉。[3] 该判决甫一出现，便遭致社会非议，时代（Times）杂志号召民众推进立法机关制定相关法律，遏制对民众隐私权的非法侵犯。罗伯逊案尽管败诉，但其具有重要意义，其大力推动了纽约州对隐私权的立法进程。1903年，也就是案件裁决之后的一年之内，纽约州以罗伯逊案为诱因，制定了美国历史上第一部隐私权相关的法案。该法案规定：禁止未经书面许可擅自将活着的自然人

---

[1] See Asa Briggs and Peter Burke, *A Social History of the Media*: *From Gutenberg to the Internet*, 3rd ed, Cambridge Polity Press, 2014, pp. 105 – 108.
[2] Roberson v. Rochester Folding – Box Co., 64 N. E. 442 (N. Y. 1902).
[3] Roberson v. Rochester Folding – Box Co., 64 N. E. 442 (N. Y. 1902).

的姓名、肖像或照片用于商业或广告目的，违者将构成轻罪及民事侵权。①

随后，佩福里希（Pavesich）案②标志着隐私权在普通法上的正式确立。在佩福里希案中，原告为一名职业的艺术家，被告则经营一家保险公司。被告私自将原告的一幅照片刊登在其广告中，该广告称原告身体健康，并在其照片旁写下一段广告词："他都投保了，你还有什么理由不投保呢"。原告以其合法权益遭受侵犯为由向法院提起诉讼。佐治亚州最高法院认可了原告的主张，判定被告在广告中使用原告照片构成侵犯隐私权之行为。该案件成为承认隐私权的首个判例。该案戈贝（Cobb）法官在判决中论述道：隐私权是所有人从出生起便享有的权利。每个人都可以决定个人生活的隐蔽程度，也可以自由选择个人生活被公开的时间、地点及方式。未经许可擅自将他人的形貌进行商业化利用会让人产生自由被禁锢的感受，"如果个人形象被商家擅自使用在广告之中，而广告又极易引起大众关注，这就会让人深感自己无形之中被商家所掌控，仿佛奴隶般双手双脚被拷上了枷锁。"③ 佩福里希案正式迈出了隐私权保护的第一步，以判例的形式确立了禁止未经许可擅自将他人形象投入广告使用，以免造成权利人的人格尊严受损以及精神痛苦。

从美国早期的隐私权案例可以看出，法律尊重每个人享有"独处

---

① 该法案全称为 the Act to Prevent the Unauthorized Use of the Name or Picture of Any Person for the Purpose of Trade. 该法案规定 "both a misdemeanor and a civil injury to use for advertising purposes, or for purposes of trade, the name, portrait or picture of any living person without written consent."
② Pavesich v. New England Life Ins. Co., 122 Ga. 190 (1905).
③ Pavesich v. New England Life Ins. Co., 122 Ga. 190 (1905).

的权利",每个人都有充分的人身自由决定是否将其姓名、肖像暴露于公众之中。未经许可擅自商业化利用他人的人格标识会造成自然人精神上的痛苦,法律会对这种精神上的痛苦予以救济。① 到 1931 年,堪萨斯州、肯塔基州、佐治亚州、路易斯安那州、密苏里州、新泽西州和加利福尼亚州通过判例法的方式确立了对隐私权的保护。纽约州和弗吉尼亚州则通过制定法的方式确立了对隐私权的保护。

(二) 隐私权保护人格标识商业化利用存在固有局限

值得注意的是,隐私权的蓬勃发展之势也促进司法人员产生思考,法官在一些案件中试图扩大解释隐私权的内涵范围,隐私权由对精神领域的保护扩张至对财产领域的保护。② 法官开始认识到姓名标识和肖像标识可能具备某种专属的经济价值,并尝试用隐私权为这种经济价值提供保护,防止他人盗用。在爱迪生(Edison)案③中,法院就以隐私权为依据,为原告提供了财产利益的保护。在爱迪生案中,原告是发明家爱迪生,被告是一家制药公司。原告仅将其药物研制的配方出售给被告使用,而被告却在原告不知情时私自将其姓名引入公司的名称,并且还将原告具有一定影响力的肖像印刷在生产的药品包装之上。原告在本案中并未主张精神损害,而是请求法院对被告的"窃占"行为发布诉前禁令,防止其姓名和肖像中的经济利益遭致进一步损失。④ 法院援引了布朗(Brown)案⑤中的裁判观点:"每个人

---

① 参见陈龙江:《美国公开权理论发展史考察——以经典案例为线索》,载《北方法学》2011 年第 2 期,第 154 页。
② See William Prosser, *Privacy*, 48 Cal. L. Rev. (1960), p. 383, 389.
③ Edison v. Edison Polyform Mfg. Co. 73 N. J. Eq. 136, 67 A. 392 (1907).
④ Edison v. Edison Polyform Mfg. Co. 73 N. J. Eq. 136, 67 A. 392 (1907).
⑤ Brown Chemical Co. v. Meyer, 139 U. S. 542 (1891).

特有的容貌同姓名一样具有专属性,他们被认定为个人财产,因此姓名标识和肖像标识所带来的经济效益也应受到保护。"

由此可见,法院在一些判决中试图对隐私权作出扩张解释,使隐私权能同时兼容精神利益和财产利益,然而这种宽松的理解并没有为后来的判决所坚持,以隐私权来扩张保护人格的财产利益与隐私权的根源相背离,具有固有局限。

首先,名人对隐私的让渡将不利于对名人人格标识商业化利用的保护。隐私权的根本目的乃在于保护自然人在私人领域的独处,不被曝光于大众面前。这样的解释构造出另一种逻辑推演:若一个人意图成为公众人物,就说明其主动放弃了部分或全部的私人空间,隐私权将不再对其提供保护。这是因为,名人已经通过其努力获得了大众的关注与认可,活在公众视野下的名人并不会因其形象再多公开一次而遭受到额外的精神损害,其人格标识被非自愿公开时并不会导致隐私权的侵害。[①]正如沃伦和布兰代斯在《隐私权》中论述的观点:在何种程度和何种关系上,一个人的生活不再是私人的,在此范围内他就不可能再获得保护。[②]加尼福利亚州上诉法院在 Melvin v. Reid 案件中明确:当一个人是如此的著名,他已经通过享有盛名的方式将自己奉献给了公众,此时他的隐私权不再存在。[③]在 Martin v. F. I. Y. Theatre

---

[①] 参见刘召成:《人格商业化利用权的教义学构造》,载《清华法学》2014 年第 3 期,第 125 页。

[②] See Samuel D. Warren and Louis D. Brandeis, *The Right to Privacy*, 4 Harvard Law Review (1890), p. 215.

[③] Melvin v. Reid, 112 Cal. App. 285, 297 P. 91, at 92 (1931).

Co. 案①、Paramount Pictures, Inc. v. Leader Press, Inc. 案②等相关案件中，法院也不断重申相似的观点：原告作为电影明星已经放弃了自己的隐私权，被告可以不经允许地使用其肖像，因为电影明星的姓名、肖像已经通过作品出售给了公众，原告无权再就此主张隐私权。如果将隐私权作为保护人格标识商业化利用的前提，对名人而言是极为不利的，由于名人已让渡其隐私权，名人人格的精神利益与财产利益的保护将受到很大限制，这就为承认与保护名人姓名、肖像等人格标识上的财产利益制造了不小的障碍。

其次，隐私权不可转让，将不利于保护商业经营者和消费者的利益。由于隐私权具备人身专属性，只能由自然人本人享有及支配，不得转让。这就意味着，即便商业经营者花费高价与名人签订协议，也无法获得其姓名肖像的独占使用权。名人出于提升曝光率、提高社会知名度以及获取更多授权费用的目的，可能将其姓名肖像等人格标识重复授权给不同的商业经营者。许可人（隐私权人）与被许可人（某一商业经营者）之间即使约定了排他性地使用人格标识，但是由于隐私权不可转让，许可人实际并未让渡任何权利，被许可人也未从中获得对抗第三人的权利，当许可人违反合同约定，将同一人格标识再许可给第三人使用时，被许可人也只能以违约为由起诉许可人，而无法直接对第三人提起诉讼。在许多情形下，被许可人与第三人存在着直接的市场竞争关系，一个无法对抗竞争对手的许可几乎是无意义的。同时，消费者的利益也将受到损害。消费者在面临同一名人为同一种类商品上的多个品牌背书时，将无从辨别哪一个品牌更为优质，甚至

---

① Martin v. F. I. Y. Theatre Co., 10 Ohio Ops. 338 (1938).
② Paramount Pictures, Inc. v. Leader Press, Inc., 24 F. Supp. 1004 (W. D. Okla. 1938).

将对人格标识的频繁授权产生审美疲劳，人格标识的市场价值将随着消费者吸引力的降低而大打折扣。①

二、公开权制度的产生与发展

面对前述亟待解决的现实难题，隐私权无法提供合理的解决路径，无法为人格标识的商业化利用提供充分的保护，法官们开始在传统的法律理论之外探索新的解决之道。公开权这项新型权利应运而生，专门为人格标识的商业化利用提供保护。

（一）公开权的产生：海兰（Haelan）案

公开权（right of publicity）②这一概念是在海兰案中由弗兰克（Frank）法官首次提出。在海兰案中，原被告是两家具有竞争关系的糖果公司。原告先与知名运动员团体约定，由原告排他性地使用这些运动员的照片为公司的产品作广告。而后，虽明知原告与运动员团体间有过协议，被告依然与其中的一批运动员签订了类似的代言合同。原告认为其与运动员间的肖像使用协议具有排他性质，因而被告的以上做法侵犯了其合法权利。初审法院认为，隐私权是一项不可转让的人格权利，原告与运动员订立的排他性的协议并不意味着原告完全享有了运动员肖像中的财产利益，原告并不享有任何可以对抗第三人的

---

① See Jennifer E. Rothman, *The Right of Publicity: Privacy Reimagined for a Public World*, Harvard University Press, 2018, p.46.
② 除公开权之外，对于 right of publicity 这一概念，学界也存在其他翻译方式，例如将其译为形象权或商品化权等。在我国的语义环境下，"形象"一词外延宽广，使用"形象权"这一译法可能导致主体庞杂、语义混淆。publicity 一词直译为公开、宣传、广告，指的是信息从其来源到普通大众的转移。采用"公开权"这一译法能更好地突出公布于公众之中、公众可见度的要素，更贴近于 right of publicity 这一概念的内涵实质，故笔者认为采"公开权"这一概念似更为妥当。

权利，因此原告败诉。尽管在上诉中，第二巡回上诉法院认定原告胜诉，但判决理由是从被告引诱违约、不公平竞争的角度展开，而非承认原告享有对运动员肖像的排他使用权。①

本案中第二巡回上诉法院的弗兰克（Frank）法官明确意识到案件涉及的并非隐私权，而是一项区别于隐私权，单独存在于肖像之上的权利，"这就是相对人基于肖像权人的授权可以直接公开和使用肖像权人照片的一种权利，这种权利可以不受隐私权的保护干扰，这是法院执行一项有财产价值的请求权。"②弗兰克法官指出，基于常识可知，名人不吝于个人形象被曝光，大多数名人并不会仅因为形象被公开而受到负面影响，通常名人形象被公开地越多，名气会越大，这也意味着可能给名人带来更多的财富收益。如果不允许名人授权他人在公共场所使用自己的形象，那么他们的知名度和影响力将难以得到保持，经济收入也会大大受限。名人往往会因此而感到挫败。相应地，如果公开使用了名人的形象，却未付给其报酬对价，将剥夺名人本可获得的经济收益，这种行为将造成名人财产利益的损失。③由此，弗兰克法官提出了保护个人人格标识免遭未经授权的商业利用的公开权概念。

时至今日，美国通说认为，公开权强调的是每个独立个体对其人格标识所享有的控制权，即每个人都有权利决定如何在商业活动中使用其姓名、肖像等人格特质。这是一项财产权，具有可转让性，公开

---

① Haelan Laboratories, Inc. v. Topps Chewing Gum, Inc., 202 F. 2d 866 (2d Cir. 1953).
② Haelan Laboratories, Inc. v. Topps Chewing Gum, Inc., 202 F. 2d 866 (2d Cir. 1953). 转引自陈龙江：《美国公开权理论发展史考察——以经典案例为线索》，载《北方法学》2011年第2期，第154页。
③ Haelan Laboratories, Inc. v. Topps Chewing Gum, Inc., 202 F. 2d 866 (2d Cir. 1953). 转引自李明德：《美国知识产权法》，法律出版社2014年版，第691页。

权人人得以享有，并非名人专属。当自然人将其公开权授予他人，受让人即享有对抗第三人使用该人格标识的权利。

(二) 公开权获联邦最高法院承认：查西尼（Zacchini）案

公开权脱离隐私权的桎梏之后，在美国迅速发展。美国联邦最高法院通过查西尼案确立了公开权的独立地位与重要价值，其明确将公开权视为一种类似于知识产权的财产权。通过对公开权的保护，有利于激励演艺人员不断努力在大众面前呈现更好的形象、提供优质的表演，创造更多的文化财富。

在查西尼案件中，原告以表演"人体炮弹"（human cannon ball）的现场特技节目为生，这是一项难度极高、极其有危险性的特技表演活动。在一次表演过程中，一家新闻媒体韦尔斯（WEWS）未经许可就拍摄了查西尼表演的精彩片段，并在新闻节目中播放了该片段。原告认为，该媒体擅自拍摄播放的现场表演片段正是查西尼节目的精髓所在，观众通过电视看完节目之后，便不会再花钱现场观看查西尼的表演。而查西尼以此作为生计，该媒体擅自报道播放的行为构成非法盗用查西尼的职业财产（professional property）。[①]

该案件之所以留下浓墨重彩的一笔，是因为其在经过俄亥俄州初审、上诉、州最高法院三次审理之后，被美国联邦最高法院发布调案

[①] Zacchini v. Scripps – Howard Broadcasting Co., 433 U. S. 562 (1977).

复审令进行复审，① 是唯一一个由美国联邦最高法院审理的公开权案件。② 联邦最高法院认定被告行为侵犯了原告的公开权。通过对该案件的阐释，联邦最高法院将公开权的发展进程往前推进，观点详述如下：

第一，公开权指的是商业性地展示和开发人格特征及才能的权利。对象并不局限于姓名、肖像等表征性人格标识，盗用现场表演的行为也构成对公开权的侵犯。原告在准备表演的过程中付出了大量的心血，其本可以通过表演获得财产利益，却因为媒体随意直播的行为导致其可能丧失工作机会。被告的行为无异于是在收割原告的辛勤努力（reaping the reward of his endeavors），构成不当得利。

第二，公开权本质上是一种类知识产权（quasi-IP right），具备激励效应。公开权的转让可以促进市场竞争，也促使演艺人员不断提高个人的技艺水平，通过贡献更好的表演来获得市场竞争力，增加经济收益。当然，在这一过程中也为社会带来更多优质的文化作品，有利于提升公共文化福利。知识产权尤其是著作权与专利也具备相似的功能，知识产权是由权利人的智力成果创造的财产权。通过对知识产

---

① See Lee Levine and Stephen Wermiel, *The Court and the Cannonball: An Inside Look*, 65 American University Law Review (2016), p. 607, p. 621.
② 美国法院分为联邦和州两个独立的体系，州法院体系由初审法院、上诉法院和州最高法院构成，联邦法院体系由联邦地区法院、联邦巡回上诉法院和联邦最高法院构成。联邦法院和州法院各自管辖、并不从属。州内案件可以经历初审法院、上诉法院、州最高法院三次审理。但是，如果州最高法院的判决涉及到联邦制定法和联邦宪法性的事项，那么，这个判决还可以被上诉至联邦最高法院。调案复审令是联邦最高法院要求下级法院移送案件记录用以审查的命令状。发布调案复审令必须有联邦最高法院的四位大法官同意，也被称为"四人规则"。联邦最高法院发布调案复审令的案件并不多，大部分调案复审的诉请都会被拒绝。

权的保护，有利于激励权利人增加创作及发明热情，为社会创造更多的文化财富。①

第三，对于被告称其享有新闻报道自由的抗辩，法院认为如何平衡公开权与新闻自由的冲突一直以来都是争议难点。但在本案中，法院确立了"完整表演"（entire act）标准，即宪法第一修正案从未赋予新闻媒体未经表演者同意，在无需向表演者支付报酬的情形下，就可全程播出完整表演的一项豁免。② 被告公开直播表演的行为导致原告的观众群流失，不仅会减少其收入，而且原告精心准备的现场表演可能被观众无视，从而造成原告心理上的创伤，被告无权用原告的公开权来主张自己的言论自由。

通过查西尼案，美国联邦最高法院以两种权利和宪法修正案的不同关系为角度切入，深入阐明了公开权与隐私权在保护范围和目的上的区别。查西尼案标志着公开权获得联邦最高法院的承认，以查西尼案为分界点，公开权制度不断发展，获得了足以和隐私权理论分庭抗礼的地位。③

三、公开权的性质、适用对象及保护范围

（一）公开权的性质

公开权具有可转让性。美国的公开权是一项财产权，权利人可以

---

① See H. Kalven, Privacy in Tort Law: Were Warren and Brandeis Wrong? 31 Law & Contemporary Problems (1966), p. 326, p. 331.
② 参见王叶刚：《人格权中经济价值法律保护模式探讨》，载《比较法研究》2014年第1期，第155页。
③ 参见陈龙江：《人格标志上经济利益的民法保护》，中国政法大学2007年博士学位论文，第81页。

将其拥有的姓名、肖像等人格标识完全移转给他人占有、使用、收益、处分。① 当然，除转让之外，权利人也可以选择以许可使用的方式授权他人使用其人格标识，许可使用可具体分为专有使用和非专有使用。专有使用意味着人格标识只能授权给被许可人一方进行使用，而非专有使用则可以授权给多方同时进行使用。无论是转让或是许可使用，当事人都应当订立合同，就具体转让或授权的内容作出详细约定。

公开权具有可继承性。公开权在自然人去世后是否仍然存在，能否由其后人继承，这一问题在美国学术界受到广泛关注和讨论。最初法院认为公开权与隐私权一样，伴随自然人逝去而消灭，并不具备可继承性。② 但在现实生活中，人们发现公开权并不会随自然人的去世而消亡，在名人去世后人们仍会购买带有其人格标识的衍生品以缅怀纪念，已逝自然人的人格标识中仍然蕴藏着巨大的经济价值，这项经济权利如果不能由继承人享有，显然存在不公平。同时，任由商业经营者随意使用人格标识也不利于对已逝自然人的正面形象的保护。美国摇滚巨星"猫王"（Elvis Presley）去世后，其继承人曾提起多个诉讼，此乃探讨公开权是否具有可继承性的代表性案例。最终，纽约联邦地区法院和第二巡回上诉法院均认可公开权是具有可继承性的财产权，第三人若未经许可就使用逝者的姓名和肖像等人格标识，将构成对继承人财产权的不当得利。③ 目前在美国，自然人去世后，其公开权可被继承，继续受到保护已成为共识。由此死者的公开权可以进一

---

① 参见李梦佳：《论版权与形象权的冲突与协调》，载《电子知识产权》2020 年第 5 期，第 53 页。
② Lugosi v. Universal Pictures, 139 Cal. Rptr. 35, 39-40 (Ct. App. 1977).
③ Factors Etc. v. Pro Arts, 444 F. Supp. 288 (S. D. N. Y. 1977); Factors Etc v. Pro Arts, 579 F. 2d 215, 221-222 (2d Cir 1978).

步发挥价值，同时也有效防止了不法商家对已故名人人格标识的过度商业利用。当然，公开权的可继承性并非不受限制，美国对死者的公开权保护设置了一定的期限，各州规定的保护期限不尽相同。对死者公开权设置保护期限主要是出于保护社会公共利益的考量，死者人格利益保护的必要性因时间经过而减少，① 并且随着时间流逝，死者人格标识中被纪念的部分实际已经成为一种社会符号，应当作为历史文化财富的一部分为社会所共享。

（二）公开权的适用对象

公开权的适用对象是自然人，包括一切自然人在内。虽然在这之中，名人的公开权相较于普通人更容易受到侵犯，这是因为名人具有更高的社会知名度与商业价值，但并不能证明普通人的公开权的人格价值更弱，公开权对普通人而言同样适用。个人知名度只是计算财产损失的参考，而非判定是否构成侵权的要件。公开权是个人对其姓名、肖像、声音等人格标识，得为控制，而作商业上使用的权利。② 每个人都因其与生俱来的人格特征而享有公开权。③

（三）公开权的保护范围

早期，公开权的保护范围主要是姓名标识和肖像标识，后来随着利用方式的多元化，法官发现自然人姓名和肖像之外的人格标识也可能具备商业开发价值。即便不使用姓名和肖像，观众也可以通过声音、

---

① 参见王泽鉴：《人格权法：法释义学、比较法、案例研究》，北京大学出版社2013年版，第290页。
② 参见李梦佳：《论版权与形象权的冲突与协调》，载《电子知识产权》2020年第5期，第53页。
③ See Roberta Rosenthal Kwall, *Is Independent Day Dawning for the Right of Publicity*, 17 UC Davis L. Rev. (1983), p.191, 201-202.

特殊物品、着装发饰等元素识别出对应的自然人，对这些具有代表性的人格标识的商业利用都可能构成对自然人公开权的侵犯。① 法院对公开权的保护范围不断放宽，只要构成"对个人人格标识的窃占"即构成公开权侵权。具体而言，公开权的保护范围涵盖以下方面：

第一，姓名和肖像。姓名和肖像是公开权最初也是最直接的保护内容，早期公开权的案例多是围绕姓名和肖像标识的窃占展开，前文已论述过较多相关案例，此处不再展开。

第二，声音。独特的声音或风格应受到公开权保护，例如，音乐家、朗诵家独特而富有美感的声音也是公开权的保护对象。此外，在广告中使用"声音特型演员"模仿名人的声音，故意引导观众误认名人与广告存在代言联系的，同样构成对名人公开权的侵犯。米德乐（Midler）案②是声音受公开权保护的经典案例。在该案件中，原告是美国的知名歌手，被告福特汽车公司为宣传本公司的新产品，曾邀请原告为广告演唱主题曲，但原告最终未应允合作事宜。而后原告发现，被告邀请了另一名歌手来演唱广告主题曲，但该歌手故意以模仿原告声音的方式完成了歌曲的演唱，以至观众在看到该广告时，都以为歌曲是由原告本人进行的演唱，观众甚至认为原告与福特公司的产品存在代言关系。原告深感其权利遭受侵犯，故诉请法院保护其公开权。美国第九巡回上诉法院认定声音乃极具个人特色的人格特征，声音当然可以获得公开权的保护，最终判定原告胜诉。③

---

① 参见陈龙江：《美国公开权理论发展史考察——以经典案例为线索》，载《北方法学》2011年第2期，第159页。

② Midler v. Ford Motor Co., 7 USPQ2d 1398 (9th Cir. 1988).

③ Midler v. Ford Motor Co., 7 USPQ2d 1398 (9th Cir. 1988).

第三,个人的标志性物品,如驾驶之车辆、骑乘之马匹、球衣球鞋等。随着娱乐产业的快速发展,人格标识的范围也更加广泛化与多元化,有时公众仅通过一些衍生品也能识别出对应的自然人,例如篮球运动员标志性号码的球衣等。在 Motschenbacher v. R. J. Reynolds Tobacco Co. 案件中,法院认定尽管被告在广告中未使用原告的肖像,但广告中出现的标志性的红色赛车就足以让观众对应联想到原告这位著名的赛车手,被告行为实际已经窃占了原告的人格标识特征,构成对原告公开权的侵犯。①

第四,特殊场景下的人物装扮。法院对公开权的保护范围不断放宽,在某个特殊场景下对自然人的人格标识进行窃占,即便未实体利用自然人的姓名、肖像、声音等人格标识,只要能唤起观众心中对某个特定自然人的联想(simply evoking a person in the minds of viewers and listeners)即构成公开权侵权。怀特案②和文特案③作为典型案例,将公开权的保护范围大幅扩张。在怀特案中,怀特是一名节目主持人,其主持的"幸运转轮"节目在美国家喻户晓。三星电器在其录像带的产品广告中还原了"幸运转轮"的节目场景,只是怀特被一名机器人所替代。该机器人的面部由金属部件构成,但机器人身上穿着怀特主持节目时的标志性套装并佩戴了怀特经常佩戴的珍珠项链。三星电器借此广告是想说明其产品经久耐用,到了机器人时代仍可使用。法院

---

① Motschenbacher v. R. J. Reynolds Tobacco Co., 498 F. 2d 821 (9th Cir. 1974).
② White v. Samsung Electronics America., 971 F. 2 d (9th Cir. 1992).
③ Wendt v. Host International, 125 F. 3d (9th Cir. 1997). 文特案与怀特案案情相似,被告通过在现实中还原电影中的场景,以机器人替代了原告文特在电影中扮演的角色,尽管机器人与文特在外形上并无相似,但观众看到该场景就会对应联想到文特,法院认为被告行为构成对原告人格标识的窃占,侵犯了原告的公开权。

认为，在本案中，怀特作为家喻户晓的主持人，只要出现"幸运转轮"的节目场景，观众就必然会对应联想到怀特。即便被告并未直接使用怀特的姓名和肖像，但广告中机器人使用了怀特的标志性装扮，再结合广告中重现的"幸运转轮"节目场景，自然会唤起观众心中对怀特本人的联想，因此被告在广告中使用的特殊场景下的人物装扮构成对怀特公开权的侵犯，最终判赔数额高达四十万美元。①

由此可见，美国对公开权呈现出扩张保护的趋势，除最初的姓名、肖像到声音，再到标志性的个人物品和特殊场景下的人物装扮，甚至是标志性的签名、表演风格、标语②等等，只要能唤起观众心中对某个特定自然人的联想即属于公开权的保护范围。

四、对公开权的合理限制

保护人格标识商业化利用的公开权并非不受限制。公开权在快速扩张发展的过程中会面临与其他权利的冲突问题，在面临冲突之时，法院会对不同法益作一权衡，进而决定优先保护哪种权利以及是否对公开权进行限制。

（一）言论自由权对公开权的限制

言论自由权（freedom of speech），指的是公民可以按照其个人意愿来表达意见和想法的法定政治权利，这些意见表达不用受政府"事

---

① White v. Samsung Electronics America., 971 F. 2 d (9th Cir. 1992).
② Carson v. Here's Johnny Portable Toilets, 698 F. 2d 831 (6th Cir. 1983). 在这一案件中，法院认为被告未经许可在商号中使用脱口秀节目中的特定标语"这里是强尼"（Here's Johnny），会让人对应联想到美国著名脱口秀主持人强尼，构成对主持人强尼公开权的侵犯。

前"的审查及限制,也无需担心受到政府或他人报复。① 言论自由作为公民的基础权利,来源于美国宪法第一修正案。当出现由以下情形而利用他人的人格标识之时,将受到美国宪法第一修正案言论自由的保护,法律对公民言论自由的保护将优先于自然人的公开权:第一,为报道时事新闻,在公共媒体中使用自然人的人格标识,当然,此种行为应当基于不可避免的情形,如果在报道中完全可以避免使用相关人格标识,则不应使用;第二,出于个人学习、科研、教学的目的,在合理范围内使用自然人的人格标识;第三,在历史评述中,客观再现自然人的人格标识;第四,滑稽模仿或戏仿行为;第五,短暂临时性的使用行为,例如电视台拍摄画面中短暂出现的路人画面,一般并不会引起观众注意。② 美国法院通常认为:考量言论自由是否构成对公开权的限制,关键是判断该言论是否具有重要价值,如果只是单纯利用名人的人格标识来宣传推销自己的商品或服务,例如在T恤、马克杯上利用他人的形象,就不会受到宪法第一修正案的保护,因为公众通常不会借助这些载体来发表言论。③ 同时应当注意,言论本身也并非不受限制,不是所有言论都构成宪法第一修正案下的自由言论。④ 在司法实践中,具体应当如何平衡言论与公开权的关系依然困扰着

---

① "Freedom of speech", from Wikipedia encyclopedia, https://en.wikipedia.org/wiki/Freedom_of_speech,最后访问日期:2020年1月2日。
② 参见刘丽娜:《对美国限制"形象公开权"的思考》,载《电子知识产权》2005年第3期,第34页。
③ 参见刘丽娜:《对美国限制"形象公开权"的思考》,载《电子知识产权》2005年第3期,第34页。
④ 淫秽言论,暴力言论,威胁言论,煽动儿童色情的言论,误导性的商业言论受到美国联邦和州法律的限制或禁止。此外,与政治言论不同,以公司或个人盈利为目的而发表的商业言论并不享受美国宪法第一修正案中"言论自由"条款的充分保护。

法官。

对此，美国法院通过司法判例发展出五种衡量标准，来解决言论自由对公开权侵权的抗辩问题：第一，特别平衡标准（ad hoc balancing approach），是指对被告使用原告人格标识的行为的性质与该行为可能给原告造成的损害之间作一权衡比较。如果该行为给原告造成的损害明显较小，则被告的行为不构成公开权侵权。这一标准主要由第八巡回上诉法院采用。① 第二，转换性作品标准（transformative-work test），该标准借鉴了美国著作权法中合理使用的"可转换性"原则，指的是被告需要证明其在对原告人格标识的使用过程中，添加了独有的创造性元素，构成具有转换性意义的新作品，而不仅仅是对原告人格标识的使用或模仿。这一标准主要由加州最高法院采用。② 第三，转换性使用标准（transformative-use test），转换性使用标准是转换性作品标准的限缩版本，其并不要求整部作品需达到可转换性的程度，只聚焦于作品中对原告人格标识的使用这一局部要素。要求被告在出于讽刺、戏仿、讽刺漫画的目的下，必须打破原告的原形象，进而创造出一个新奇的、创造性的新形象，而不单纯是对原告形象的仿制。这一标准主要由第三和第九巡回上诉法院采用。③ 第四，言论保护相关性标准（speech-protective test），这一标准主要从艺术表达的

---

① C. B. C. Distribution & Mktg. v. MLB Advanced Media, 505 F. 3d 818, 823–824 (8th Cir. 2007).
② Comedy III Prods. v. Gary Saderup, Inc. 21 P. 3d 797, 799, 811 (Cal. 2001); Campbell v. Acuff-Rose Music, 510 U. S. 569 (1994).
③ Hilton v. Hallmark Cards, 599 F. 3d 894, 910–11 (9th Cir. 2009); Davis v. Electronic Arts, 775 F. 3d 1172 (9th Cir. 2015); Hart v. Electronic Arts, 717 F. 3d 141 (3d Cir. 2013).

相关性考量，如果对原告人格标识的利用与被告作品中要表达的艺术主题相关，而不是为了利用原告的社会知名度来完成商业销售，则被告行为不构成对公开权的侵犯。这一标准主要由第二、第五和第六巡回上诉法院，肯塔基州和纽约州法院采用。① 第五，主要目的标准（predominant-purpose test），这一标准意在考量被告使用原告人格标识的主要目的，是为了开发原告形象中的商业价值还是为了发表对原告这一名人的看法和评论。前者构成对公开权的侵犯，后者属于言论自由的保护范畴，不侵犯公开权。这一标准由密苏里州法院采用。②

尽管不同地区采取的标准不同，衡量因素各有侧重，但都共同承认了在一定条件下，被告对原告人格标识的使用并不必然构成对公开权的侵犯，美国宪法第一修正案规定的言论自由权将构成对公开权的有效抗辩，法律对公民言论自由的保护将优先于自然人的公开权。

（二）著作权对公开权的限制

自然人的肖像、声音等人格标识通常需要通过照片、视频、音频等作品载体来得以展现，人格标识的权利人与作品的著作权人有时并非同一人，此时对作品的保护便会与对人格标识的保护产生一定的重叠与对抗。著作权的目的在于鼓励创作，进而激发更多的智力成果，促进人类文化财富的增长。每一个人在创作作品之时，都不可能完全脱离前人的思想和启发，于空中楼阁中产生全新独立的表达。因此，事实和思想（facts and ideas）乃处于著作权法公共领域（public domain）之中，人人得而用之。美国法院遵循同样的思路探索得出，

---

① Restatement (Third) of Unfair Competition (St. Paul, MN: American Law Institute, 1995), § 47; Rogers v. Grimaldi, 875 F. 2d 994, 1003-1005 (2d Cir. 1989).
② Doe v. TCI Cablevision, 110 S. W. 3d 363, 374 (Mo. 2003).

对人格标识的使用也不应完全由权利人垄断，出于社会公共利益的考量，在特定情形下应当允许著作权人在作品中使用人格标识展开创作。美国法院在司法实践中参考了美国著作权法第107条的合理使用制度构建了人格标识的合理使用情形，在这些合理使用的情形下，作者的著作权将会优先于自然人的公开权，这是为了鼓励著作权人创作更多的优质作品，不断促进社会精神文明的发展。对于是否构成"合理使用"的特定情形，法院会综合考量如下四要素来作出判断[1]：1. 使用的目的和性质是否合理，著作权人对人格标识的使用是否具有商业营利性；2. 作品的类别；3. 从作品整体来观察，对人格标识的使用在作品中的占比及重要程度；4. 使用人格标识的行为是否会导致自然人的个人名誉及商业价值受损。[2] 当然，著作权人在使用自然人的人格标识展开创作的过程中，也应当注意其行为的适当性与合理性，避免在使用过程中对自然人的人格利益造成侵害与贬损。[3]

五、公开权与隐私权并行的"二元论"保护模式

回溯美国对人格标识商业化利用的保护历程，早期美国通过对隐私权作出扩张解释，试图用隐私权为人格的财产利益提供保护。然而，隐私权的这种扩张与其根源相背离，具有固有局限，法官们不得不在传统的法律理论之外探索新的解决之道。1953年美国由海兰案中创设

---

[1] 这一判断规则参考了美国著作权法第107条的合理使用制度。Copyright Law of the United States, Section 107.
[2] 参见李梦佳：《论版权与形象权的冲突与协调》，载《电子知识产权》2020年第5期，第58页。
[3] See Jennifer E. Rothman, *The Right of Publicity: Privacy Reimagined for a Public World*, Harvard University Press, 2018, p.178.

了公开权这一全新概念，1954年尼莫（Nimmer）教授的《公开权》一文为公开权进一步加固了理论基石。尼莫教授认为公开权应当被保护的原因在于：一个人在创造其个人形象价值的过程中，需要付出大量的时间、精力及金钱成本，每个人应就其劳动成果所得享有权利。[①]随后，公开权快速扩张发展，通过查西尼案等一系列案件，公开权获得了与隐私权分庭抗礼的地位。

美国的公开权与隐私权并驾齐驱，这两种权利共同作用以致为人格利益提供充分的保护，进而形成人格的精神利益与财产利益分别由隐私权与公开权保护的二元结构。隐私权保护人所享有的独处之权利，捍卫人格之精神利益，具有人身专属性，不可转让，而公开权保护人格标识的商业化利用，保障人格之财产利益，实质是一项财产权，具有可转让性。实际上，单设公开权并非是出于理论体系构建的考量，而是从实证案例出发，为解决实际法律问题的实用之举。这充分体现出英美法系的实用主义精神，相较于大陆法系，公开权的单独设置显得更加灵活和具体。[②]

---

① See Melville. B. Nimmer, *The Right of Publicity*, 19 Law & Contemporary Problems 203 (1954), p.216.
② 参见曾丽：《人格特征商业利用法律问题研究》，西南政法大学2013年博士毕业论文，第70页。

第四章

死者人格标识商业化利用的延伸保护

我国《民法典》强调以人为本的人本思想,将人格权独立成编。对人提供充分完善的保护是人格权编的核心要义。此处的"人"除了指活着的自然人之外,还包括死者。《民法典》第994条的规定完善了对死者人格利益的保护。① 然而,长久以来我国在探讨死者人格利益的保护之时,多是从死者人格精神利益的角度切入,而鲜少论及对死者人格财产利益的保护。② 随着社会经济的发展,商业社会中经营者逐渐认识到已故名人的影响力价值,将已故名人的人格标识运用于商业活动的现象愈发普遍,商业经营者在利用死者的人格标识之时,通常并无丑化侮辱和诽谤死者的目的,而是意图利用死者之社会影响力来提升商品销量,牟取经济利益。随着此类商品在市场中的广泛传播,死者的社会知名度可能不降反升。在此情形下,由于死者的社会评价并未降低,死者的人格精神利益并未遭到贬损,所以死者近亲属虽深感其合法权益遭受侵犯,却难以寻求法律保护。如此一来,显然存在不公平之处。自然人故去后,虽然其不再具备民事主体资格,但是其人格标识仍旧具备价值,应当受到保护。尤其是已故名人的姓名、肖像在商业领域依然发挥着重要的作用。已故名人的肖像可能被制作成

---

① 从《民法典》第994条规定的保护范围及请求权主体来看,第994条主要针对的是死者人格精神利益而非死者人格财产利益的保护。参见王叶刚:《论侵害死者人格利益的请求权主体》,载《清华法学》2021年第1期,第181页。
② 参见张红:《死者生前人格上财产利益之保护》,载《法学研究》2011年第2期,第101页。

纪念品，已故名人的姓名可能被注册为商标或商号。公众出于对已故名人的纪念与缅怀，也倾向于作出消费选择。死者良好个人形象的塑造乃源于死者生前的付出与努力，其人格标识所蕴藏的经济价值应当如同其他财产利益一般，由其继承人享有，而不能当然视作进入公共领域，被商业经营者任意滥用。① 近年来，如何为死者人格标识财产利益提供充分保护引起我国实务界的广泛关注。"鲁迅案""李小龙案""傻宝案""赫本案"等司法案例反映出我国法院在处理死者人格标识财产利益问题上的不同保护态度，我国应如何为死者人格标识的商业化利用提供延伸保护尚存在疑问。从比较法的角度来看，最具代表性的美国法与德国法均确立了对死者人格标识财产利益的保护。美国通过公开权模式，德国通过人格权模式肯定了自然人逝去之后，其人格之上的财产利益是一项可以继承的财产权，由其继承人享有，也即是说，死者之继承人有权对死者的人格标识进行商业化利用。本书认为，对死者人格标识财产利益的延伸保护殊值探讨。近年来死者人格标识商业化利用的现象愈发普遍，司法实践中相关案件纠纷不断增多。② 对死者人格标识的保护尽管也涉及到前述章节中的姓名标识与肖像标识的商业化利用问题，但考虑到死者这类主体的特殊性，域外法律亦对死者人格标识财产利益的保护作出了相对独立的规则。故本书从解决实证法律问题的角度出发，将死者人格标识商业化利用的延伸保护专设一章进行深入探讨。

---

① 参见张红：《死者生前人格上财产利益之保护》，载《法学研究》2011年第2期，第101-104页。
② 参见王叶刚：《论侵害死者人格利益的请求权主体》，载《清华法学》2021年第1期，第188页。

第一节　死者人格利益的延伸保护

一、死者人格利益延伸保护的理论基础

自然人死亡后，其主体资格虽然消灭，但其姓名、肖像等人格利益仍应受到法律保护。这些人格利益并不会伴随自然人故去而当然消灭，否则社会公共秩序可能出现混乱，社会道德风尚可能遭到损害。人格权延伸保护理论为死者人格利益的保护提供了理论基础。人格权延伸保护理论指的是对人格利益的保护除包括民事主体生存期间之外，也延伸至民事主体诞生之前与死亡之后。人格权延伸保护理论充分反映了现代人权的保护思想，其有利于充分发挥人的价值，完善对人的完整保护，维护公共利益，最终促进整个社会的和谐发展。① 死者人格利益的保护属于延续人格利益的延伸保护。

死者的人格利益应当受到保护的价值基础在于，死者的人格利益仍然具有价值。此种价值首先表现为精神利益的价值。在自然人故去后，其精神利益仍受到法律保护，其原因在于一个一生无可指责的人，死后也应当受到尊重，不应受到无端指责。对死者人格精神利益的任意践踏将导致死者之近亲属遭受精神痛苦，破坏近亲属对故人的缅怀哀思之情。后人通常以其先人拥有好名声为荣，当死者的名声被他人

---

① 参见杨立新主编：《中华人民共和国民法典释义与案例评注：人格权编》，中国法制出版社2020年版，第26－27页。

侮辱贬损，死者之近亲属也不免承受舆论非议，甚至遭受个人社会评价的降低。由此，对死者人格精神利益的延伸保护不仅涉及到对死者本人名节的尊重，还涉及死者近亲属的利益乃至社会公共利益的保护。

随着经济的快速发展，人们发现除精神利益应受保护之外，死者的人格利益还具有财产利益转化的可能，死者人格利益蕴藏着商业开发的财产价值。近年来，我国对死者的人格标识进行商业化利用的现象越发普遍，例如将已逝名人的姓名注册为商标或域名以博取关注，将已逝名人的肖像附着在纪念品等商品之上进行销售。已逝自然人的人格标识中潜藏着巨大的经济价值，现实中相关司法问题不断增多。在商业社会的背景之下，对死者人格财产利益的保护同样具有重要意义。[1]

二、死者人格精神利益的延伸保护

对隐私、名誉、遗体、遗骨等人格利益的保护是死者人格精神利益保护的主要内容。[2] 由于人格利益之本源在于保护人之尊严、人格自由，因此，长期以来，学界与实务界对死者人格利益保护的探讨主要集中于精神利益，司法案例中死者人格利益的纠纷也多是围绕名誉、隐私等精神利益而展开。从世界范围来看，目前大多数国家均认可死者人格精神利益保护的必要性及重要性，但在具体探讨应当采取何种模式来提供保护，以及哪些主体有权提出请求之时，不同国家与地区

---

[1] 参见最高人民法院民法典贯彻实施工作领导小组主编：《中华人民共和国民法典人格权编理解与适用》，人民法院出版社2020年版，第256页。
[2] 参见王泽鉴：《人格权保护的课题与展望——人格权的性质及构造：精神利益与财产利益的保护》，载《人大法律评论》2009年第1期，第53页。

之间的认知存有差异。其核心争议点在于保护的人格利益是存在于死者生前还是死者逝世以后；保护客体究竟是死者自身的人格利益，抑或是尚在世的近亲属的利益。① 在探讨死者人格精神利益保护的著述中，我国代表性学说主要有人格利益继承说②、近亲属权利保护说③、死者权利保护说④、死者法益保护说⑤等。从不同国家及地区所采取的法律保护模式来看，主要形成了直接说与间接说两种法律保护模式。实际上，上述不同学说的核心争议点可以归结为是应采直接保护模式还是应采间接保护模式的争议。

（一）直接保护模式：德国梅菲斯特（Mephisto）案

直接保护模式以死者自身的人格为保护对象，有权提出请求的应当是死者本人，但因死者已经故去，无法行使诉权，故由死者指定之人或死者之近亲属代为行使死者的权利。德国是采直接保护模式的代表性国家，德国联邦最高法院认可死者自己人格权继续作用说，通过梅菲斯特（Mephisto）案⑥的判决对死者人格权保护问题作出阐释，肯定了死者人格精神利益应受保护。

梅菲斯特案确立了对死者人格上精神利益的直接保护模式，是德

---

① 参见张红：《死者人格精神利益保护：案例比较与法官造法》，载《法商研究》2010年第4期，第144页。
② 参见郭明瑞、房绍坤、唐广良：《民商法原理（一）：民商法总论，人身权法》，中国人民大学出版社1999年版，第468页。
③ 参见张新宝：《名誉权的法律保护》，中国政法大学出版社1997年，第26页。
④ 参见民兵：《民事主体制度若干问题的探讨》，载《中南政法大学学报》1992年第1期，第17页。
⑤ 参见杨立新：《人身权法论》，中国检察出版社1994年版，第273页。
⑥ BGHZ 50, 133 - Mephisto.

第四章　死者人格标识商业化利用的延伸保护

国联邦最高法院首次就死者人格权保护问题作出判决,具有重大意义。[①] 在这一案件中,古斯塔夫·古登氏(Gustaf Gründgens)是德国著名演员,因扮演梅菲斯特这一魔鬼角色而闻名,其于1937年被任命为普鲁士戏剧总监。古斯塔夫的好友克劳斯曼(Klaus Mann)是知名作家,1933年因政治原因移民美国。移民后克劳斯曼撰写并出版了一本名为《梅菲斯特》的小说,该小说描述了一名演员的职业生涯,主人公不仅被塑造为一个野心勃勃的投机者,更是纳粹当权者的肆无忌惮的支持者。在读者看来,该小说主人公的个人特征、外表形象、职业生涯及相关故事情节,多与古斯塔夫·古登氏本人相符合。古斯塔夫·古登氏于1963年死亡,其养子作为唯一继承人认为该小说侵害了古斯塔夫·古登氏的人格权,因此向汉堡地方法院提起诉讼,请求法院禁止该小说的传播。[②] 汉堡地方法院认为古斯塔夫·古登氏被《梅菲斯特》小说侵害的人格权已经随着他的死亡而消逝,故驳回了原告的请求。原告上诉至汉堡高等法院,被改判胜诉,德国联邦最高法院最终维持了汉堡高等法院的判决,肯定自然人死亡之后其人格上的精神利益仍应受到保护。[③] 德国联邦最高法院强调:只有当一个人信任其形象在死后仍受保护,不被严重诽谤歪曲,并且能够在这种预期中生活,其生前的尊严和个性自由发展才能得到《德国基本法》意义上

[①] 参见王泽鉴:《人格权保护的课题与展望——人格权的性质及构造:精神利益与财产利益的保护》,载《人大法律评论》2009年第1期,第83页。
[②] BGHZ 50, 133 - Mephisto.
[③] 参见王泽鉴:《人格权保护的课题与展望——人格权的性质及构造:精神利益与财产利益的保护》,载《人大法律评论》2009年第1期,第84页。

的充分保障。①

德国法认为自然人在死亡之后,其权利能力消灭,但死者人格上精神利益仍应受保护,这是出于人格利益的延续,即人在死亡之后其人格利益仍在生前的影响力范围内得以传承。从归属主体来看,被保护对象为已故的自然人,但由他人代为行使其权利。关于代为维护死者人格利益之人,德国联邦最高法院采用死者指定优先;死者未指定时,则类推适用法律规定,由与死者形象具有感情关联的近亲属担任。从救济方法来看,原告得主张(防御)不作为请求权。德国联邦最高法院表示死后人格利益保护原则上不享有损害赔偿请求权,由于人已经死亡,不会再感受到精神上的痛苦,自然无法主张精神损害赔偿(抚慰金)。②

(二)间接保护模式:中国台湾地区蒋孝严案

间接保护模式认为自然人的人格权不能延及死亡之后,人格权伴随生命的结束而终止。侵害死者精神利益的行为实质损害的是死者遗族对于死者敬仰追思之感情,也即是说,侵害死者人格精神利益其实是对死者遗族人格利益的侵害,故死者遗族得以其自己的人格利益遭受侵犯为由来主张救济,借以间接保护死者的人格利益。死者遗族所主张的上述利益属于一般人格权的保护范畴。一方面,侵害死者人格精神利益将使遗族蒙羞,遗族的名誉直接受损。③ 这是因为社会公众

---

① 参见王泽鉴:《人格权法:法释义学、比较法、案例研究》,北京大学出版社2013年版,第286页。
② 参见王泽鉴:《人格权保护的课题与展望——人格权的性质及构造:精神利益与财产利益的保护》,载《人大法律评论》2009年第1期,第84-85页。
③ 参见张红:《死者人格精神利益保护:案例比较与法官造法》,载《法商研究》2010年第4期,第147页。

往往以先人的德行观其后人之德行，人们一般会以先人的良好名声为荣，而以先人的卑劣名声为耻辱。另一方面，贬损死者人格精神利益会导致死者本来给遗族留存的良好形象遭受破坏，由此损害遗族对死者的虔敬追思之情，此种虔敬追思之情亦属遗族之人格利益，法律应予保护。①

我国台湾地区并未遵循德国之直接保护模式，而是采用了间接保护模式，承认死者亲属对死者的虔敬追思之情系属亲属之一般人格权，台湾地区蒋孝严案乃是代表性案例。在蒋孝严案②中，原告蒋孝严认为被告陈水扁在公众场合称其祖父蒋介石为"二二八事件元凶"且其恶行事实"殆无疑义"的不实言论，构成对蒋介石名誉的恶意诋毁，侵害了蒋氏家族精神利益。为维护后人对逝者的虔敬追思之情，原告故提起诉讼，要求被告赔偿精神抚慰金并恢复名誉。最终法院在判决中肯定了对死者人格精神利益的间接保护模式，认可侵害死者人格精神利益实质为侵害死者遗族之一般人格权，扩大了一般人格权的内涵，并认定死者遗族可请求精神损害赔偿。③ 文化传统自古以来便崇尚"死者为大"，对死者的恶意诽谤为社会大众所不容。在"一荣俱荣、一损俱损"的家族观影响下，污蔑死者所产生的不良影响自然延伸至族人之间，死者的遗族会因此深感痛苦愤怨。为了保护死者遗族对故人的追悼怀缅，激励社会之善良风俗，应当将遗族对逝者的虔敬追思之情纳入一般人格权的保护范畴。④

---

① 参见梁慧星：《民法总论》，法律出版社2001年版，第132页。
② 参见台北地方法院96年诉字第2348号民事判决书。
③ 参见张红：《死者人格精神利益保护：案例比较与法官造法》，载《法商研究》2010年第4期，第148页。
④ 参见张红：《人格权总论》，北京大学出版社2012年版，第370–372页。

三、死者人格财产利益的延伸保护

关于死者人格利益的保护，我国最高人民法院作出多项司法解释，学界则围绕司法实践中产生的新问题不断提出修正意见，在实务与学说的共同努力下，我国逐渐构建出日臻完善的法律保护机制。①

对于死者人格利益的保护，我国大致经历了三段发展历程：第一阶段强调的是对"死者名誉权"的保护。在这一阶段法院认为即便死者已经逝去，不再是民事主体，但其仍享有名誉权，当其权利遭受侵害，死者之近亲属有权提起诉讼维护其名誉权。这一阶段的代表性案例为"荷花女吉文贞名誉权案"，最高人民法院认为死者吉文贞仍享有名誉权，故去后其名誉权仍应受到法律保护，死者母亲作为具有直接利害关系的亲属有权主张对死者名誉权的维护，可以向法院提起诉讼。② 第二阶段强调的是对"死者名誉"的保护。在这一阶段法院不再认为死者享有名誉权这项人格权，而是享有名誉，死者之近亲属有权向法院起诉维护死者名誉，死者名誉仍在法律的保护范畴之内。在1993年发布的《关于审理名誉权案件若干问题的解答》中，最高人民法院对这一观点予以肯定。第三阶段强调的是对"死者人格利益"的保护。在总结司法实践经验和理论研究的基础之上，最高人民法院于2001年发布了《关于确定民事侵权精神损害赔偿责任若干问题的解释》（以下简称《精神损害赔偿司法解释》），其中第3条对死者人格

---

① 参见张红：《死者人格精神利益保护：案例比较与法官造法》，载《法商研究》2010年第4期，第143页。
② 参见《天津市高级人民法院关于处理〈荷花女〉名誉权纠纷案的请示报告》，载《最高人民法院公报》1990年第2期。

利益保护问题作出了较为详细的规定。① 由此可见，自"荷花女吉文贞名誉权案"开始，我国司法实践就对死者人格利益的保护问题进行了有益的探索，后通过《精神损害赔偿司法解释》等相关司法解释不断完善，并被我国原《侵权责任法》、原《民法总则》所吸收，最终在我国《民法典》人格权编第994条中作出正式规定。《民法典》第994条的主要内容为死者人格利益的延伸保护，② 该条文明确了死者可受保护的人格利益包括已逝自然人的姓名、肖像、名誉等；当死者人格利益遭受侵害时，有权提出主张的请求权主体为死者之近亲属，并且严格限制了请求权主体的权利行使顺序，将死者之近亲属分为两个顺序，死者之配偶、子女、父母为第一顺序近亲属，其他近亲属为第二顺序近亲属，只有在死者没有配偶、子女并且父母已经死亡的前提下，才能由其他近亲属向行为人提出请求。由此可见，根据《民法典》第994条的规定，我国对死者人格精神利益的保护实际采纳了间接保护模式，即在自然人去世后，自然人的人格权相应消灭，但因侵权人对死者人格利益的侵害行为导致死者近亲属的精神受有损害的，死者近亲属可以其自身权利受损为由寻求法律救济。③

值得关注的是，《民法典》第994条虽然没有明确规定对死者人格利益中财产利益的保护，但也并未明确将死者人格利益的保护范围只局限于精神利益。同时，从第994条的规定来看，在死者人格利益遭

---

① 参见张红：《死者人格精神利益保护：案例比较与法官造法》，载《法商研究》2010年第4期，第143页。
② 《民法典》第994条规定："死者的姓名、肖像、名誉、荣誉、隐私、遗体等受到侵害的，其配偶、子女、父母有权依法请求行为人承担民事责任；死者没有配偶、子女且父母已经死亡的，其他近亲属有权依法请求行为人承担民事责任。"
③ 参见杨巍：《死者人格利益之保护期限》，载《法学》2012年第4期，第149页。

受侵害的情况下，死者之近亲属有权请求行为人承担民事责任，此处的"民事责任"可以理解为多种形式，既包括停止侵害，也包括赔偿损失，赔偿损失既包括精神损害赔偿，也包括财产损害赔偿。该条规定并没有明确排除财产损害赔偿的责任承担形式，对此，可以理解为该条规定实际一定程度上也包含了对死者人格财产利益的保护。①随着商品经济的发展，人们发现死者的人格利益具有财产利益转化的可能性，死者人格利益蕴藏着商业开发的财产价值。近年来，我国对死者的人格标识进行商业化利用的现象越发普遍，例如将已逝名人的姓名注册为商标或域名以博取关注，将已逝名人的肖像附着在纪念品等商品之上进行销售。在自然人去世后，死者人格利益中的财产利益并不会随自然人的故去而自然消亡，在名人去世后人们仍会购买带有其人格标识的衍生品以缅怀纪念，已逝自然人的人格标识中仍然蕴藏着巨大的经济价值，这项经济权利如果不能由继承人享有，显然存在不公平。在商业社会的背景之下，对死者人格财产利益的保护同样具有重要意义。从比较法的视角来看，世界各国目前普遍承认了人格权中同时包含精神与财产两项利益，并且在自然人逝去后，大多数国家也基本认可除精神利益之外，应当同时对死者人格利益中的财产利益提供保护。②死者人格利益因素转化为财产利益的机理，在于其对于社会公众仍然存在价值，死者尤其是已逝名人的姓名、肖像、声音等人格标识一旦投入到商品经济领域，依然可以创造出巨大的商业吸引力，

---

① 参见王叶刚：《论侵害死者人格利益的请求权主体》，载《清华法学》2021年第1期，第188页。
② 参见王叶刚：《论侵害死者人格利益的请求权主体》，载《清华法学》2021年第1期，第186页。

使用这些人格标识的产品或服务可以快速获取到公众的注意力，吸引消费者关注相应的商品或服务，进而发生商业上的转换作用，将其转换为一种可以获取的财产利益。[①]

[①] 参见杨立新：《人格权法》，法律出版社2015年版，第91页。

第二节 死者人格标识商业化利用的法律保护困境及解决途径

一、我国司法实践中面临的现实困境

(一) 鲁迅案

鲁迅（原名周树人）作为我国知名革命文学家，其形象的正面影响力历经数十年而不衰，因此关于鲁迅形象的侵权案件层出不穷。

1. 鲁迅肖像权案

1996年，鲁迅之子周海婴发现浙江绍兴一些商店出售嵌有鲁迅肖像金卡的笔筒，在金卡背后还印有鲁迅的生平介绍，每只笔筒的售价高达935元。周海婴认为商家此类"纪念"行为，构成对鲁迅肖像权的侵犯以及对鲁迅人格尊严的亵渎，遂将商家诉至法院，要求被告赔偿其经济损失。① 最高人民法院在上述案件的答复意见中指出：死者的肖像权应受到依法保护。任何人以营利为目的或以丑化污损的方式使用死者肖像的行为，将构成对死者肖像权的侵犯，死者近亲属对此有权提起诉讼、维护权利。但是，该案和另外一起邮票侵犯鲁迅肖像权案，最终因"不以营利为目的"等原因，原被告双方在庭下达成和解：由于被告对鲁迅纪念品的销售行为事先未经过原告同意，故被告

---

① 参见张红：《死者生前人格上财产利益之保护》，载《法学研究》2011年第2期，第110页。

承认其做法欠妥,并向原告道歉,承诺停止销售相关纪念品,并向原告赔偿1.5万元。①

2001年最高人民法院发布了《精神损害赔偿司法解释》,其中对死者的人格表述为"姓名"和"肖像",而非"姓名权"和"肖像权",在不违背现有人格权理论的前提下,承认了死者的人格利益。但是,在此解释的规定下,只有当第三人通过侮辱诽谤等不正当方式使用了死者的肖像时,死者近亲属才有可能通过法律取得救济,换言之,若第三人小心正当地使用死者人格标识,未造成死者人格尊严的贬损,死者近亲属难免无能为力。此外,此解释只规定了精神损害赔偿,对由此造成的经济损失赔偿并未涉及。

2. 鲁迅姓名权案

鲁迅之子周海婴发现被告梁华在未经许可的前提下,以"鲁迅"为关键词注册了多个域名,并在网上公开出售这些域名,原告周海婴认为被告行为构成对鲁迅姓名等人格权益的严重侵害。原告在诉讼请求中要求被告停止侵害、赔偿损失,并将涉案域名的所有权交还于原告。在本案中,法院认可了周海婴为代表的鲁迅后人基于血缘关系的情感价值,同时认可了鲁迅作为知名文学家的社会文化价值。被告通过销售"鲁迅"相关域名牟利的行为不仅对周海婴等人造成精神伤害,更是对民族情感价值的挑战。原告周海婴作为鲁迅之子,对鲁迅的姓名、名誉等享有精神利益,故其有权利主张被告停止侵害行为并获得精神损害赔偿。值得注意的是,尽管法院认可死者人格精神利益应受到保护,但却将死者人格利益中的财产部分拒斥于外,法院认为,

---

① 参见胡喜盈、丁淼:《鲁迅的姓名肖像权之争》,载《律师世界》2001年第6期,第7页。

死者之姓名权作为人格权的一部分，随自然人死亡而消灭，死者姓名权既已不存在，更遑论死者人格财产利益的继承。故否定了死者人格标识具有财产利益以及人格财产利益具有可继承性。①

(二) 李小龙案

2019年，由李小龙之女李香凝担任法定代表人的美国李小龙有限责任公司（Bruce Lee Enterprises，LLC）将国内知名餐饮企业"真功夫"诉至法院。被告真功夫餐饮公司历经多次更名，于2004年以现名称正式注册，同时启用酷似李小龙的"功夫龙"形象，并配合"真功夫"三个字，组合成商标进行使用。此后真功夫餐饮飞速发展，并在全国斩获多项餐饮荣誉。李小龙之女香凝认为"真功夫"使用酷似其父李小龙的形象图标作为品牌标志长达15年，故以侵犯一般人格权的名义将其诉至上海第二中级人民法院，要求真功夫立即停止使用李小龙形象，澄清其与李小龙无关，并索赔经济损失高达2.1亿元。② 本案原告采用一般人格权来维权实属罕见，笔者认为原告主要是考量以下因素而作出选择：第一，被告已将李小龙"功夫龙"形象的商标注册使用多年，宣告商标无效的五年期限已经届满，原告难以通过主张在先权利的方式来宣告对方商标无效；第二，被告在商标中所使用的形象并非是李小龙本人的照片，而是卡通化的角色形象，尽管该卡通角色形象与李小龙本人极为相似，从可识别性角度来看，二者几乎具有一一对应的关系，但该卡通角色形象毕竟并非李小龙本人形象，直接以肖像权侵权来主张保护，原告未免担忧其诉求难以得到法院认可。

---

① 参见北京市第一中级人民法院（2009）京一中民初字第4747号民事判决书。
② 参见江德斌：《未获"李小龙"商标授权，还算是"真功夫"吗？》，载《陇东报》2020年1月11日第003版。

无论如何，若要法院肯定原告遭受侵权、应获经济赔偿之观点，其前提应为法院承认死者人格财产利益具有可继承性，原告合法获得了上述财产利益，进而原告才有权利对死者人格标识的商业化利用作出授权安排。截至2024年5月，本案仍在进行之中，尚未作出判决，从保护死者人格标识商业化利用的角度而言，本案判决结果令人期待。

（三）傻宝案

"傻宝"为朱某之乳名，这一称谓在河南当地具有一定的影响力。在朱某逝世后，朱某之女朱新荣发现被告朱其增在其店面和产品包装上多处使用"傻宝"标识，原告朱新荣主张被告无权使用该姓名标识，故诉至法院，要求被告停止侵害并作出赔偿。法院对原告诉求予以支持，并在判决中指出：虽然"傻宝"朱某已经去世，但其仍具有一定的商业影响力，当地居民能将"傻宝"标识与朱某本人形成稳定对应的联系。原告朱新荣虽然无法继承死者朱某的姓名权，但原告仍可享有朱某姓名权所延伸出的财产利益，被告行为构成侵权，原告有权对此主张合法权益。① 由此可见，在这一案件中，法院实际承认了死者人格利益中财产利益的相对独立性，虽然在自然人死后，其姓名权消灭，但死者之近亲属仍可享有因死者姓名所延伸出的财产性利益。②

（四）赫本案

在卢卡·多蒂（Luca Dotti）诉苏州工业园区金海华餐饮管理有限责任公司（以下简称金海华公司）人格权纠纷案中，原告卢卡·多

---

① 参见河南省周口市中级人民法院（2016）豫16民终1414号民事判决书。
② 参见王叶刚：《论侵害死者人格利益的请求权主体》，载《清华法学》2021年第1期，第188页。

蒂是已故著名影星奥黛丽·赫本之子。原告发现金海华公司在未经许可的情形下，擅自在其经营的餐厅店名（"赫本时光"餐厅）、餐厅大堂、包厢、菜单、宣传单等多处使用奥黛丽·赫本的照片及姓名，被告通过对奥黛丽·赫本人格标识的使用起到对其经营的餐厅的宣传作用，并获得了相关经营收益。原告认为，被告擅自使用奥黛丽·赫本姓名、肖像标识的行为构成侵权，故诉至法院，要求被告停止侵权、赔礼道歉并承担经济损失赔偿。最终法院认可了原告的诉求，认定被告行为构成侵权。法院明确了姓名权和肖像权虽然作为人格权不能继承，但死者姓名、肖像因蕴含一定的商业价值可被继受和享有，应受到法律保护。肖像、姓名作为自然人的一种人格标识，与该自然人的外部形象及人格密切相关，不仅具有精神利益，同时也具有一定的经济利益，这种经济利益不会因肖像权人、姓名权人的死亡而消失，在一定时期一定范围内仍然存在，并与死者的近亲属及相关人员密切相关。被告金海华公司使用奥黛丽·赫本的姓名、肖像经营餐厅，在一定程度上形成了特色主题并据此获得经济利益，原告作为奥黛丽·赫本之子请求金海华公司赔偿其经济损失，符合公平、等价有偿原则。[①]由此可见，在"赫本案"中法院采取了较为宽松的认定方式，不仅认可死者的人格标识中蕴藏着商业价值与经济利益，同时承认此种经济利益可由死者之近亲属或相关人员继受和享有。

综合以上案例可见，现实生活中不乏将已故名人的姓名、肖像等人格标识进行商业化利用的行为，具体商业化利用的方式不一而足，包括将死者的肖像印制在纪念品上，将死者的姓名注册为商标、商号

---

① 参见 Luca Dotti、苏州工业园区金海华餐饮管理有限责任公司一般人格权纠纷案，江苏省苏州市中级人民法院（2019）苏 05 民终 7190 号二审民事判决书。

及商业域名,将死者生前的剧照、人物照等用于商业经营场所的装潢布置等等。由此,如何为死者人格利益中的财产利益提供充分保护引起我国实务界的关注,"鲁迅案""李小龙案""傻宝案""赫本案"等司法案例反映出我国法院在处理死者人格财产利益问题上的不同保护态度,我国应如何为死者人格标识的商业化利用提供延伸保护尚存在疑问。尽管《民法典》第994条在一定程度上承认了对死者人格财产利益的保护,但不足够明确,仍是以死者人格精神利益的保护为重点。法院早期判决也体现出这一特点,例如在鲁迅域名注册案中,尽管法院认可死者的人格精神利益应受到保护,但却认为死者的姓名权作为人格权的一部分,随自然人死亡而消灭,在法理上否定了死者人格标识具有财产利益以及死者人格财产利益具有可继承性。随着经济发展,死者人格标识商业化利用的现象日益增多,法院在相关案件的侵权认定方面也呈现出宽松化的发展趋势,在"傻宝案"中法院承认了死者人格利益中财产利益的相对独立性,在"赫本案"中法院则进一步明确了死者人格标识中蕴藏着商业价值与经济利益,同时承认此种经济利益可由死者之近亲属或相关人员继受和享有。

二、美国法对死者人格标识商业化利用的法律保护途径

本书在前文中已经论述过美国由海兰案[①]创设了公开权(right of publicity)理论。公开权是美国法下特有的概念,公开权强调的是每个独立个体对其人格标识所享有的控制权,即每个人都有权利决定如何

---

① Haelan Laboratories, Inc. v. Topps Chewing Gum, Inc., 202 F. 2d 866 (2d Cir. 1953).

在商业活动中使用其姓名、肖像等人格特质。① 美国专设公开权这项财产权来专门保护人格标识的商业化利用的举措放眼世界来看是独一无二的。美国的公开权最初脱胎于隐私权,而后发展成一项独立的财产权。美国的公开权与隐私权并驾齐驱,这两种权利共同作用以致为人格利益提供充分的保护,进而形成人格的精神利益与财产利益分别由隐私权与公开权保护的二元结构。隐私权保护人所享有的独处之权利,捍卫人格之精神利益,具有人身专属性,不可转让,而公开权保护人格标识的商业化利用,保障人格之财产利益,实质是一项财产权,具有可转让性。美国之所以强调对人格标识商业化利用的保护,与其文化传统中倡导的人身自由理念是密不可分的,每个人都有绝对的自主权来决定如何向世界展示其人格。②在自然人生存期间其公开权应受保护毋庸置疑,然而公开权这项财产权利在自然人去世之后是否继续存在,能否由逝者的后人进行继承,这一问题存有争议,引发了美国学界与实务界的关注。

(一) 卢戈西诉环球电影公司案

美国法院在早期认为公开权与隐私权一样,伴随自然人逝去而消灭,并不具备可继承性。美国第一例涉及死者公开权继承的案例是卢戈西诉环球电影公司案。③ 在这一案件中,原告卢戈西是著名演员贝拉·卢戈西(Bela Lugosi)的儿子。贝拉·卢戈西生前出演了由环球电影公司拍摄的电影《德古拉》,电影大获成功,由贝拉·卢戈西扮

---

① See J. Thomas McCarthy, *The Rights of Publicity and Privacy*, Eagan: Thomas/west, 2007, § 1: 3.
② See Julius C. S. Pinckaers, *From Privacy toward a New Intellectual Property Right in Persona*, Kluwer Law International Press, 1996, p. 242.
③ Lugosi v. Universal Pictures, 139 Cal. Rptr. 35, 39 – 40 (Ct. App. 1977).

演的吸血鬼德古拉这一角色深入人心、名噪一时。在贝拉·卢戈西去世后,环球电影公司开始授权他人使用贝拉·卢戈西所扮演的德古拉这一角色形象,并且在被告销售的吸血鬼主题相关的衍生品中擅自使用了贝拉·卢戈西的肖像。原告认为被告未经许可擅自使用其父亲贝拉·卢戈西形象的行为构成对贝拉·卢戈西公开权的侵犯,故诉至法院要求被告环球电影公司补偿使用贝拉·卢戈西形象所应支付的费用。

案件核心争议点在于在贝拉·卢戈西死后,其公开权是否仍然存在,如果存在,这项财产利益能否由其继承人即原告继承享有。在一审中,加州初审法院认为,根据海兰案的结论,公开权是一项财产权,贝拉·卢戈西生前对其面部形象特征的商业开发利用享有财产权,如果有人想使用其所扮演的德古拉这一形象,必须经过其同意,这项财产权利并不因为其死亡而消灭,而应当由其继承人继续享有,故一审法院认为公开权可被继承,判决原告胜诉。然而二审加州上诉法院认为,判断公开权可否被继承的关键性因素在于自然人生前是否开发利用过其人格标识中的财产价值,如果自然人生前从未商业化利用过其人格标识,则这项公开权在自然人死亡后并不存在,更无法被继承。二审法院认为贝拉·卢戈西生前并未开发过其姓名、肖像等人格标识的财产价值,故其公开权与隐私权一样,伴随自然人逝去而消灭,并不具备可继承性,判定原告败诉。[①] 二审认定公开权不可被继承的判决一出便遭致诟病,美国大法官 Rose Bird 曾写过长篇的反对意见反驳二审法院的判决。

(二)"猫王"(Elvis Presley)系列诉讼争议

在接下来的一段时间里,美国摇滚巨星"猫王"的过世引发了一

---

① Lugosi v. Universal Pictures, 139 Cal. Rptr. 35, 39 – 40 (Ct. App. 1977).

系列关于公开权得否继承的诉讼。"猫王"生前将其公开权转让给Boxcar公司，在"猫王"去世后，Boxcar公司又将利用"猫王"姓名及肖像标识的权利专属转让给Factors公司。之后，Factors公司发现Pro Arts公司在未经许可的情形下，擅自以"猫王"的照片发行纪念明信片，Factors公司遂将Pro Arts公司诉至法院，并申请了临时禁止令，要求Pro Arts公司停止发售"猫王"纪念明信片的行为。审理本案的纽约联邦地区法院和第二巡回上诉法院均认可名人的公开权是具有可继承性的财产权，衍生品制造销售的许可权只能由其继承人（或遗产管理人）行使。在本案中，"猫王"生前已提前对其公开权的管理保护作出决定，经过合法转让程序，在"猫王"过世后其公开权最终由Factors公司合法享有。一审法院纽约联邦地区法院在判决中引用了Lugosi v. Universal Pictures的初审判决，认定公开权是一项财产权，这项有关姓名肖像标识的财产权应当由原告的继承人（或遗产管理人）享有，故判决原告胜诉。二审法院第二巡回上诉法院则特别提出，查西尼案件[1]已将公开权定义为类知识产权，公开权也当如同版权与专利一样，是可被继承的财产权，第三人若未经许可就使用逝者的姓名和肖像，将构成对继承人（或遗产管理人）财产权的不当得利。[2]

除纽约州外，在"猫王"的故乡——田纳西州也曾围绕"猫王"去世后，其公开权能否被继承展开诉讼争议。在Memphis Development Foundation v. Factors Ent., Inc.[3]这一案件中，原告是一家非盈利机

---

[1] Zacchini v. Scripps – Howard Broadcasting Co., 433 U. S. 562 (1977).
[2] Factors Etc. v. Pro Arts, 444 F. Supp. 288 (S. D. N. Y. 1977); Factors Etc v. Pro Arts, 579 F. 2d 215, 221–222 (2d Cir 1978).
[3] Memphis Development Foundation v. Factors, Etc., Inc., 441 F. Supp. 1323 (D. C. Tenn. 1977).

构,打算筹资在"猫王"的故乡孟菲斯修建一座纪念猫王的雕像,于是向法院提起确认之诉,确认其行为并未侵权。一审法院认为猫王死后,其公开权仍然存在,可被继承,他人不得侵犯。二审第六巡回上诉法院则与一审法院意见相左,撤销了一审判决。案件几经周折,被提交至第二巡回上诉法院审议。最终在1984年,田纳西州颁布了公开权相关立法,从制定法层面确立了逝者的公开权仍受保护,可被继承,这一案件争议才宣告结束。

(三) 马丁·路德·金(Martin Luther King)案

马丁·路德·金案[1]将死者人格标识商业化利用的法律保护推向新的高度,乃美国具有标志性意义的案件之一。在这一案件中,马丁·路德·金是美国著名的民权运动领袖,具有极高的社会影响力,在其去世后,被告未经许可擅自贩卖马丁·路德·金的半身橡胶人像以获取商业利益。King 社会改变中心(Martin Luther King Jr. Center for Social Change)作为马丁·路德·金的遗产管理人遂将被告诉至法院,以寻求对马丁·路德·金公开权的保护。

佐治亚州高等法院确认了死者人格利益中的财产利益应受保护,并在判决中提出两点重要见解:其一,公开权是一项可被继承的财产权,未征得遗产继承人(或遗产管理人)的同意而为商业目的的使用构成对公开权的侵犯,继承人(或遗产管理人)得对此主张合法权利。同时,公开权此项财产权人人得而享有,并不为名人所专有,每个人的公开权在死后都应当继续得以保护。其二,不应把死者生前将

---

[1] Marin Luther King Jr. Center for Social Change, Inc., v. American Heritage Products. 296 S. E. 2d 697 (Ga. 1982).

其人格标识付诸商业化利用作为公开权受到保护的前提条件。死者生前是否开发其人格利益中的财产价值属于其人格自由，法律不应过度干涉，死者生前拒绝利用其名气获利自有其考量，即便其先前未对人格标识作出商业化利用，也并不影响在其故去后对其公开权的保护。①

（四）加州代表性制定法

从历史发展来看，关于公开权能否被继承的问题，美国各州曾有过不同的立场，但整体而言，承认公开权具有可继承性的观点在不断增多。目前在美国，自然人去世后，其公开权可被继承，继续受到保护已经成为共识，由此死者的人格标识可以进一步发挥财产价值，同时也有效防止了不法商家对死者形象的过度商业利用，有利于维护逝者的正面形象。近年来，美国对死者人格标识商业化利用的法律保护问题愈发重视，个别州甚至通过颁布制定法的方式确立了对逝者公开权的保护。以美国加利福尼亚州为例，加州作为美国文化娱乐产业的中心，依托于好莱坞的影视制作产业，其汇聚了全世界最为顶尖的影视文化资源，探寻如何为已故影视明星提供完善的法律保护、避免其形象被随意商业利用在加州具有现实迫切性。1984年，加州通过制定法确立了对死者公开权的保护。② 继承人对死者公开权寻求保护需要满足三项条件：第一，死者死亡时的居住地在加州；第二，死者的继承人需要履行对逝者姓名的注册程序，这是加州特有的一项前置确权程序，继承人须在州政府履行对死者姓名的注册；③ 第三，侵权损害

---

① Marin Luther King Jr. Center for Social Change, Inc., v. American Heritage Products. 296 S. E. 2d 697 (Ga. 1982).

② California Civil Code Section 3344.1

③ "The right owner has first registered the name of the deceased celebrity with the California Secretary of State." 这是加州特有的一项前置确权程序。

需发生在加州。加州在确立死者公开权的保护期限时，参考了美国版权法对作品的保护期限，保护期限为从死者去世之日起 70 年。在加州之后，美国田纳西州也颁布了公开权相关的制定法，[①] 其中也明确规定了死者的公开权具有可继承性，可由继承人享有这项财产权利。由此，制定法（statute）与普通法（common law）相互补充配合，为死者的公开权提供了充分的保护，在加州和田纳西州，继承人既可以依据制定法也可以依据普通法，向法院提出诉求。

关于死者公开权的保护期限即继承人对于此项财产权利享有多长的保护时间也是关注的重点，对此，美国各州观点不一，尚无定论，如奥克拉荷马州和印第安纳州保护期限为死者去世之后 100 年，加利福尼亚州为 70 年，德克萨斯州、内华达州与伊利诺伊州为 50 年，佛罗里达州为 40 年，弗吉利亚州为 20 年等。[②] 田纳西州的保护期限为 10 年，但人格标识被商业化利用则可以延展保护期限；反之，满 10 年后，若能证明两年内未曾进行商业化使用，即归于消灭。[③]

三、德国法对死者人格标识商业化利用的法律保护途径

德国对人格权的保护延伸至对死者人格利益的保护，德国联邦最高法院及联邦宪法法院通过梅菲斯特（Mephisto）案肯定了死者人格精神利益应受保护，而针对死者姓名、肖像等人格标识的保护，德国通过马兰·迪特里希（Marlene Dietrich）案确立了死者的人格标识是

[①] Personal Rights Protection Act of 1984, ch. 945, §1, 1984 Tenn.
[②] 参见黄松茂：《人格权之财产性质——以人格特征之商业利用为中心》，台湾大学法律学研究所 2008 年硕士论文，第 55 页。
[③] 参见崔拴林：《死者法律地位刍议》，载《山西师大学报（社会科学版）》2008 年第 3 期，第 42 页。

具有商业利用价值的财产利益,得为继承,可由继承人行使相关权利。① 马兰·迪特里希案确认了死者人格财产利益具有可继承性,由此确立了对死者人格标识商业化利用的法律保护,是德国法上具有标志性意义的案件。

在马兰·迪特里希案中,马兰·迪特里希是德国知名的电影明星,其因主演作品蓝天使而享有盛名,其于1992年去世。原告玛丽亚·里瓦(Maria Riva)为逝者马兰·迪特里希的独生女及遗嘱执行人。原告发现被告在未经许可的情形下,擅自制作了马兰·迪特里希生平出演之音乐剧,并擅自将马兰·迪特里希的姓名注册为商标,甚至授权他人将马兰·迪特里希的姓名标识、肖像标识用于日化用品等各类商业广告之上。原告遂诉至法院,要求被告停止对其母亲人格标识的侵害行为,并且要求被告支付相应的财产损害赔偿。被告对此提出抗辩称原告母亲虽然享有一般人格权,但在其死亡后该权利即告消灭,原告不能继承该无形的人格权利。一审法院对原告提出的不作为请求权表示了支持,但并未肯定原告提出的损害赔偿请求权,一审法院认为马兰·迪特里希业已死亡,不存在损害其肖像或姓名权而发生财产上的损害赔偿问题。② 德国联邦最高法院最终认定一审判决有误,改判原告胜诉。德国联邦最高法院在该案中确立了两项判决观点,具有重要意义:其一,姓名权、肖像权这两项特别人格权以及一般人格权的保护范畴,并不只局限于人格权人的精神利益,同时也涵盖了人格权人的财产利益,他人若未经允许擅自不法利用姓名、肖像等人格标识

---

① BGHZ 143, 214 – Marlene Dietrich.
② 参见王泽鉴:《人格权法:法释义学、比较法、案例研究》,北京大学出版社2013年版,第289–290页。

中的财产价值时，人格权人得对此主张财产损害赔偿。不同于精神损害赔偿请求权，此项财产损害赔偿请求权，不以加害情形重大为要件。其二，在人格权主体死亡后，其人格利益中的财产利益，于其精神利益尚受保护期间内，仍继续存在。人格权主体死亡后，其人格利益中的财产利益将由继承人享有，若死者生前对于其人格财产利益的行使曾作出安排的，继承人在行使此项财产利益的过程中须尊重死者意愿，不得损害死者尊严。①

美国法的公开权制度强调的是每个独立个体对其人格标识所享有的控制权，公开权是一项财产权，具有可继承性，美国对公开权制度的设置亦引起德国学界的注意。在很长一段时间以来，德国学界都非常关注人格财产利益的保护问题，许多学者就此进行了深入研究，并发表相关学术观点，多数观点均认可人格财产利益具有可继承性，在自然人去世以后仍应加以保护。德国联邦最高法院之所以认可人格财产利益具有可继承性，其缘由在于随着商品经济与传媒科技的不断发展，姓名标识、肖像标识等人格标识被商业化利用的现象日益频繁，以名人的形象为商品服务作广告宣传不可或缺，其实属一种财产价值的创造。人格标识所具备的商业价值源于自然人努力塑造的良好个人形象，在这一过程中自然人需要付出大量的劳动和心血。因此，对于自然人努力创造的这项财产价值应当加以保护，而不能任由他人随意滥用。在自然人故去后，此项财产价值应转由死者之继承人享有，由继承人继续对死者之人格标识加以保护，如此才能体现个人对其财产的自主权利，符合宪法保障人格的价值理念。同时，人格利益中的精

---

① 参见张红：《人格权总论》，北京大学出版社2012年版，第386–387页。

神利益与财产利益可以被区分，对人格财产利益的可继承性予以肯定，由继承人主张财产损害赔偿请求权，并无助长人格商业化之虞，反而有助于人格利益的健全与保护。①

对于死者人格标识商业化利用的延伸保护，德国采取的法律保护模式与美国有所不同，并不像美国单独创设公开权那样，德国并未新设财产权利类型来为死者的人格利益提供保护，而是将保护体系构建在人格权一元论的基础之上，即在人格权的制度框架内同时提供对死者人格精神利益与人格财产利益的保护。对于死者人格利益延伸保护的探讨，德国法系基于司法案例中所产生的实际法律问题出发，进而逐步确立起相对完善的规则体系，在这一过程中，也体现出德国法学强大的概念体系构造能力。发展到今时今日，德国法对死者人格标识的商业化利用已经形成了较为完备的保护，自然人死亡后，自然人人格利益中的财产利益将由死者之继承人享有，继承人对此项财产利益得为处分。他人若要将死者之姓名、肖像等人格标识用作商业用途，须经过继承人之许可。对于未经许可擅自商业化利用死者人格标识之行为，继承人有权对加害人主张财产损害赔偿请求权。当然，继承人在行使死者人格财产利益之时，须以尊重死者人格尊严为前提，不得对死者人格精神利益造成贬损。值得注意的是，死者人格财产利益虽得继承，但同时也应对其设置一定保护期限，通说认为此项财产利益应当在死者人格精神利益受保护的期间内存续，这是因为死者人格财产利益的保护是从人格精神利益的保护中发展而来，同时死者人格利

---

① 参见王泽鉴：《人格权法：法释义学、比较法、案例研究》，北京大学出版社2013年版，第288-289页。

益保护的必要性因时间经过而逐渐减少。① 在具体的保护期间方面，德国联邦最高法院并未明确加以界定，通常系在个案中根据利益衡量而为认定。②

---

① 参见王泽鉴：《人格权法：法释义学、比较法、案例研究》，北京大学出版社2013年版，第290页。
② 《德国著作权法》规定著作财产权于著作权人死亡后70年消灭，这一期限为德国民法上死者人格精神利益及财产利益的保护期限提供了类推适用的参考依据。参见王泽鉴：《人格权法：法释义学、比较法、案例研究》，北京大学出版社2013年版，第284页。

第三节 死者人格标识商业化利用法律保护的规范设计

一、确认死者人格财产利益可被继承

近年来我国对死者的人格标识进行商业化利用的现象越发普遍，例如，将已逝名人的姓名注册为商标或域名以博取关注，将已逝名人的肖像附着在纪念品等商品之上进行销售，已逝自然人的人格标识中蕴藏着巨大的经济价值，现实中相关司法问题不断增多。商业经营者在利用死者的人格标识之时，通常系以获利为目的，而并无丑化侮辱和诽谤死者的目的，并不会造成死者社会评价的降低与死者人格精神利益的贬损。在此类案件纠纷中，死者近亲属等主体通常并未遭受严重的精神痛苦，其主要诉求在于请求行为人承担相应的财产损害赔偿责任。[1] 值得注意的是，在自然人生存期间，人格权由人格精神利益与人格财产利益两部分组成，这两种利益可以有所区分，但不能完全分离。然而，在自然人去世后，死者人格精神利益与人格财产利益将发生分离，其中，人格精神利益的保护主要通过保护死者生存在世的近亲属的人格利益得以实现，而死者人格财产利益仍客观存在，应当

---

[1] 参见王叶刚：《论侵害死者人格利益的请求权主体》，载《清华法学》2021年第1期，第184页。

可以成为继承的对象。① 从前述比较法的视角来看,最具代表性的美国法与德国法均确立了对死者人格财产利益的保护,确认其具备可被继承的财产价值。近来我国文化产业发展迅猛,与彼时的美国、德国具有较为相似的社会背景,肯定死者人格财产利益的可继承性能够更好地保障权利人的利益,从更深层次推动我国文化产业的发展。在科技进步、传媒发达的当今社会,将自然人的姓名、肖像等人格标识用作商业用途的现象已十分普遍,并且在自然人去世后,这种商业价值并不得以消亡,人们出于缅怀纪念反而可能助推商业化利用规模的增长,死者人格标识的商业化利用可能产生巨大的经济收益。已故自然人具有良好个人形象,源于其生前的不断努力,在这一过程中需要付出大量的劳动和心血,对于自然人生前努力创造的这项财产价值应当加以保护,而不能任由他人随意滥用。在自然人故去后,此项财产价值应转由死者之继承人享有,由继承人继续对死者之人格标识加以保护,如此才能体现个人对其财产的自主权利。② 死者人格标识财产利益如果不能由死者之继承人享有,显然存在不公平。

二、民法保护死者人格标识商业化利用的具体规则

(一) 死者人格财产利益的获得主体

死者人格财产利益的获得主体为死者的继承人(包括受遗赠人)。值得注意的是,长期以来由于我国立法并未规定死者人格财产利益的

---

① 参见王叶刚:《论侵害死者人格利益的请求权主体》,载《清华法学》2021年第1期,第188页。
② 参见王泽鉴:《人格权保护的课题与展望——人格权的性质及构造:精神利益与财产利益的保护》,载《人大法律评论》2009年第1期,第53页。

保护规则，社会公众一般也并无意识在其生前提前通过订立遗嘱的形式，来对其个人人格财产利益的继承作出相应安排。因此，通常来说，死者人格财产利益应由死者的法定继承人获得，在死者人格财产利益遭受侵害时，应由死者的法定继承人来主张权利。而在将来立法进一步明确对死者人格财产利益的保护之后，应当允许死者生前通过遗嘱的方式对其死后人格财产利益作出安排，死者人格财产利益当然也可以成为遗嘱继承和遗赠的对象。① 在遗赠的情形下，死者人格财产利益的获得主体即受遗赠人并不一定是自然人，也有可能是法人或非法人组织。

由此，死者人格财产利益的获得主体与我国《民法典》第994条规定的死者人格利益的请求权主体基本一致，尤其是与法定继承人的继承顺序相类似，但二者仍存在一定差别，具体体现为：其一，《民法典》第994条规定的死者人格利益的请求权主体即近亲属的范围要大于法定继承人的范围，当死者没有配偶、父母、子女时，死者的其他近亲属并非都属于法定继承人，如孙子女、外孙子女，此时，其并非法定继承人，自无权对死者人格财产利益主张权利。其二，《民法典》第994条规定的死者人格利益的请求权主体并未涵盖遗嘱继承、遗赠等情形。由此可见，尽管《民法典》第994条对死者人格利益的延伸保护作出规定，但其并未明确究竟针对的是死者人格精神利益的保护还是人格财产利益的保护。从权利主体来看，该条规定的请求权主体与死者人格财产利益的获得主体尚存在一定的区别，故应当认定，《民法典》第994条的规定主要针对的是死者人格精神利益的保护。由此

---

① 参见王叶刚：《论侵害死者人格利益的请求权主体》，载《清华法学》2021年第1期，第189页。

可见，我国还有待从立法层面对死者人格财产利益的保护进行明确，未来立法应当对死者人格财产利益的获得主体、死者人格财产利益的保护期限、侵害死者人格财产利益的救济方式等具体内容作出规定。

（二）死者人格财产利益的保护期限

对死者人格财产利益的保护应当设置一定期限，主要是基于社会公共利益的考量，死者人格财产利益保护的必要性因时间经过而减少，[1]并且随着时间流逝，已故自然人尤其是已故名人的人格标识应当作为历史文化财富的一部分为社会所共享。对死者人格财产利益的保护，应采用确定保护主体范围的做法来明确保护期限，在有继承人存在的期限内，死者人格财产利益应当受到保护，在没有继承人存在时，则超出了保护期限。[2]应当注意的是，在遗赠的情形下，受遗赠人并不一定是自然人，法人或非法人组织也可以成为受遗赠的主体，但这些组织存续的时间通常较长，此时应当对其获得死者人格财产利益的保护期限进行必要的限制，而不应当永久存续。[3]对此，有学者提出可以考虑将保护期限设置为死者去世后的一定期间内，如50年。[4]笔者对这一观点表示赞同，在确立保护期限时，可以参考我国著作权法对著作财产权的保护期限，或可考虑将保护期限设置为50年。[5]综上所述，当死者人格财产利益遭受侵害时，如果该财产利益的继承人

---

[1] 参见王泽鉴：《人格权法：法释义学、比较法、案例研究》，北京大学出版社2013年版，第290页。
[2] 参见杨立新：《人格权法》，法律出版社2015年版，第92页。
[3] 参见王叶刚：《论侵害死者人格利益的请求权主体》，载《清华法学》2021年第1期，第190页。
[4] 参见刘召成：《论死者人格的立法保护》，载《首都师范大学学报（社会科学版）》2013年第5期，第62页。
[5] 这一时间指人格权人死亡后50年，截止于人格权人死亡后第五十年的12月31日。

是自然人，则在该继承人生存期间内，该继承人都是适格的请求权主体；而当该财产利益的受遗赠人是法人或非法人组织的，则其仅在死者死亡后的一定期间内（如50年）是适格的请求权主体。①

在死者人格财产利益的保护期限内，死者的继承人可以通过商标注册等商业化利用的形式对其享有的财产利益寻求积极保护，在积极商业化利用的情形下，其权利的形态实际是扩展的，在保护期限届满后死者的人格标识还可以通过著作权、商标权等权利获得另一种形式的延展保护；而对于那些不愿将死者的人格标识进行商业化利用的情形，其权利形态实际是消极防御的，如此死者人格财产利益的保护期限其实是提供了一个绝对防御的期限，在保护期限届满后死者的人格标识只能获得相对的防御，即在民法权利行使的一般限制中得到保护，如公序良俗和诚实信用原则以及社会公益等。②

（三）不以生前利用为要件

死者人格财产利益的保护不以死者生前曾商业化利用其人格标识为前提。死者在生前有权利自主决定和自我控制是否将其人格标识付诸商业化利用，死者生前是否开发其人格利益中的财产价值属于其人格自由，法律不应过度干涉。在现实生活中，不乏名人因生前专注其个人事业或缺乏商业意识，而忽略对其个人形象进行专业化的管理和商业授权使用，但这并不影响名人因其社会知名度而带来的商业价值增值。如果由于死者生前未开发使用其人格利益中的商业价值而否定对其人格财产利益的保护，无异于使权利人多背负一项义务而非保障

---

① 参见王叶刚：《论侵害死者人格利益的请求权主体》，载《清华法学》2021年第1期，第189页。
② 参见张红：《人格权各论》，高等教育出版社2015年版，第136页。

其合法权利。

（四）利用应征得继承人之许可

如前所述，死者人格财产利益的获得主体为死者的继承人，继承人有权对死者人格财产利益进行支配和使用。任何人对死者人格财产利益进行开发、对死者人格标识进行商业化利用的，都应征得死者继承人的许可，否则构成侵权行为。死者继承人与人格标识使用人应当通过订立合同的方式就许可使用的人格标识的种类、范围、期限、方式等一系列事项达成合意，当然，继承人在行使权利时不得违背死者生前明确和可推知的对其人格标识商业化利用的意思。[1]

（五）侵害死者人格财产利益的救济方式

在保护期限内，对于未经许可擅自对死者人格标识进行商业化利用的行为，死者的继承人有权予以制止，[2] 有权向法院起诉，请求对方停止侵害、排除妨碍、消除危险，进行财产损害赔偿。对于情况紧急，不及时制止将使权利人的合法权益遭受到难以弥补的损害的，死者的继承人可以依法向法院申请禁令责令行为人停止有关行为。[3]

三、对死者人格标识商业化利用行为的合理限制

（一）出于国家利益、公共利益的利用行为优先

死者的继承人在商业化利用死者的人格标识之时，应受到一定限

---

[1] 参见张红：《人格权各论》，高等教育出版社2015年版，第135页。
[2] 参见盛凤杰：《死者人格权财产利益民法保护研究》，载《兰州教育学院学报》2016年第7期，第164页。
[3] 参见最高人民法院民法典贯彻实施工作领导小组主编：《中华人民共和国民法典人格权编理解与适用》，人民法院出版社2020年版，第68页。

制，尤其是当死者生前为知名的公众人物之时，死者人格财产利益的行使应首先满足国家利益和公共利益的文化需求，例如使用著名历史人物的姓名来命名学校和图书馆等机构的名称，使用已故公众人物的肖像进行公益展览，发行著名历史人物的纪念邮票等。最典型的实例如延安时期的鲁迅艺术学校的命名，白求恩医科大学的命名，就是对已故名人姓名标识的使用。此种情形对死者人格标识的利用一般都是基于敬仰追思的目的，缅怀死者生前所做的社会贡献，倡导良好的社会文化风尚。此类情形下国家和公众对死者人格标识的利用，应当予以保障，应优先满足基于国家利益和公共利益目的对死者人格利益的使用行为，死者的继承人不得以自己是死者人格财产利益的享有者为由予以阻止和干预。[①]

（二）商业化利用行为须以保护死者人格尊严为前提

在保护期限内，死者的继承人为死者人格财产利益的获得主体，死者的继承人可以对死者人格财产利益进行支配和使用，对死者人格标识的商业化利用行为作出授权许可安排。应当注意的是，死者人格财产利益与精神利益联系紧密，继承人在行使权利时不得侵害死者人格精神利益，若死者生前对于其人格财产利益的行使曾作出安排的，继承人在行使此项财产利益的过程中须尊重死者的生前意愿，不得损害死者尊严。同时，死者人格财产利益不能作为债务或破产强制执行的对象（无论是死者的债务还是其继承人的债务），以此避免对死者的人格尊严造成损害。[②]

---

① 参见杨立新：《人格权法》，法律出版社2015年版，第92页。
② 参见张红：《人格权各论》，高等教育出版社2015年版，第135页。

在死者人格财产利益保护期满之后，死者的人格标识就成为公共资源，每个人都有利用的权利，以此来更好地满足社会文化需求，创造社会价值。但公众在商业化利用死者的人格标识之时，也必须以保护和尊重死者的人格尊严为前提，需要遵守公序良俗和诚实信用原则，不得违背社会公共道德，不得有损死者的人格利益。[1]

---

[1] 参见最高人民法院民法典贯彻实施工作领导小组主编：《中华人民共和国民法典人格权编理解与适用》，人民法院出版社2020年版，第69页。

第五章

人格标识非法商业利用的法律救济

人格标识的商业化利用通过订立许可使用合同的方式展开，双方当事人经过平等协商，可以就人格标识的使用范围、使用期限、合同的解释与解除等相关内容达成合意，被许可人在授权范围内合理地对人格标识展开商业化利用，自不存在问题，双方当事人的行为在合同法的范围内受到调整和约束。然而，随着商品经济的快速发展，人格标识的商业价值不断攀升，市场上也出现了许多违背市场秩序与商业道德的行为。不少商业经营者为规避支付许可使用费，获取更多的经济利益，经常在未经许可的情形下，便擅自对他人的人格标识展开非法利用，若不对此提供法律救济，权利人的正当权益将遭受严重侵犯。针对人格标识非法商业利用的现象，如何为权利人提供法律救济引发学界与实务界的广泛关注。对此，应当对人格标识非法商业利用的情形作出区分，分别探讨寻求救济的请求权基础。在救济方式上，权利人可主张的法律责任承担方式主要有停止侵害等预防性民事责任，以及财产损失赔偿责任。值得关注的是，《民法典》人格权编第997条对人格权禁令作出规定，人格权禁令的"横空出世"对人格标识商业化利用的保护将产生重要影响，人格权禁令有助于及时制止人格标识非法商业利用的行为，帮助权利人及时止损，有效防止损害后果进一步扩大。美国已有通过禁令进行保护的先例，值得学习和借鉴。此外，关于侵害人格标识的财产损失赔偿应如何计算，也是法律救济应重点探讨的问题。姓名、肖像等人格标识体现为人格权益，但在商业化利用过程中其彰显出财产价值，我国《民法典》第1182条就侵害人格权益所造成的财产损失赔偿作出规定，在一定程度上为损失赔偿的计算指明了范围及标准，有助于权利人寻求法律救济。

第一节　法律救济的请求权识别

一、不同情形的请求权识别

在人格标识被非法商业利用的不同情形下，权利人寻求法律救济的请求权基础有所差异，故有必要对非法商业利用的情形作出区分，进而明晰寻求救济的请求权基础。人格标识的非法商业利用主要区分为两种情形：第一种情形，非法利用者与权利人之间订有人格标识许可使用合同，但非法利用者超出合同的授权范围，在合同约定的使用范围、时间期限、利用方式之外擅自对人格标识展开商业化利用；第二种情形，非法利用者与权利人之间并不存在合同关系，甚至权利人此前并不知晓非法利用者的存在，非法利用者完全是在未经过权利人同意的前提下，擅自对其人格标识展开商业化利用。对于第一种情形，权利人基于人格标识许可使用合同享有请求权，对此可要求对方承担违约责任；① 对于第二种情形，权利人可以其人格权益遭受侵害为由，要求行为人承担侵权责任。

（一）基于人格标识许可使用合同的请求权

人格标识的商业化利用通过当事人订立许可使用合同的方式进行，通常人格权人为人格标识许可使用合同中的许可人，商业经营者为人

---

① 当然，在这一情形下，权利人也可以向对方主张侵权责任，不过在既构成违约责任也构成侵权责任的情形下，权利人须从中择一来寻求救济。

格标识许可使用合同中的被许可人，在不违反法律、行政法规强制性规定以及公序良俗原则的前提下，双方当事人在合同中可以就许可使用的人格标识的效力范围、使用范围、许可使用的方式、许可使用的期限、许可使用的报酬等内容作出约定。① 被许可人在合同约定的范围、方式和期限内合理地对人格标识进行商业化利用，自不存在问题，双方当事人的行为在合同法的范围内受到调整和约束。

然而在司法实践中，也存在着商业经营者超授权范围使用人格标识的情形。为获取更多的经济利益，一些商业经营者超出许可人的授权范围，在合同约定的范围之外擅自对人格标识进行商业化利用。例如在合同约定的使用方式、发布渠道以外使用许可人的人格标识，在合同约定的期限届满之后仍擅自使用许可人的人格标识，此种行为构成对合同约定的违反，许可人基于人格标识许可使用合同享有请求权，对此可要求对方承担违约责任。与此同时，此种行为是在未经许可人同意的情形下，擅自对其人格标识进行非法利用，构成对许可人的合法人格权益的侵犯，许可人可以其人格权益遭受侵害为由，要求被许可人承担侵权责任。根据我国《民法典》第186条的规定，因一方当事人的违约行为，造成另一方当事人人身权益、财产权益损害的，受损害方可以请求对方承担违约责任或者侵权责任。也即是说，当被许可人非法利用人格标识的行为既构成违约同时也构成侵权时，许可人可从中择一来寻求救济。若许可人选择主张违约责任，则可根据《民法典》第577条合同违约责任条款，要求对方承担采取补救措施或者赔偿损失等责任；若许可人选择主张侵权责任，则可以其人格权益遭

---

① 参见最高人民法院民法典贯彻实施工作领导小组主编：《中华人民共和国民法典人格权编理解与适用》，人民法院出版社2020年版，第255页。

受侵犯为由,要求对方承担停止侵害、排除妨碍、消除危险、财产损失赔偿等责任。

总而言之,如果权利人行使基于人格标识许可使用合同的请求权,则依据合同违约责任条款即可获得充分救济,与其他类型纠纷中通过违约责任条款获得法律救济的方式相类似,故违约责任并非本书探讨之重点。本书意在关注在人格标识被非法商业利用的特殊情形下,权利人如何通过人格权请求权与侵权请求权这两种请求权的协调与配合来获得充分的法律救济。

(二) 人格权请求权与侵权请求权

除前述因违反合同约定的非法利用情形之外,现实生活中更多的情况是,人格标识的权利人与非法利用者之间并不存在合同关系,权利人此前甚至并不认识非法利用者,更不知晓非法利用行为的存在,非法利用者是在完全未经过权利人同意的前提下,擅自对其人格标识展开非法利用。由于当事人之间并不存在合同关系,权利人并不享有基于人格标识许可使用合同的请求权,而只能通过主张侵权责任来寻求救济。

人格标识是人格要素通过一定媒介外化成的符号标志,人格标识具有强烈的人身属性,权利人对于是否将其人格标识进行商业化利用以及如何将其人格标识进行商业化利用享有充分的自主决定权与自我控制权,他人无权干涉,违背权利人意愿的非法商业利用行为将损害其人格自由与人格尊严,构成对权利人合法享有的人格权益的侵害。在我国《民法典》颁布以前,原《侵权责任法》采取的是"大侵权模式",侵权请求权吸收涵盖了人格权请求权,权利人直接通过侵权请求权即可寻求法律救济。① 而在《民法典》颁布后，为突出人格权应受保护的重要价值，人格权独立成编，权利人具有了单独的人格权请求权，人格标识非法商业利用的法律救济就同时涉及了人格权编与侵权责任编两方面的内容，权利人可同时主张人格权请求权与侵权请求权来寻求法律救济。当然，由此也会产生人格权请求权与侵权请求权这两种请求权的法律竞合问题，对此应如何处理，值得探讨。

二、人格权请求权与侵权请求权的竞合

（一）《民法典》颁布前后请求权竞合之区别

在《民法典》颁布以前，我国并未规定单独的人格权请求权，原《侵权责任法》采取的是"吸收模式"，在人格权益遭受侵害的情况下，权利人主要通过侵权请求权来寻求救济。"吸收模式"涵盖规定了多种责任承担方式，可以为权利人提供多样化的救济途径，有学者称其为帮助公民维权的"百宝囊"。② 然而，"吸收模式"尽管内容多样化，但其并非一种精细化的权利保护模式。就人格权益的保护而言，其并没有区分人格权请求权与侵权损害赔偿请求权所具有的不同特点，因而无法实现对人格权的精细化保护。③

自 2021 年 1 月 1 日起，我国《民法典》正式实施，《民法典》编纂的最大特点之一，是将人格权独立成编（第四编）。人格权编充分

---

① 参见王利明：《论人格权请求权与侵权损害赔偿请求权的分离》，载《中国法学》2019 年第 1 期，第 224 页。
② 参见王利明：《论人格权请求权与侵权损害赔偿请求权的分离》，载《中国法学》2019 年第 1 期，第 238 页。
③ 参见王利明：《论人格权请求权与侵权损害赔偿请求权的分离》，载《中国法学》2019 年第 1 期，第 227 页。

彰显了我国以人为本的人本思想，人格权编有利于完善对人的保护，体现出对人的关怀。人格权独立成编，是我国保护人身权法律制度不断发展演进的结果。《民法典》人格权编是在《民法典》总则编第五章民事权利部分将人格权作为新型权利类型与身份权、财产权和其他民事权益并列作出规定的基础之上，独立进行体系化地展开，从而与第七编侵权责任编形成互补，构筑成完备的人格权保护体系。① 在《民法典》人格权独立成编之后，权利人享有单独的人格权请求权。由此，当权利人的人格权益遭受侵害时，权利人寻求救济的请求权基础发生了变化，原有的"吸收模式"转变为"分离模式"。也即是说，在《民法典》颁布之后，面对人格权益遭受侵害的情形，权利人不再以侵权请求权来主张救济，而是以人格权请求权来主张救济。

值得注意的是，在人格标识被非法商业利用的情况下，为了及时制止损失，防止损害结果的扩大，权利人有权主张行为人承担预防性民事责任，即要求行为人停止侵害、排除妨碍、消除危险。在我国《民法典》颁布后，尽管现有侵权责任编的规则更聚焦于侵权损害赔偿，但侵权责任编仍保留了预防性民事责任的承担方式，该规定仍然具有兜底性。② 由此，当人格标识遭受非法商业利用，权利人对行为人主张停止侵害、排除妨碍、消除危险的救济方式之时，权利人既可以依据人格权请求权提出（《民法典》人格权编第995条），也可以依据侵权请求权提出（《民法典》侵权责任编第1167条）。

---

① 参见最高人民法院民法典贯彻实施工作领导小组主编：《中华人民共和国民法典人格权编理解与适用》，人民法院出版社2020年版，第7页。
② 参见王利明：《论人格权请求权与侵权损害赔偿请求权的分离》，载《中国法学》2019年第1期，第238页。

(二) 请求权竞合之处理

综上所述，在权利人的人格标识被非法商业利用的情形之下，权利人可根据《民法典》的相关规定提出请求权，主张行为人承担相应民事责任，具体规则如下：

首先，当权利人主张行为人承担预防性民事责任，即要求行为人停止侵害、排除妨碍、消除危险的，权利人既可以依据人格权请求权提出，也可以依据侵权请求权提出。法律根据为《民法典》人格权编第995条与侵权责任编第1167条。此时构成请求权的竞合而非聚合，权利人有权选择两种请求权中的一种来提出主张。按照私法自治的原则，权利人依据何种请求权提出请求，应依据其个人意愿，法官不应对此作出过多干预。①

其次，因人格标识非法商业利用的行为给权利人造成财产损失的，权利人有权依据侵权请求权要求行为人承担财产损失赔偿责任。法律根据为《民法典》侵权责任编第1182条。财产损失赔偿的数额应当为权利人所遭受的实际损失或行为人的获利所得，若实际损失与获利所得均难以确定的，可由当事人协商，当事人协商不一致的，将由法院酌定赔偿数额。

最后，《民法典》人格权编新增了人格权禁令制度，当权利人有证据证明行为人正在实施或者即将实施非法商业利用其人格标识的行为，若不及时制止该行为，将导致损害结果的迅速扩大，使权利人承受难以弥补的损失的，权利人可以向法院提出申请，请求法院颁布禁

---

① 参见王利明：《论人格权请求权与侵权损害赔偿请求权的分离》，载《中国法学》2019年第1期，第243页。

令,从而及时制止行为人非法商业利用其人格标识的侵害行为。法律根据为《民法典》人格权编第997条。人格权禁令制度能够帮助权利人及时止损,有效防止损害结果的进一步扩大,人格权禁令对人格标识商业化利用的保护产生了重要的影响,下文将作出详细论述探讨。

第二节 人格权禁令的"横空出世"

我国《民法典》第997条首次对人格权禁令制度作出规定。所谓禁令（也称为禁止令、禁制令）是指申请人为及时制止正在实施或即将实施的侵权行为，依法申请法院作出禁止或限制被申请人实施某种行为的强制命令。① 我国早在2012年修改《民事诉讼法》时就增加了关于行为保全的规定，赋予了当事人在起诉前可以向人民法院提出行为保全的权利。行为保全制度在知识产权案件纠纷中应用广泛，这一制度的适用有利于及时制止侵权行为，防止损害结果的进一步扩大，对保护权利人的知识产权成果起到了重要的作用。我国《民法典》颁布后，首次在人格权编的一般规定中对人格权禁令制度作出规定："民事主体有证据证明行为人正在实施或者即将实施侵害其人格权的违法行为，不及时制止将使其合法权益受到难以弥补的损害的，有权依法向人民法院申请采取责令行为人停止有关行为的措施。"② 人格权禁令制度的确立充分彰显了《民法典》以人为本的价值取向，有利于为人格权人提供更为充分完善的保护。在《民法典》生效前，我国司法实践中已有在人格权案件中提出行为保全并获得法院支持的先例，③ 主

---

① 参见刘晴辉：《正当程序视野下的诉前禁令制度》，载《清华法学》2008年第4期，第137页。
② 参见我国《民法典》第997条规定。
③ 参见（2017）京01民终5483号民事判决书。

要集中于名誉权案件纠纷。在审理此类名誉权案件时，法院通过参照知识产权诉讼禁令的相关司法审查和操作方法，对名誉权案件中的禁令进行类推适用。《民法典》第997条人格权禁令制度的确立，为此类人格权案件纠纷的处理提供了更为明确的指引和法律依据。

人格权禁令位于人格权编的一般规定中，依据体系解释，人格权禁令是作为人格权的一般规则而存在，也即是说，人格权禁令不仅适用于一般人格权，同样也适用于具体人格权。更进一步，人格权禁令不仅适用于名誉权、荣誉权等评价性人格权，同样也适用于姓名权、肖像权等标表性人格权，这对人格标识商业化利用的保护将产生重大影响。在姓名、肖像等人格标识被非法商业利用的情形下，允许权利人通过人格权禁令制度来寻求救济，将提升法律救济的时效性，为权利人的人格权益提供及时有效的保护。从比较法的角度来看，在美国，禁令（injunction）是自然人公开权救济的重要途径（remedy）。美国早在1903年制定的《纽约州权利法案》（New York Civil Rights Law）中就作出规定：对于未经同意于广告上或因商业目的使用他人姓名标识或肖像标识者，准许权利人通过禁令来寻求救济。[1] 禁令的发布通常多是因为权利人无法以损害赔偿的方式获得及时或必要救济而采取的措施。在美国法下，法院发布禁令需要斟酌该事件的所有相关事实，并不得超过必要限度，即不得超过被告未经许可为商业目的使用人格标识而侵害原告的部分。[2] 例如甲未经许可擅自使用乙之姓名、肖像

---

[1] 参见王泽鉴：《人格权法：法释义学、比较法、案例研究》，北京大学出版社2013年版，第258页。

[2] 参见王泽鉴：《人格权法：法释义学、比较法、案例研究》，北京大学出版社2013年版，第270页。

推销商品时，禁令的发布应以此为限度，在当事人另有约定的情形下，不得一概禁止甲使用乙的姓名、肖像发表文章、出书。① 美国通过禁令制度及时制止了侵害公开权行为的发生，有效阻止了损害结果的扩大，美国的禁令制度为人格标识的商业化利用提供了充分的保护，对我国有一定的参考借鉴价值。

我国法院在适用人格权禁令制度时，应当根据案件情形，作出裁判考量。具体而言，人格权禁令制度的适用应当充分考虑以下因素：第一，人格权禁令适用于情况紧急的情形。禁令一般适用于现实紧迫的不法侵害行为，在人格权遭受现实紧迫侵害的情形下，仅通过停止侵害制度无法为权利人提供及时有效的救济，如果不及时采取禁令措施，放任侵权行为继续进行，将会造成损害的进一步扩大。第二，人格权禁令适用于正在实施或具有侵害之虞的行为。换言之，禁令的适用具体包含以下两种情形：第一种情形是行为人对权利人的人格权正在实施侵害行为，即侵害已经发生且在持续进行中；第二种情形是行为人可能实施侵害他人人格权的行为，即尽管侵害权利人人格权的行为目前尚未发生，但未来有侵害发生的危险，且发生的盖然性非常高。第三，人格权禁令的适用无须考虑行为人的主观状态。禁令的实体法依据是人格权，是一种绝对权，因此，权利人在申请禁令时并不需要证明行为人具有过错，只要有证据证明行为人的行为可能对自身的人格权造成现实的危险或威胁即可。② 第四，人格权禁令是一种临时性

---

① Elvis Presley Enterprises, Inc. v. Elvisly Yours, Inc., 936 F. 2d 889 (6th Cir. C. A. 1991).
② 参见最高人民法院民法典贯彻实施工作领导小组主编：《中华人民共和国民法典人格权编理解与适用》，人民法院出版社2020年版，第89页。

的救济措施。人格权禁令是权利人针对其合法权益遭受侵犯，申请法院责令行为人停止侵害行为的紧急措施，其并不能终局性地确定当事人之间的权利义务关系，当法院作出终局判决后禁令将自动失效。[1]

从《民法典》第997条的规定来看，人格权禁令由权利人向人民法院申请。然而值得注意的是，权利人申请人格权禁令也必须向法院提供有关证据，证明已经具备人格权禁令适用的条件，即存在正在发生或者即将发生侵害其人格权的行为。此时涉及到举证责任的问题，法院需要判断权利人提供的证据须满足何种标准才足以证明正在发生或者即将发生侵害行为。对于已经发生的侵害行为，权利人的举证责任较为简单，只须证明侵权行为存在并将持续进行即可；而对于侵害尚未发生的情形，权利人的举证责任相对复杂，在此过程中存在证明标准的问题，即由申请人提供的证据要到达何种程度才能满足禁令颁发的条件。对此，有观点认为，应当采用盖然性的证明标准，即只要当事人能够证明他人的行为可能造成损害或有损害之虞，便应当认定满足了相应的证明标准，而并不要求必须达到案件诉讼的证明标准。[2]

目前我国法院对人格权禁令的适用整体呈现出较为审慎的态度。自《民法典》实施以来，司法实践中直接援引第997条申请人格权禁令的案件极少，而且几乎都被法院驳回。一方面，这与我国《民法典》实施时间较短，案例尚不足充分有关；另一方面，人格权纠纷毕竟不同于知识产权等财产权纠纷，人格权涉及到人格尊严与人身自由

---

[1] 参见最高人民法院民法典贯彻实施工作领导小组主编：《中华人民共和国民法典人格权编理解与适用》，人民法院出版社2020年版，第90页。

[2] 王利明：《论侵害人格权的诉前禁令制度》，载《财经法学》2019年第4期，第12页。案件诉讼的证明标准指的是《最高人民法院关于适用〈中华人民共和国民事诉讼法〉的解释》第108条所规定的"高度可能性"标准。

的保护，情形更为复杂，法院需要综合考量更多因素才能作出判断。在具体司法案件中，权利人在同时满足以下条件的前提下申请人格权禁令，更容易得到法院的支持：首先，行为人的侵害行为影响范围较大，权利人具有较大的胜诉可能性；其次，若不及时制止行为人的侵害行为，将使得损害后果迅速扩大或难以弥补；最后，行为人具有侵权的真实恶意，作出人格权禁令不会导致当事人双方利益失衡或损害社会公共利益。尽管我国人格权禁令的具体适用规则尚有待完善，但相信随着司法案例的不断充实以及学界理论的不断丰富，我国逐渐也会构建起人格权禁令的完备规则，人格权禁令对人格标识商业化利用的保护效果是值得期待的。

综上所述，从禁令的作用来看，人格权禁令制度既具有避免损害发生的防范功能，同时也具有阻止损害后果扩大的救济功能。一方面，与侵权请求权侧重对权利人实施事后救济不同，人格权请求权更注重事先预防和事前防御，人格权禁令的适用是在有侵权危险的可能之前，阻止侵权行为的发生，此时，人格权禁令制度对阻止损害的实际发生，客观上起到了预防效果；① 另一方面，人格权禁令具有救济的功能，在损害已经发生的情况下，通过人格权禁令及时制止行为人的侵权行为，有助于防止损害后果的进一步扩大，从而保护权利人免于遭受更大的损害。面对人格标识被非法商业利用的情形，人格权禁令制度有利于为权利人提供紧急有效的保护，及时制止侵权行为，尤其是当权

---

① 参见郭小冬：《民事诉讼侵害阻断制度释义及其必要性分析》，载《法律科学（西北政法大学学报）》2009年第3期，第119页。

利人不能通过损害赔偿的方式获得及时或必要救济时,① 人格权禁令能及时制止行为人擅自商业化利用权利人人格标识的不法行为,避免对权利人造成持续性的侵害。

---

① 参见王泽鉴:《人格权法:法释义学、比较法、案例研究》,北京大学出版社2013年版,第270页。

第三节　预防性民事责任的具体适用

在权利人的人格标识被非法商业利用的情形下，权利人有权要求行为人承担停止侵害、排除妨碍、消除危险的民事责任。停止侵害、排除妨碍、消除危险是预防性民事责任，在人格标识遭致非法商业利用之时，预防性民事责任有利于帮助权利人"防患于未然"，实现损害预防功能。民事责任具有补偿功能、惩罚功能和预防功能，长时间以来学界一直聚焦于对损害赔偿等补偿性民事责任的研究，而较少关注停止侵害、排除妨碍等预防性民事责任。然而，预防性民事责任对于一些权益的保护有着更为充分的救济功能，甚至有着补偿性民事责任所不具备的优势。[①] 现代侵权法不仅要注重损害的填补与救济，更应注重损害预防功能的实现。基于此，我国《民法典》对预防性民事责任作出了更为充分和完备的规定，《民法典》总则编第179条、人格权编第995条、侵权责任编第1167条等多处条文均对停止侵害等预防性民事责任作出规定。《民法典》相继在多处反复强调预防性民事责任，足见其重要性。当权利人欲制止行为人非法商业利用人格标识的不法行为，主张行为人承担停止侵害、排除妨碍、消除危险的民事责任之时，权利人既可以依据人格权请求权提出，也可以依据侵权请求权提出，此时构成请求权的竞合，当事人可自由选择行使何种请求权

---

① 参见丁海俊：《预防型民事责任》，载《政法论坛》2005年第4期，第123页。

来对其合法权益进行救济。①

停止侵害、排除妨碍、消除危险这三种不同的预防性民事责任都具有损害预防的功能，但三者存有区别、各有侧重，对此须分别进行研究。停止侵害是指因行为人的行为使权利人的人格权益遭受损害或即将发生损害时，权利人请求行为人停止实施其侵害行为。在侵害人格权的情况下，人格利益的价值通常难以精确计算，具体赔偿数额有待法院裁量，有时损失赔偿也并不能完全弥补权利人遭受的损失，而行为制止相较于损失赔偿而言往往更易于实施，更容易得到法院支持。因此在权利人权利受损的情形下，停止侵害是一种能够及时止损的补救措施。对人格权保护而言，停止侵害的救济方式非常有效直接。②停止侵害这种救济方式以侵权行为或者其他违法行为开始进行或正在持续中为适用条件，对还没发生的或者已经终止的侵权行为则不得适用。③排除妨碍是指权利人行使其权利受到他人不法阻碍或妨害时，要求行为人排除或请求人民法院强制排除障碍，以保障权利人的权利正常行使的措施。排除妨碍的救济方式针对的是正在进行的妨害人格利益的行为，即权利人面临行为人正在实施的妨害其人格利益的行为，其有权请求行为人予以排除。行为人若拒绝排除妨碍的，权利人可以请求人民法院责令其排除妨碍。④消除危险指的是当行为人的侵害行

---

① 参见王利明：《论人格权请求权与侵权损害赔偿请求权的分离》，载《中国法学》2019年第1期，第243页。
② 参见最高人民法院民法典贯彻实施工作领导小组主编：《中华人民共和国民法典人格权编理解与适用》，人民法院出版社2020年版，第73页。
③ 参见杨立新：《侵权法论》（第五版），人民法院出版社2013年版，第280–281页。
④ 参见王胜明主编：《中华人民共和国侵权责任法释义》，法律出版社2010年版，第79页。

为对他人的人身、财产安全造成威胁的时候，或者存在侵害的可能性之时，权利人有权要求行为人采取相关抑制危险继续产生的有效措施。适用消除危险这一救济方式的前提必须是有危险状态的存在，这一危险具有造成现实损害的可能性，但是该损害又尚未实际发生。消除危险的实质是消除可能导致损害发生的危险源，从而防患于未然，如果侵害行为已经发生或者妨碍已经形成的，则不再适用消除危险的救济方式。①

值得注意的是，权利人主张预防性民事责任承担方式的，并不要求行为人具有故意或过失，即行使停止侵害、排除妨碍、消除危险请求权并不以行为人具有过错为要件。此时，权利人对于行为人的过错无须证明，仅证明其人身或财产权利正在遭受行为人的现实侵害或现实威胁即可。② 此外，我国《民法典》总则编第 196 条与人格权编第 995 条均作出规定，停止侵害、排除妨碍、消除危险并不适用诉讼时效。也即是说，以上关于行为制止的请求权可以在侵权损害赔偿之债超出诉讼时效之后继续发挥作用，这有利于强化对人格权的保护。③ 总而言之，在权利人的人格标识被非法商业利用或具有被非法商业利用的危险之时，权利人主张停止侵害、排除妨碍、消除危险的救济方式，可以及时制止加害人的侵害行为，防止损害后果扩大。同时，权利人在主张行为人承担预防性民事责任，寻求法律救济之时，无须证

---

① 参见最高人民法院民法典贯彻实施工作领导小组主编：《中华人民共和国民法典侵权责任编理解与适用》，人民法院出版社 2020 年版，第 47 页。
② 参见最高人民法院民法典贯彻实施工作领导小组主编：《中华人民共和国民法典侵权责任编理解与适用》，人民法院出版社 2020 年版，第 47 页。
③ 参见杨立新、袁雪石：《论人格权请求权》，载《法学研究》2003 年第 6 期，第 57 页。

明行为人具有过错，亦不适用诉讼时效，只要行为人非法利用人格标识的侵害行为一直持续，权利人即有权对此主张救济。

《民法典》人格权编对于预防性民事责任的规定位于人格权编的一般规定中，依据体系解释，预防性民事责任是作为人格权的一般规则而存在，针对不同的人格权类型均可适用，对姓名权、肖像权等标表性人格权当然也适用，这对于人格标识商业化利用的保护将起到重要的作用。人格权编第995条对预防性民事责任的规定实际是对总则编第179条、侵权责任编第1167条具体规则的细化，专门针对人格权的保护作出规定，更加注重和强调对于人的保护。值得注意的是，在人格权编第995条对预防性民事责任的规定中，除停止侵害、排除妨碍、消除危险三种救济方式之外，还提及消除影响、恢复名誉、赔礼道歉三种救济方式。后三种救济方式主要是针对名誉贬损等精神利益的损害情形而适用，而人格标识的商业化利用强调的是人格标识中财产价值的发挥，商业经营者通常并不以贬低污损自然人的名声为目的，一般不会造成自然人的精神痛苦。因此，消除影响、恢复名誉、赔礼道歉的责任承担方式较少适用于人格标识商业化利用的法律救济。当然，实践操作的情形复杂而多样，也不排除商业经营者在非法商业利用他人人格标识的过程中，同时造成权利人精神利益与财产利益的双重损害。例如，权利人并非名人，其作为普通人并不习惯于将个人形象曝露于社会公众面前，未经许可公开其形象会让其承受屈辱之感。在此情形之下，权利人当然也可以就其精神利益的损害主张法律救济，请求行为人消除影响、恢复名誉、赔礼道歉，并作出精神损害赔偿。从比较法的视角来看，美国法与德国法均认为人格标识的非法商业利用损害的是权利人人格利益的财产部分，因此适用财产利益的救济方式对权利人提供保护，但如果非法利用的行为同时也造成权利人精神上的痛苦，权利人当然也可以对此主张权利，向行为人请求精神痛苦的损害赔偿。[①]

　　停止侵害、排除妨碍、消除危险与人格权禁令有共通之处，以上救济方式都具有损害预防的功能，但也存在一定区别。人格权禁令更强调在诉前或诉中进行，即在法院作出正式判决之前提前将权利人保护起来，相较于停止侵害、排除妨碍、消除危险而言，人格权禁令适用于更为紧急的情形，能够为权利人提供更为及时有效的保护，但是人格权禁令作为《民法典》人格权编的新制度，法院在适用之时综合考量的因素更多，权利人在申请时难度较大。而停止侵害等救济方式在我国司法实践中早已广泛适用，更为成熟，也更容易得到法院的支持。无论如何，停止侵害、排除妨碍、消除危险与人格权禁令都有利于为权利人提供及时救济，防止损害结果的扩大，降低人格标识非法商业利用行为给权利人造成的侵害。

[①] 参见王泽鉴：《人格权法：法释义学、比较法、案例研究》，北京大学出版社2013年版，第292页。

第四节　侵害人格权益的财产损失赔偿

我国《民法典》第1182条在沿袭原《侵权责任法》第20条的基础之上,对侵害人格权益的财产损失赔偿责任作出规定。人格权益的财产损失赔偿指的是因行为人侵害人身权益的行为,给权利人造成财产损失的,权利人有权向行为人主张财产损失赔偿。《民法典》第1182条的规定并不适用于生命权、身体权、健康权等物质性人格权,而只适用于精神性人格权,但具体应适用于何种精神性人格权,第1182条没有作出限定。从精神性人格权的类型划分来看,针对名誉权、荣誉权等评价性人格权和隐私权等自由性人格权的侵害行为,主要产生的是精神利益的损害后果,因为人们通常不会将其名誉和隐私投入商业市场换取经济回报,因此在评价性人格权与自由性人格权遭受侵犯时,权利人一般是从精神损害赔偿的角度来主张救济。而姓名权、肖像权等标表性人格权除了具有区别人己的作用之外,其重要功能在于通过投入商业市场使用来充分释放经济价值,标表性人格权的运用具有明显的财产价值属性。由此可见,尽管《民法典》第1182条没有明示限缩其适用的精神性人格权的范围,但其天然地与标表性人格权的内容相契合,只有标表性人格权遭受侵犯才会产生财产损失的问题。因此,在一定程度上可以认为,《民法典》第1182条的规则是专门为标表性人格权遭受侵害提供的救济。

人格标识的商业化利用是姓名权、肖像权等标表性人格权投入商业市场的应用，主要体现的是人格权权利内涵中的财产性面向。① 商业经营者之所以愿意对人格标识进行商业化开发利用，其目的在于挖掘人格标识中所蕴藏的商业价值，通过人格标识的使用将消费者对某一自然人的喜爱转嫁于特定的商品或服务之上，进而实现商业销量的提升与经济利润的增加。行为人若在未经许可的情形下，擅自对他人的人格标识进行商业化利用，该行为构成侵权，权利人有权请求行为人承担侵权责任。② 作为一项具有明显财产性价值的权利，当此项权利遭受损害时，财产损失赔偿成为寻求法律救济的主要途径。然而，侵害人格权益的财产损失赔偿的计算问题一直是困扰司法实践的难题。究其原因，是在于尽管人格权包含了一定的财产利益属性，但其毕竟不同于财产权，人格标识没有一个明确的价值衡量标准，故人格标识商业化利用的价值难以被精确计算，司法实践中不可避免地会产生如何确定赔偿数额的难题。③ 对此，我国《民法典》第1182条对侵害人格权益的财产损失赔偿责任作出规定，为人格标识非法商业利用的赔偿计算问题提供了法律依据，在一定程度上明晰了财产损失赔偿的计算范围及计算标准，能更好地为权利人提供法律救济。具体而言，权利人可以依据以下标准来主张财产损失赔偿：

（一）实际损失或获利所得择一赔偿

因他人非法商业利用人格标识的行为导致权利人遭受财产损失的，

---

① 参见姚辉：《关于人格权商业化利用的若干问题》，载《法学论坛》2011年第6期，第13页。
② 参见王叶刚：《论人格权擅自商业化利用中的获利赔偿请求权》，载《法学评论》2016年第4期，第55页。
③ 参见姚辉：《关于人格权商业化利用的若干问题》，载《法学论坛》2011年第6期，第13页。

应当按照权利人的实际损失或者行为人的获利所得进行赔偿。这是《民法典》第1182条对原《侵权责任法》第20条予以修改完善作出的新规定。按照原《侵权责任法》第20条的规定，必须先按照权利人遭受的损失进行赔偿，只有在损失难以确定的情况下，才能按照行为人获得的利益进行赔偿，二者具有绝对的先后顺序，不可颠倒，无法由权利人自由选择赔偿标准。而《民法典》第1182条对此作出修改，将这两个赔偿标准修正为并列关系，不再强调必须先以所受损害，后以行为人获得利益的标准进行赔偿，这更符合实际情况，也更有利于惩治和预防有关侵权行为。[1] 在司法实践中，权利人面对其人格标识遭致非法商业利用的情形，很多时候存在着举证方面的困难，《民法典》第1182条的规定实际赋予了权利人更多的选择权，有效减轻了权利人在举证方面的困难，从而更好地为权利人提供了法律救济。[2]

实际损失，指的是由于行为人未经许可非法商业利用人格标识的侵权行为，而给权利人所造成的财产损失。实际损失既包括积极的财产损失（直接损失）也包括可得利益的损失（间接损失）。在侵权行为发生后，通常是依据差额法来确定权利人是否遭受了现实的损害。[3] 然而，在实践操作中，权利人在证明其实际损失时经常面临着举证困难的问题。一方面，权利人难以证明其客观上遭受了何种财产损失。不同于有体物，人格标识具有无形性，可以被反复利用，也可以被不同主体同时利用，行为人侵害他人人格标识，通常并不会对权利人造

---

[1] 参见最高人民法院民法典贯彻实施工作领导小组主编：《中华人民共和国民法典侵权责任编理解与适用》，人民法院出版社2020年版，第168页。
[2] 参见王叶刚：《论人格权擅自商业化利用中的获利赔偿请求权》，载《法学评论》2016年第4期，第63页。
[3] 参见李承亮：《损害赔偿与民事责任》，载《法学研究》2009年第3期，第138页。

成有形的损害。① 并且随着商业化利用次数的增多，权利人人格标识的市场知名度可能反而得到提升，在客观上增加其许可使用人格标识的机会，并使其获得更多的财产利益。另一方面，即便权利人能够证明其客观上遭受了一定的财产损失，也难以证明该财产损失的具体数额。在人格标识遭受侵害的情形下，权利人很难通过差额法来确定其财产损失的具体数额，这是因为人格标识并不像财产权那样具有客观的市场价格，权利人许可他人利用其人格标识将获得多少对价，通常有赖于当事人进行个别磋商。② 尤其是当权利人此前未曾主动将其人格标识投放到相关行业进行商业化利用时，就并不存在一个可供参考的客观标准。更进一步，即便权利人能够证明其遭受了财产损失，但行为人的市场获利可能远远高于该财产损失的数额，行为人在赔偿权利人的财产损失以后，仍可能盈余大量获利，如此一来，将难以对行为人起到威慑作用，侵权责任承担所具有的损害预防功能将不能得到很好的发挥。③ 因此，在司法实践中，权利人开始关注获利赔偿请求权制度，以期为其人格标识的商业化利用提供合理方便的法律救济途径。

获利所得，指的是行为人通过实施非法商业利用人格标识的侵权行为所获得的利益。原《侵权责任法》第20条并未明确规定获利所得的具体计算范围与计算方式，在一定程度上影响了获利赔偿请求权的

---

① See Ewoud Hondius, André Janssen, *Disgorgement of Profits, Gain - Based Remedies Throughout the World*, Springer, 2015, p. 224.
② 参见程啸：《论〈民法典〉对人格权中经济利益的保护》，载《新疆师范大学学报（哲学社会科学版）》2020年第6期，第117页。
③ 参见王若冰：《论获利返还请求权中的法官酌定》，载《当代法学》2017年第4期，第65页。

适用。对于获利所得的计算范围与计算方式，法律没有明确规定，学界对此存有争议、多有探讨。

就获利所得的计算范围而言，学界存有观点认为，只要存在未经许可擅自对他人人格标识进行非法利用的行为，行为人获得的全部收益都应当属于此处的"获利"。[①] 另一种观点则认为，此处应对"获利"的范围进行一定限缩，获利应当是与非法利用权利人人格标识的行为具有直接因果关系的收益，而非是行为人获得的全部收益。[②] 获利赔偿制度设定的目的是为权利人填补损失，而非惩罚性地剥夺行为人的全部利益，否则权利人会有"不当得利"之嫌。[③] 笔者对后一种观点表示赞同，认为获利赔偿制度中的"获利"并不是行为人的全部收益，而应当是与非法利用人格标识的侵权行为之间存在因果关系的所得收益。行为人在商业经营的过程中，利用权利人的人格标识只是帮助其获取经济收益的一部分因素，但并非是全部因素，行为人还需要投入时间、精力和其他相关成本才能取得经营的成功，行为人经济收益中的一部分是基于其投入的合法成本而获得，因此法律不应当不分情形地将全部获利一概转移到权利人一方。[④]

就获利数额的计算方式而言，学者亦提出不同主张，主要存在借

[①] 参见朱岩：《"利润剥夺"的请求权基础》，载《法商研究》2011年第3期，第137页。
[②] 参见王叶刚：《论人格权擅自商业化利用中的获利赔偿请求权》，载《法学评论》2016年第4期，第63页。
[③] 参见孙良国：《论人身权侵权获益赔偿的性质、功能与适用》，载《法律学科（西北政法大学学报）》2011年第4期，第154页。
[④] 参见王叶刚：《论人格权擅自商业化利用中的获利赔偿请求权》，载《法学评论》2016年第4期，第63页。

助不真正无因管理制度确定获利数额、① 依据不当得利计算获利、② 借助经济学方法计算获利、③ 通过举证责任倒置由行为人证明获利数额④等几种计算方式，这几种计算方式均有一定可取之处。笔者认为在确定行为人的获利所得数额之时，应当在前述获利的计算范围之内，综合考虑以上计算方式，最终合理计算出获利所得的数额。具体而言：第一，应当确定行为人的总获利数额。账目是确定行为人总获利数额的来源，相关账目经权利人请求后，应当予以公开，行为人拒绝公开其总获利数额的，可能承受法院对其作出的不利认定，权利人当然也可以根据上市公司财报披露等多重方式来提供证据证明行为人的总获利数额。第二，通过举证责任倒置，由行为人证明其获利中不属于因侵害权利人人格标识而获得的部分。在这一环节中，如果行为人不能证明相关获利是否因侵害他人人格标识而获得，则应当将其认定为属于因侵害权利人人格标识而获得。第三，从总获利数额中扣除行为人不属于因侵害权利人人格标识而获得的部分，即以前述第一步的数额减去第二步的数额，最终得出的差额即应当属于行为人的获利所得。⑤

(二) 当事人协商赔偿

当权利人的实际损失与行为人的获利所得均难以确定的，可以由权利人与行为人进行协商，双方当事人就损害赔偿的范围及标准达成

---

① 参见朱岩：《"利润剥夺"的请求权基础》，载《法商研究》2011年第3期，第137页。
② 参见张红：《人格权总论》，北京大学出版社2012年版，第221页。
③ 参见孙良国：《论人身权侵权获益赔偿的性质、功能及适用》，载《法律学科（西北政法大学学报）》2011年第4期，第154页。
④ 参见王利明：《债法总则研究》，中国人民大学出版社2015年版，第633－634页。
⑤ 参见王叶刚：《论人格权擅自商业化利用中的获利赔偿请求权》，载《法学评论》2016年第4期，第64页。

合意，最终确定损害赔偿的数额。

(三) 法院酌定赔偿

在司法实践中，权利人对其遭受的实际损失往往面临举证困难的问题，而查证或让行为人自行披露其获利所得也面临现实困难，由当事人直接达成协商的可能性也较小。由此，法院酌定赔偿成为确定财产损失赔偿数额的主要方式。法院酌定赔偿没有标准的计算方式，主要依靠法官结合案件事实行使自由裁量权。关于法院酌定赔偿数额时需要参考哪些因素，《民法典》第1182条只是规定由人民法院根据"实际情况"确定赔偿数额，该条中的"实际情况"具体包括哪些因素，并没有作出细化规定。对此，笔者认为，法院酌定赔偿应当充分发挥损害填补与损害预防的功能，在必要时也可以引入惩罚性赔偿。法院在酌定赔偿时，可以从权利人与行为人两个层面来进行考量，同时将拟制的许可使用费作为一项重要的参考依据。

从权利人层面而言，法院应主要考量权利人的人格标识所具有的市场价值，包括权利人人格标识的社会知名度与社会影响力；从行为人层面，法院应综合考量行为人的过错程度、行为人实施侵犯他人人格标识的具体方式、行为人侵犯他人人格标识的具体范围以及侵犯他人人格标识的持续时间。[1] 同时，本书认为，有必要将拟制的许可使用费作为法院酌定赔偿数额时的重要参考依据。这是因为行为人在利用他人的人格标识时，原则上应当经过权利人的许可，并支付相应的金钱对价。在行为人未经许可而擅自利用他人人格标识时，其客观上是节省了相应的拟制许可使用费支出，此种费用的节省也可以看作是

---

[1] 参见王利明：《人格权法》，中国人民大学出版社2016年版，第112—113页。

行为人因侵权行为而获得的利益。因此，为了剥夺行为人的不法获利，消除其侵权动机，法院在酌定赔偿数额时有必要考虑拟制的许可使用费数额。① 关于拟制的许可使用费的具体计算方式，本书认为，应当从主体上区分名人与非名人，从类型上区分是否存在商业化利用的案例来进行数额计算。从主体上来看，名人并不排斥其人格标识被商业化利用，其个人形象的市场化程度相较于普通人而言更高。具体可以将名人拟制许可使用费的计算区分为两种情形：其一，名人曾在相同领域商业化利用过其人格标识，即存在商业化利用的先例，此时拟制许可使用费应按照同类市场价格来进行计算，即根据名人以前商业化利用的案例，综合行业、品牌知名度、销售范围等因素确定赔偿数额。其二，名人此前未在相同领域商业化利用过其人格标识，即不存在商业化利用的先例，此时拟制许可使用费应按照类似市场价格来进行计算，即只能按照类似知名度、影响力的名人代言、宣传类似商品的价格来进行赔偿数额的计算。对于非名人而言，普通人通常并不存在商业化利用人格标识的先例，因而也就不存在市场价格一说，对此法官只能依据合理授权的契约价格进行自由裁量。②

我国《民法典》规定适用惩罚性赔偿的情形包括：知识产权侵权责任，产品质量责任，环境污染、生态破坏责任。针对非法商业利用人格标识的情形，权利人可否主张惩罚性赔偿，我国法律没有作出明确规定。本书认为，尽管法律未作出明确规定，但《民法典》也并未对此作出明确的限制及禁止。人格标识源于人格要素，具有人身利益

---

① 参见王若冰：《论获利返还请求权中的法官酌定》，载《当代法学》2017年第4期，第70页。
② 参见张红：《人格权各论》，高等教育出版社2015年版，第138页。

的性质，对人身利益造成严重损害后果的，当然也可以适用惩罚性赔偿。此外，是否可以参照《著作权法》规定的法定赔偿标准，对《民法典》第1182条规定的财产损失赔偿设定法定赔偿上限也值得进一步探讨。笔者认为，由于人格权是具有人身性质的权利，对人身利益的保护不应设定上限。在人格标识被非法商业利用的情形下，应如何对权利人提供充分有效的法律救济，还有许多问题有待深入探索，相信随着学术界的不断探讨与司法实践案例的不断论证，权利人寻求法律救济的方式将不断完善，最终我国将形成相对完备的保护规则。

第六章

人格标识商业化利用的
保护模式选择
与规范建议

针对前述论及的人格标识在商业化利用的过程中所面临的法律问题，本章将提出规范建议，探索构筑适合我国国情的法律保护进路。本章将首先对人格标识商业化利用的法律保护模式作出选择；其次明确对人格标识商业化利用提供法律保护须遵循的三项基本原则；最后尝试构建人格标识商业化利用的具体保护规则。

第一节 我国对人格标识商业化利用法律保护模式的选择

一、两种法律保护模式及其比较

随着市场经济的发展和民法人文主义理念的勃兴,人格标识的商业化利用受到法律的肯定与保护。人格标识的商业化利用是一门权衡精神利益与财产利益的艺术,其中精神利益应当置于优先地位,应当在保障人格尊严与人格自由发展的前提下挖掘人格权中所蕴含的经济价值,进而效率最大化地开发和利用人格的财产利益。面对人格标识商业化利用所涉的复杂利益,各个国家基于其既有的法律制度与法律文化,通过立法和司法的方式,创设了不同的法律模式,以期为人格标识的商业化利用提供充分的保护。纵观域外法治经验,人格标识商业化利用的法律保护模式大体可分为两种:第一种是一元论保护模式,或称人格权保护模式,即在人格权的制度框架内处理人格标识商业化利用的保护问题,通过扩张既有人格权的内涵,使人格权同时包含经济价值,并借助人格权的具体规则来提供保护,这一模式主要为德国法所采用;① 第二种是二元论保护模式,或称财产权保护模式,即通过创设新的财产权利类型来规范人格标识的商业化利用,这一模式主

---

① 参见王叶刚:《人格权中经济价值法律保护模式探讨》,载《比较法研究》2014年第1期,第160页。

要为美国法所采用，美国在隐私权体系之外单独设立了公开权制度，前者专注于调整人格的精神利益，后者则着眼于保护人格标识中的财产利益。这两种法律保护模式发育自不同的法治文化土壤，各有其特点及优势。法律保护模式的选择至关重要，其为后续具体保护原则与规则的制定奠定了基调，不同法律保护模式的选择会形成不同的保护制度体系。受比较法思想的影响，对于人格标识商业化利用的法律保护模式，我国学界亦主要认可上述两种模式，学说观点分为人格权保护模式与财产权保护模式。具体而言，人格权保护模式可细分为人格权扩权说①、人格权设权说②，财产权保护模式又分为无形财产权说③、特殊财产权说④与新型财产权说⑤。

(一) 人格权保护模式 (一元论保护模式)

支持人格权保护模式的学者认为，人格标识产生于人格要素之中，其在商业化利用的过程中需要强调人格所蕴含的个性特质，商业化利

---

① 持人格权扩权说观点的学者主要以姚辉教授、杨立新教授、王利明教授等为代表。参见姚辉：《关于人格权商业化利用的若干问题》，载《法学论坛》2011年第6期，第11页；杨立新、林旭霞：《论人格标识商品化权及其民法保护》，载《福建师范大学学报（哲学社会科学版）》2006年第1期，第78页；王利明：《论人格权商品化》，载《法律科学（西北政法大学学报）》2013年第4期，第55页。
② 持人格权设权说观点的学者主要以程合红教授、张丹丹教授等为代表。参见程合红：《商事人格权刍议》，载《中国法学》2000年第5期，第86页；程合红：《商事人格权——人格权的商业利用与保护》，载《政法论坛》2000年第5期，第77页；张丹丹、李建华：《真实人物形象商品化权的性质辨析及法律保护模式》，载《大连理工大学学报（社会科学版）》2010年第2期，第78页；张丹丹、张帆：《商品化权性质的理论之争及反思》，载《当代法学》2007年第5期，第39页。
③ 参见吴汉东：《形象的商品化与商品化的形象权》，载《法学》2004年第10期，第86页。
④ 参见温世扬：《论"标表型人格权"》，载《政治与法律》2014年第4期，第69页。
⑤ 参见于晓：《自然人人格标识商业利用民事权利独立设为新型财产权研究》，载《山东大学学报（哲学社会科学版）》2017年第3期，第135页。

用行为与人格权的基本属性并不冲突,因此仍应在人格权的制度范围之内来调整人格标识的商业化利用。① 具体而言,人格权保护模式可细分为人格权扩权说与人格权设权说两种学说。依据人格权扩权说的观点,可以通过对具体人格权和一般人格权的涵义进行扩张,进而实现对人格标识商业化利用的保护;而依据人格权设权说的观点,现有的具体人格权与一般人格权均无法涵盖新兴的人格标识商业化利用的现象,对此应当在人格权体系之内增设新的法定权利类型,创设商事人格权或商品化权来调整人格标识的商业化利用。

1. 人格权扩权说

人格权扩权说认为,人格权的价值在于维护民事主体的个人自主,伴随社会的进步发展,个人自主除包含人身自由、人格尊严之外,还应彰显个人的经济自主,以维护人格的自由发展。在市场经济中,作为一种精神性权利的人格权与财产价值的联系愈加紧密,财产性逐渐成为人格权部分权能的特性之一,人格权也可以扩展包含财产利益的内容。具体而言,学者认为采人格权扩权说的主要理由包括:第一,"人格权非财产性的理念已被现代民法所突破"。② 随着社会经济与科学技术的发展,将人格利益转换为财产价值成为可能。现代民法不得不面对人格利益中财产属性日益凸显的现实,如果仍一味坚持人格权不包含财产因素的传统观点,限制人格标识的商业化利用,将会限制"人作为终极目的"在法律上的实现。③ 对此,应当扩张人格权制度体

---

① 参见姚辉:《关于人格权商业化利用的若干问题》,载《法学论坛》2011年第6期,第11页。
② 参见杨立新、林旭霞:《论人格标识商品化权及其民法保护》,载《福建师范大学学报(哲学社会科学版)》2006年第1期,第78页。
③ 参见杨立新:《人格权法》,法律出版社2015年版,第137页。

系的内涵,将人格标识的商业化利用纳入至人格权的统辖范畴之内,从而为人格利益中的财产价值提供更为完善的保护。第二,人格标识的商业化利用指的是个体将其姓名、声音、肖像等人格标识用作商业用途,在此过程中该个体的人格应当保持完整、独立的状态,不可受到侵犯,从而使得民事主体的人格价值得以发挥,人格特质得以彰显。对姓名、声音、肖像等人格标识的商业化利用的保护,正是衍生于对人格利益的保护,属于人格利益的一类。[①] 第三,人格权的专属性与非专属性的界限日渐模糊,标表性人格权的某些权能具有与人身的可分离性,这使得经济价值与财产利益也可被纳入到人格权的保护范围内。传统人格权凸显了鲜明的固有性和专属性,例如生命权、身体权、健康权等物质性人格权与人身须臾不可分离,然而随着市场经济的发展,人们发现标表性人格权在某些特定场合可以与权利人相分离,从而为商业化利用人格标识创造了条件。以肖像为例,肖像容易被复制,其并不一定必须依附于肖像权人之上,肖像权人既可以自己利用,也可以同时将其肖像授权给他人使用。这些标表性人格权本身具有不同程度的经济价值,能够直接以金钱价值衡量之,存在商业利用的可能性,尤其是知名人士具有较高的社会知名度,其姓名、肖像可被运用于广告宣传、商业标志等商业渠道,进而帮助权利人获得金钱收益。[②]

---

① 参见杨立新、林旭霞:《论人格标识商品化权及其民法保护》,载《福建师范大学学报(哲学社会科学版)》2006年第1期,第77页。
② 参见王利明:《论人格权商品化》,载《法律科学(西北政法大学学报)》2013年第4期,第55页。

2. 人格权设权说

(1) 商事人格权说

随着人格权中的财产属性不断凸显,有观点认为有必要创设单独的商事人格权,以应对现实中生活中的迫切需要。所谓商事人格权,指的是独立于普通人格利益之外的一种特定人格利益,其设立的意义,在于维护在商事活动中所体现出的包含金钱价值在内的商事人格利益。商事人格权是人格权的一种,具备人格权的基本特征,商事人格权与民事主体的人格相联系,以民事主体人格的存在为基础。但同时商事人格权又兼具特殊的财产权属性,为具有经济价值的人格利益提供法律上的保护。① 总之,商事人格权兼具人格权与财产权的双重属性,是为了适应现代商业活动的需要所形成的特殊人格权。普通人格权具有强烈的人身专属性,禁止转让与继承,而商事人格权则不受该原则的限制,具有一定的可转让性和继承性,如此才能使得商事人格权的财产价值得以开发,经济资源充分发挥效用。此外,在权利的保护方面,商事人格权说主张应当引入财产权的救济方式,适用以财产损害赔偿为主的责任承担方式,制定科学合理的赔偿数额计算方式,从而进一步保护商业化利用中的人格标识的经济价值。②

(2) 商品化权说

商品化权说认为,在当今的市场经济环境中,对民事主体的人格标识要素进行商业利用的现象非常普遍,人格商品化是市场主体为追求更高利润而为的一种商业营销方式。商品化权以人格标识要素为客

---

① 参见程合红:《商事人格权刍议》,载《中国法学》2000年第5期,第86页。
② 参见程合红:《商事人格权——人格权的商业利用与保护》,载《政法论坛》2000年第5期,第77页。

体,旨在保护民事主体人格标识要素中的财产利益。① 商品化权说的核心观点认为现有民事权利制度在解决人格商品化的问题上均存在不同程度的局限,无法充分保护民事主体的人格利益以及由商品化衍生出的财产利益。②

(二) 财产权保护模式 (二元论保护模式)

主张财产权保护模式的观点认为,人格标识的商业化利用强调的是财产性因素,其已经突破了传统人格权的保护范畴,显然不能再由人格权进行调整,而应置于财产权的框架体系内进行保护。具体而言,学者主要通过以下理由阐释了为何应采财产权保护模式,并对人格权保护模式发出诘问:

第一,传统人格权意在维护自然人的人身安全、健康自由,保护的是精神利益,即非财产性利益,而财产利益却是人格标识商业化利用的最直接的标的。传统人格权所保护的人格利益不能直接表现为商品,无法用金钱进行计算,因此传统人格权的内容并不涵盖商业人格利益,显然无法再为其提供规范和保护。③ 与此同时,专属性乃人格权的显著特征,这意味着人格权与权利主体之间不可分割,权利主体不可抛弃、让与其人格权。而人格标识商业化利用的主要内容是将人格标识以授权的方式许可给他人进行商业开发使用,这就意味着权利主体与权利之间须进行分离,传统人格权的专属性显然无法解决这一

---

① 参见张丹丹、李建华:《真实人物形象商品化权的性质辨析及法律保护模式》,载《大连理工大学学报(社会科学版)》2010 年第 2 期,第 78 页。
② 参见张丹丹、张帆:《商品化权性质的理论之争及反思》,载《当代法学》2007 年第 5 期,第 39 页。
③ 参见吴汉东:《形象的商品化与商品化的形象权》,载《法学》2004 年第 10 期,第 80 页。

问题。

第二，人格标识商业化利用的对象具有特定性，主要体现为被公众知晓的、具有较高社会知名度的知名形象。尽管人人皆可将其人格标识用于商业开发利用，但人格标识商业化利用的现象本质上是一种市场行为，体现出逐利性。商业经营者之所以热衷于将人格标识附着于商品包装和广告宣传之上，本质是想利用名人的市场号召力来吸引消费者，普通人的人格标识并不具备此等市场竞争力，也很难受到商业经营者的青睐。由此可见，人格标识的商业化利用实际上只为少数人所拥有，并不为民事主体所普遍享有。[①] 而人格权为民事主体所普遍享有，从天赋人权的角度而言每个人享有的人格权是平等的，并不因贫穷或富有、知名或普通而存在差异，由此表现出人格的平等性以及人格权法的普适性。因此，若把人格标识的商业化利用强行纳入人格权的范畴之内，将会引起逻辑理路的混乱，甚至背离人格权制度的根本价值与秩序。[②]

第三，人格权旨在保护民事主体的人身自由和人格尊严，防止他人对民事主体造成人身和精神损害，人格权主要表现为一种消极的防御功能。而人格标识商业化利用的重点在于如何对外积极授权及商业使用，具有积极利用的权能，这是传统人格权所不具备的属性。在侵权救济方面，人格权关注的重点是人身及精神的损害，财产损害赔偿并非主要救济方式。而人格标识的商业化利用在侵权救济方面则重在

[①] 参见吴汉东：《形象的商品化与商品化的形象权》，载《法学》2004年第10期，第80页。

[②] 参见谢晓尧：《商品化权——人格符号的利益扩张与衡平》，载《法商研究》2005年第3期，第83页。

考虑形象标识的市场损失程度，财产损害赔偿是最主要的救济方式，在判赔数额方面会综合考虑市场知名度、对外通常授权许可费用等财产价值因素，这些都是传统人格权所不具备的内容，更遑论由人格权为之提供充分的保护。①

财产权本身具有庞大的体系，在财产权保护模式之下，具体应将人格标识的商业化利用定性为何种财产权，学界众说纷纭，主要存有无形财产权说、特殊财产权说及新型财产权说。

1. 无形财产权说

以吴汉东为代表的学者认为应将人格标识的商业化利用定性为无形财产权，具体应属于无形财产权中的资信类财产。资信类财产的构成，具有内在和外在两方面要素。内在要素主要涉及主体自身的形象、声誉、能力等方面，外在要素则是来自于社会公众等外界作出的评价和反馈。人格标识商业化利用的本质是借助消费者对知名人物的喜爱，将知名人物的影响力从人格范畴转化到商业市场，进而吸引消费者实施购买行为。知名人物自身的人格特质体现为内在要素，市场影响力则是社会公众作出的评价和反馈，体现为外在要素。在市场经营活动中，名人内在的人格因素加上外在的影响力，二者共同作用，最终形成以商业信誉为基本内容的资信类财产。②

2. 特殊财产权

以温世扬为代表的学者认为应将人格标识的商业化利用定性为特

---

① 参见吴汉东：《形象的商品化与商品化的形象权》，载《法学》2004年第10期，第81页。
② 参见吴汉东：《形象的商品化与商品化的形象权》，载《法学》2004年第10期，第86页。

殊财产权。其理由在于：首先，人格标识彰显出财产价值，基于其具有外在性、可支配性及可商业利用性等属性，其实际已经成为了一种特殊的"物"；① 其次，人格标识商业化利用的重心是商业开发利用，强调的是积极支配权，与人格权以人格保全为重心，强调消极保护存在显著不同；最后，人格标识的商业化利用具有可转让性和继承性，具备明显的财产权特征，与人格权的专属性（不可转让性）相区别。② 综上，对于人格标识的商业化利用，不应纳入人格权的调整范畴，而是应当通过财产法来予以保护，将其定性为一种特殊的财产权，才能达到一种恰当的法技术的安排。③

3. 新型财产权

以于晓为代表的学者认为应将人格标识的商业化利用定性为新型财产权。其理由在于，将人格标识的商业化利用独立设为新型财产权，能够最大程度地满足相关民商事主体的商业目的，顺应财产权制度的设计目的。与人格权相比，新型财产权的突出特点在于其具备可转让性，可以充分发挥资源价值的流转性。通过对这一新型财产权的受让，商事主体可以完整取得特定人格标识的所有权，从而避免人格权人将其人格标识同时许可给不同商事主体的情形出现，有利于增加市场交易行为的稳定性，促进商业资源得到最大程度的开发。④

---

① 参见温世扬：《人格权"支配"属性辨析》，载《法学》2013 年第 5 期，第 92 页。
② 参见温世扬：《析"人格权商品化"与"人格商品化权"》，载《法学论坛》2013 年第 5 期，第 110 页。
③ 参见温世扬：《论"标表型人格权"》，载《政治与法律》2014 年第 4 期，第 69 页。
④ 参见于晓：《自然人人格标识商业利用民事权利独立设为新型财产权研究》，载《山东大学学报（哲学社会科学版）》2017 年第 3 期，第 135 页。

(三) 两种模式之比较

人格权保护模式与财产权保护模式分属于不同法律保护进路下的两种制度,虽然二者的保护目的相同,但在具体的制度设计方面仍存在较大区别。具体而言,两种法律保护模式主要具有如下不同之处:

第一,是否承认独立的、可任意转让的财产权不同。人格权保护模式并没有在既有的人格权体系之外创设新的财产权利类型,而是通过扩张部分人格权内涵的方式,实现对人格标识商业化利用的保护;而财产权保护模式则是在人格权之外单独创设了新的财产权利类型。

第二,是否以既有的人格权体系为基础以及对既有人格权的影响不同。人格权保护模式是在既有人格权体系的基础之上形成,即通过扩张具体人格权和一般人格权内涵的方式,或在人格权体系内新设人格权类型的方式,实现对人格标识商业化利用的保护。这意味着既有人格权已经成为兼具精神利益与财产利益的复合型权利,人格权的功能亦获得扩张,人格权由传统的消极防御性权利转变为同时包含积极利用权能的权利。[①] 财产权保护模式则并非以既有的人格权体系为基础,而是在人格权体系之外单独创设了新的财产权利类型。既有人格权的内涵并未发生改变,人格权仍致力于保护权利主体的精神利益,其制度内容只具有消极防御的救济功能。[②]

第三,对个人人格尊严的保护程度不同。在人格权保护模式下,人格权中财产利益属于人格权的组成部分,与人格权的精神利益不可

[①] 参见王叶刚:《人格权中经济价值法律保护模式探讨》,载《比较法研究》2014年第1期,第164页。

[②] See Huw Beverley-Smith, The Commercial Appropriation of Personality, Cambridge University Press, 2002, p.183.

分割，这可以有效防止人格标识过度商业化利用给个人的人格尊严造成妨害，有利于维护个人的人格尊严。而在财产权保护模式下，单独创设了具备可让与性的新的财产权利类型。尽管权利人的意思自由受到了保护，但人格尊严可能会因为人格标识的过度开发利用而遭受侵害。如果人格标识的转让成为可能，人格权中经济价值的利用将脱离个人的控制，人格权人将难以对附带其人格价值的人格标识的利用方式进行掌控和约束，人格标识在历经二次或多次流转之后，人格标识的实际使用主体将难以为人格权人所知晓，人格权人将完全丧失对其让渡的人格标识的控制权。①

二、我国《民法典》的一元论法律保护模式

通说认为，由于人格权的权利内容是纯粹精神性利益，具有极强的人身专属性，不能让渡于他人，更不能包含财产利益，因此，也就无法通过商业化利用而获得经济价值。然而，这一观点随着时代的发展逐步被打破。个人人格权中的经济价值在现代广告业和大众传媒的发展中日益突出。② 对民事主体的姓名、肖像、声音等人格标识进行许可使用已经成为现实，实践中也产生了大量的需求，③ 在日常生活中，名人的姓名、肖像等人格标识已经被广泛应用于各类商品广告之中。人格标识商业化利用的现象日益增多，由此产生的纠纷也越来

---

① 参见王叶刚：《人格权中经济价值法律保护模式探讨》，载《比较法研究》2014年第1期，第165页。
② 参见最高人民法院民法典贯彻实施工作领导小组主编：《中华人民共和国民法典人格权编理解与适用》，人民法院出版社2020年版，第52页。
③ 参见黄薇主编：《中华人民共和国民法典人格权编释义》，法律出版社2020年版，第20页。

多。对此,以德国和美国的制度经验为借镜,我国学者结合我国情况构建了两组不同的法律保护进路,即人格权保护模式(一元论保护模式)和财产权保护模式(二元论保护模式)。

在《民法典》的制定过程中,我国学者对这两种法律保护模式各抒己见,两种模式各有裨益,在比较分析的基础之上,我国最终在《民法典》中确立了一元论的法律保护模式,具体而言,我国采取的是一元论法律保护模式中的人格权扩权说。对于人格标识的商业化利用,我国《民法典》并未新设独立的权利类型来提供保护,而是以既有的人格权体系为基础进行构建,通过扩展一般人格权与具体人格权的内涵,使其同时包含财产利益的内容。首先,《民法典》在人格权编的一般规定中确立了民事主体可以许可他人使用自己的姓名、肖像等人格标识(《民法典》第993条),从一般人格权的角度肯定了人格标识商业化利用的可能性。与此同时,《民法典》还对姓名权、肖像权等具体人格权的许可使用作出规定(《民法典》第1012条、1018条),并进一步对许可使用合同的解释、解除等具体事项作出安排(《民法典》第1021条、1022条、1023条)。

由此可见,我国《民法典》对人格标识商业化利用的保护最终采取的是一元论的法律保护模式,即在人格权的范畴之内解决人格标识的商业化利用问题,由一般人格权与具体人格权相互配合、共同提供保护。对于姓名、肖像等较为典型的具体人格权,《民法典》人格权编的姓名权、肖像权章节已经作出特别规定,可直接依据相关规定提供对姓名标识与肖像标识的保护。然而随着经济的发展和传媒科技的进步,可被商业化利用的人格标识的种类越来越多,并不局限于姓名和肖像。对于此类新兴的人格标识,尽管具体人格权未作出规定,但权利人可依据一般人格权的相关规定来寻求保护。我国未选择新设财产权利类型的二元论法律保护模式，而是采取一元论法律保护模式，是符合我国实际情况的正确之举，具有充分的理由：

首先，我国已经建立了较为完备的人格权权利体系，为人格标识商业化利用的保护提供了制度基础。二元论的法律保护模式起源于美国，其制度构建与英美法的传统密切相关，英美法通常不会直接采用法典化的形式来创设某种权利，而是针对司法实践中的权利保护诉求，不断在具体的案件裁判中完善相关内容。美国并不存在完整的人格权制度体系，而只存在内容较为宽泛的隐私权概念。隐私权虽能对人格的精神利益提供一定程度的保护，但却难以对人格财产利益的保护作出积极回应。基于此，美国才通过一系列司法案件裁判单独创设出公开权制度，专为人格标识的商业化利用提供保护。[1] 而我国则不存在这一问题，自《民法通则》颁布以来，我国就通过《民法通则》及其相关司法解释，构筑起了相对完备的人格权权利体系，《民法典》更是将人格权独立成编，将对人格权的保护提升到前所未有的高度。我国已经形成由一般规定、生命权、身体权、健康权、姓名权、名称权、肖像权、名誉权、荣誉权、隐私权及个人信息保护等多项人格权所组成的完备的人格权体系。因此，面对人格标识商业化利用的问题，我国只须在人格权的制度体系之内，通过扩张既有人格权的内涵，使其包含积极利用的权能，承认人格权同时具有经济价值即可得以解决。[2]

---

[1] See Huw Beverley‐Smith, *The Commercial Appropriation of Personality*, Cambridge University Press, 2002, p. 171–174.
[2] 参见王叶刚：《人格权中经济价值法律保护模式探讨》，载《比较法研究》2014年第1期，第166页。

其次，二元论法律保护模式具有局限性，不利于保护权利人的人格尊严。人格标识源于人格要素，需要以人格特质为前提，以人的情感、声誉、地位为基础，这是人格标识商业化利用与普通财产权利的本质区别。二元论法律保护模式过分强调人格标识在商业化利用过程中产生的经济利益和财产价值，以至忽视了"人的确定因素"的价值，未能正确反映人格标识真实的法律属性。[①] 二元论法律保护模式将经济价值从人格权中剥离出去，使其构成独立的财产权利类型，可让与性是此类财产权利的显著特征。尽管这在一定程度上保障了个人利用其人格权中经济价值的自由的实现，但将人格标识视作普通财产进行任意转让，将危及个人的人格尊严。人格标识在转让之后，受让人将拥有对该人格标识的处分权，人格权人既不能禁止受让人使用其人格标识，更不能限制受让人的具体使用方式。[②] 当受让人以不正当的方式使用这些人格标识时，可能会导致公众对人格权人产生错误认知，降低其社会评价，从而对个人人格尊严造成更大的妨害。

最后，一元论法律保护模式能够为人格标识的商业化利用提供充分的保护，能在维护人格尊严的前提下保障个人经济上的自主决定权。在一元论法律保护模式下，人格权中的经济价值虽然无法转让，但借助于许可使用合同，同样能够实现人格标识商业化利用的目的。双方当事人可在许可使用合同中就人格标识授权使用的范围、期限等事项达成合意、作出约定，人格权人可依照其个人意志自主决定于何时何地将其何种人格标识许可给何种主体使用以获取经济利益，由此可充

---

① 参见杨立新：《人格权法》，法律出版社 2015 年版，第 137 页。
② 参见王叶刚：《人格权中经济价值"可让与性"之反思》，载《广东社会科学》2014 年第 2 期，第 241 页。

分实现其人格上的自由发展以及经济上的自主决定权。与此同时，一元论法律保护模式将经济价值纳入到人格权的范畴，人格权中的精神利益可以对经济价值的利用形成天然的限制，防止人格标识的过度商业化利用给人格尊严造成损害。①

综上所述，人格权中的精神利益与财产利益并非各个分离独立，二者都是人格权的构成部分，"人格权犹如树的茎干，精神利益及财产利益则为树根"，② 人格标识的商业化利用是人格权权能中经济性部分不断扩张的体现，其并未突破人格权的基本属性。③ 与其刻意维持人格权的精神性人格权的权利属性，不如顺应人格权制度的发展趋势，确认人格权同时包含精神利益与财产利益，采用一元论的法律保护模式，如此既可以维持人格权中精神利益与财产利益的统一性，又可维护个人的人格尊严，同时也更有利于规范人格标识的商业化利用行为。④

---

① 参见王叶刚：《人格权中经济价值法律保护模式探讨》，载《比较法研究》2014年第1期，第167页。
② 参见王泽鉴：《人格权法：法释义学、比较法、案例研究》，北京大学出版社2013年版，第302页。
③ 参见姚辉：《关于人格权商业化利用的若干问题》，载《法学论坛》2011年第6期，第10页。
④ 参见王叶刚：《人格权中经济价值法律保护模式探讨》，载《比较法研究》2014年第1期，第168页。

第二节 人格标识商业化利用法律保护的基本原则

一、人格尊严保护原则

随着商品经济的快速发展,各类先进的传媒科技给人们的生活带来了翻天覆地的变化,人格标识商业化利用的现象遍布于生活各处,人们早已对此习以为常。通过对人格标识的开发利用,人格利益中的财产价值得以充分释放,人格标识独特的印象转移功能为人格权人与商业经营者带来了新的商业机会。然而与此同时也相应产生了新的问题,对人格标识的过度商业化利用可能会对个人的人格尊严造成侵害,给既有的人格权秩序带来冲击。人格权的根本目的在于捍卫人之所以为人的伦理价值底线,人格权中经济价值的开发和利用不得贬损人的尊严和自由。因此,在对人格标识进行商业化利用之时,须首先遵循人格尊严保护的基本原则。

人格尊严保护原则具体体现为以下方面:首先,未经人格权人许可,不得擅自对其人格标识进行开发利用。人格自主理论为人格标识的商业化利用提供了正当性基础,人格权人对其人格标识享有自主决定与自我控制的权利。人格权人的自主决定权与自我控制权可以从正反两个视角来理解:从正面看,每个人有权利选择将其人格标识有偿地许可给他人使用;从反面看,任何人也都有权利阻止他人未经许可对其人格标识的使用行为,从而保护自身的人格形象不被滥用。① 也即是说,每个人都有权利决定自己以何种状态存在,如何在公众面前展现自己,自由支配自己的人格标识且保证个人形象不被歪曲。其次,物质性人格权不得成为商业化利用的对象。生命、身体、健康乃不可克减的基本人权,与主体资格存在密切关系,生命权、身体权、健康权所具有的人身依附性决定了此类物质性人格权难以进行商业化利用,否则将给人格尊严造成不可逆转的损害。若允许对物质性人格权进行商业化利用,可能导致自然人"沦为客体",有悖于民法的基本理念。② 最后,人格标识不得让与,人格标识的商业化利用只得通过许可使用的方式进行。如若允许人格标识的自由转让,人格权中经济价值的利用将脱离个人的控制,完全把人格权类同于物权进行处置,将导致人矮化为物的后果出现,最终危及个人人格尊严的保护。在具体订立人格标识许可使用合同的过程中,也应当突出对人格权益的保护,设计出有利于保护人格权人的规则,例如当人格标识的使用条款存有争议时,应当作出有利于人格权人的解释;应适当放宽人格权人依法解除人格标识许可使用合同的条件,在人格权人具有正当理由的前提下,赋予人格权人及时撤回许可、单方解除合同的权利。

二、利益平衡原则

利益平衡原则首先体现为人格尊严保护与经济效率提升之间的平衡。人格标识的商业化利用从本质上而言是一种商业行为,商业行为

---

① 参见严城:《论人格权的衍生利益》,黑龙江大学2010年博士学位论文,第10页。
② 参见最高人民法院民法典贯彻实施工作领导小组主编:《中华人民共和国民法典人格权编理解与适用》,人民法院出版社2020年版,第264页。

讲求通过资源的合理配置，实现经济效率的提升。如果一味地强调将人格尊严的保护凌驾于一切利益之上，而完全忽略对其他主体的保护，可能导致人格权人的权利过度扩张，进而触犯到其他主体合法享有的权利边界。在商业活动中，若过分偏袒对人格权人的保护，纵容人格权人可以不分情形地随意解除授权许可，这对商业经营者而言将是巨大的灾难。商业经营者将难以对商业决定的作出进行预判，因为其并不确定人格权人此刻作出的授权是否是其真实的意思表示，当商业经营者投入了大量的时间、金钱与人力成本制作广告宣传物料之后，人格权人再突然解除授权许可，禁止商业经营者使用其人格标识，此时商业经营者将承受极大的财产损失，此种行为将影响正常商业活动的开展，破坏商业市场的健康秩序。由此可见，若一味只强调对人格尊严的保护，甚至忽视经济效率，将会大大增加商业行为的风险性与不可预测性。商业经营者为避免损失，只得避开对人格标识的使用，如此将使得人格标识的商业化利用行为丧失市场价值，最终落空。为了人格标识商业化利用此项制度的持续健康发展，充分发挥其商业价值效用，应当强调利益平衡原则，在保护人格尊严的同时，实现经济效率的提升与发展。当然，随着商品经济与文化产业的多元化发展，利益平衡也可能面临新的问题和挑战。例如，某艺人通过签约成为某演艺经纪公司旗下的员工，公司为培养艺人耗费诸多心力，还为艺人取了全新的艺名，并让艺人以艺名开展演艺活动。公司为实现商业目的提前对该艺名作出商标注册等财产安排，并合法享有该艺名的相关财产权利。当艺人离开公司后，艺名的权属分配将产生问题。由于艺人一直以该艺名从事职业活动，艺名与其本人已经产生强烈的人身依附关系，此时如果将该艺名完全归属于公司，可能会对艺人的人格尊严造成损害,但如果完全将该艺名归属于艺人,又会对公司合法享有的财产权利造成侵犯。对此,应如何平衡二者的关系,尚有待司法实践的考量。

利益平衡原则同时也体现为人格权人与被许可人之间的利益平衡。在人格标识许可使用合同中,人格权人与被许可人作为合同的双方当事人,二者法律地位平等。尽管基于人格利益的人身伦理属性,在一定条件下需要强调对人格权人的保护,但这并不意味着法律对于人格权人的绝对偏袒。既然是地位平等的双方当事人,法律就应当同时兼顾人格权人与被许可人的利益。合同当事人之间发生的毕竟是一种交易关系,对人格权给予倾斜保护,并非是以牺牲交易安全和第三人的信赖利益保护为代价,而是在寻求双方利益平衡及交易安全的基础之上,对人格权给予适当强化保护。

三、公序良俗原则

公序良俗包含公共秩序与善良风俗两方面的内容,公序良俗原则是指导民事活动开展的重要基本原则。公序面向的是法律自身的价值内容,而良俗则主要指向社会伦理道德规范。通过公序良俗这一媒介,法律价值规范与社会道德规范能够达成有效的沟通互动。[①] 严格而言,公序良俗原则并没有明确的法律规定,在具体司法案件中,法官主要是依据社会一般的正义道德观念来作出权衡与裁量。尽管公序良俗这一概念具有抽象性,但正常理性人凭借社会道德观念通常均能对公序良俗作出基本的判断。人格标识在商业化利用的过程中,也须遵循公

---

① 参见姚辉:《关于人格权商业化利用的若干问题》,载《法学论坛》2011年第6期,第11页。

序良俗的基本原则，不得以"低俗化""无序化"的方式对个人形象展开利用，例如，"胸模""腿模"此类处于模糊地带的商业利用行为更应受到严格的规制，对人格标识的商业化利用不得以低俗色情的方式展开，从而避免产生不良的社会影响。

第三节 人格标识商业化利用
法律保护规则的构建

一、明确可商业化利用的人格标识的范围

要构建人格标识商业化利用的法律保护规则，首先须明确可商业化利用的人格标识的范围边界。并非所有的人格权益都适宜进行商业化开发利用，诸如包含生命权、健康权与身体权在内的物质性人格权就不宜作为商业化利用的对象，因为根据其性质，若是允许对其进行商业化利用，将有违公序良俗与伦理道德，给个人的人格尊严造成不可逆转的损害。[①] 明确可商业化利用的人格标识的范围是保护个人人格尊严的需要，同时也是构建人格标识商业化利用法律保护制度之基础。[②]

我国《民法典》第993条规定民事主体可以将其人格标识许可给他人使用，"但是依照法律规定或者根据其性质不得许可的除外"，实际是采取反面排除模式划定了可商业化利用的人格标识的范围。在反面排除模式下，相关人格权益只要没有被明确排除，则都可以成为商业化利用的对象，自然人可充分行使其人格自主与自我决定之权利，

[①] 参见王利明：《人格权法的新发展与我国民法典人格权编的完善》，载《浙江工商大学学报》2019年第6期，第18页。

[②] 参见王叶刚：《论可商业化利用的人格权益的范围》，载《暨南学报（哲学社会科学版）》2016年第11期，第116页。

这将有利于实现个人人格的自由发展，特别是经济上的自由发展。因此，依据反面排除模式，只须明确在哪些情形下不可对人格标识进行商业化利用，对其进行排除，即可正向得出可商业化利用的人格标识的范围。

(一) 基于权利性质与法律规定的排除适用

从权利性质来看，物质性人格权、评价性人格权及自由性人格权均不得成为商业化利用的对象。物质性人格权是自然人对其生命、身体、健康所享有的不可转让的支配权，包括生命权、身体权和健康权。生命、身体、健康乃不可克减的基本人权，与主体资格存在密切关系，与主体不可分离，难以成为商业化利用的对象。尽管随着科学技术的发展，人的身体的组成部分与个人相分离的可能性有所增加，DNA样本等相关人身产品的种类在逐渐增多，但应当明确的是，人的身体不应当被用作谋取利益的手段，正如康德所言，"人是目的，而非工具"，法律不可因一时需要而随意打开个人身体权的阀门，否则将导致人被物化，引发相关伦理问题。[①] 若允许对物质性人格权进行商业化利用，可能导致自然人"沦为客体"的后果出现，将对个人的人格尊严造成不可逆转的损害。[②] 除物质性人格权之外，精神性人格权中的评价性人格权与自由性人格权亦不得成为商业化利用的对象。评价性人格权主要包含名誉权、荣誉权、信用权等权利，是以对民事主体的特定评价为内容的人格权。自由性人格权主要包含人身自由权、婚姻

[①] 参见王叶刚：《论可商业化利用的人格权益的范围》，载《暨南学报（哲学社会科学版）》2016年第11期，第121页。

[②] 参见最高人民法院民法典贯彻实施工作领导小组主编：《中华人民共和国民法典人格权编理解与适用》，人民法院出版社2020年版，第264页。

自主权、隐私权等权利，是以人身自由和精神自由为内容的人格权。评价性人格权与自由性人格权具有强烈的固有性，对民事主体的生存发展而言必不可少，并不适宜进行商业化利用。个体的名誉、荣誉、信用不能藉由一定的经济对价来作出交换，即包括名誉在内的个体社会评价不能异化为一种财产。① 同时，个体也不能为获取更多的商业利益而丧失自由价值。② 总而言之，人格标识商业化利用的目标在于更好地推崇个体发展的成果以及维护个体的存在，其不能贬损人的价值，如果人格标识的商业化利用损及人的存在，则背离了此项目标。③ 因此，物质性人格权、评价性人格权及自由性人格权均不得成为商业化利用的对象。

从法律规定来看，《民法典》第 993 条只作出较为原则性的规定，"依照法律规定"不得许可的除外，但其并未明确究竟哪些人格标识要素属于不得许可使用的情形。根据文义解释，此处的"法律规定"既包括《民法典》之中的规定，也包括《民法典》以外的其他法律的规定。例如，《人类辅助生殖技术管理办法》第 3 条规定了医疗机构和医务人员不得实施任何形式的代孕技术。因此，代孕所涉及的人体器官的许可使用就是为法律规定所禁止的。④ 就人格标识商业化利用的边界划定而言，最为典型的是《广告法》所作的相关禁止性规定，这

---

① 参见沈建峰：《一般人格权财产性内容的承认、论证及其限度》，载《比较法研究》2013 年第 2 期，第 59 页。
② 参见最高人民法院民法典贯彻实施工作领导小组主编：《中华人民共和国民法典人格权编理解与适用》，人民法院出版社 2020 年版，第 264 页。
③ 参见沈建峰：《一般人格权财产性内容的承认、论证及其限度》，载《比较法研究》2013 年第 2 期，第 59 页。
④ 黄薇主编：《中华人民共和国民法典人格权编释义》，法律出版社 2020 年版，第 22 页。

是因为广告宣传是人格标识商业化利用最主要的渠道。《广告法》对自然人从事广告代言等商业活动作出细致规定，依据《广告法》的规定，在某些特定情形下，禁止将特定主体的人格标识用于广告宣传，并且禁止在特定行业领域利用广告代言人作推荐证明，这些规定就属于"依照法律规定"不得将人格标识进行商业化利用的情形。具体而言，《广告法》所作的禁止性规定可以区分为三类：第一，特定主体不得成为广告代言人，其人格标识不得用于广告，包括国家机关工作人员、不满十周岁的未成年人以及因虚假广告受到行政处罚未满三年的自然人。第二，在特定行业领域的广告中，不得利用广告代言人作推荐、证明，主要包括医疗、药品、医疗器械、保健食品。第三，在特定行业领域的广告中，不得以专业人士、受益者等特定主体的形象作推荐、证明，以免诱导消费者作出错误决定，主要包括招商广告、教育广告与培训广告等。[①] 法律作出以上禁止性规定主要是基于社会公共利益的考量，以维护正常的市场竞争秩序，避免对消费者造成混淆误导。当然，随着人格标识商业化利用的方式日趋多元化，也会不断产生新的社会问题，法律需要为这些未来可能出现的新情形预留制度空间。除《广告法》之外，不排除我国今后还会出台新的立法规定，为人格标识商业化利用的规范化运行提供法律支撑。

（二）以标表性人格权为中心的开放性规则

根据《民法典》第993条所作的反面排除的规定，除依据权利性质或依照法律规定不得进行商业化利用的情形之外，其他人格权益原

[①] 以上《广告法》禁止性规定的具体法律条文已在前文第一章第一节列举，此处不再赘述。

则上都可以进行商业化利用。从权利类型上来看,能够成为商业化利用对象的主要是标表性人格权。① 标表性人格权主要包括自然人的姓名权、肖像权、声音权等权利,是以标表民事主体的外在标志和表征为内容,从而起到将某一民事主体与其他民事主体相区别的作用的人格权。标表性人格权具有商业利用价值,标表性人格权的重要内容之一就是通过允许其他个体使用部分权能,从而实现商业化利用的目标。②

可商业化利用的人格标识的类型主要为姓名、肖像和声音。值得注意的是,尽管姓名、肖像、声音是《民法典》人格权编列举的典型的可授权他人使用的人格标识类型,尤其是姓名标识和肖像标识在司法实践中应用范围最广,案件争议最多,但这并非意味着可商业化利用的人格标识的类型就只限于姓名、肖像和声音。随着经济发展和科技进步,社会生活中将不断产生新的类型的人格标识,因此人格标识的范围不应一成不变,而是应当基于经济社会运行的需要不断进行扩张和延展,使其内涵与外延随时代变迁而不断丰富与充实,对此应作出开放性的规定,而不应作封闭化的处理。

二、优化人格标识许可使用的具体规则

(一) 许可使用与禁止让与规则

关于人格标识商业化利用的方式,有学术观点认为,应当承认人格标识具有可让与性特征,这并非否认人的价值,更与"人的物化"

---

① 参见王利明:《人格权法的新发展与我国民法典人格权编的完善》,载《浙江工商大学学报》2019 年第 6 期,第 18 页。
② 参见王利明:《人格权法》(第二版),中国人民大学出版社 2016 年版,第 31 页。

无涉,而是自由发展的人格在经济生活中的反映。[①] 肯定人格标识具有可让与性的学者认为,仅通过许可使用合同来对人格标识作出利用是远远不够的,许可使用合同只是在人格权人与被许可人之间发生了债权效力,即仅在双方当事人之间产生相对约束力,债权人对债务人仅具有债权请求权,即使用人格标识的权利,而不享有绝对权。[②] 当第三人未经许可使用相关人格标识等侵害人格权益的情况发生,被许可人就无法以人格权请求权向第三人主张权利与获得救济,仅得基于合同关系主张相关权利。[③] 通过债权请求权主张权利,无论是在保护方式或是在保护强度上,都远远弱于物权。[④] 为了使人格标识的让与符合人格权的特点,有学者甚至专门创设出"商品化人格权的定限转让"的概念。[⑤] 这一概念是指将具体人格权的部分权能分离出来,作为子权利转移给受让人,同时为了保障人格权人的利益,人格权人可以对子权利施加一定的影响,[⑥] 该子权利在整体上仍会受到人格权的支配和限制。[⑦]

[①] 参见陈龙江:《人格标志上经济利益的民法保护》,法律出版社2011年版,第229页。
[②] Vgl. Horst‑Peter Götting, Persönlichkeitsrechte als Vermögensrechte, Tübingen, 1995, S.142. 转引自陈龙江:《人格标志上经济利益的民法保护——学说考察与理论探讨》,中国政法大学2007年博士学位论文,第23页。
[③] 参见黄芬:《商品化人格权的定限转让》,载《河北法学》2017年第1期,第61页。
[④] 参见徐彰:《关于人格权中财产利益可让与性问题的分析》,载《安徽大学学报(哲学社会科学版)》2015年第5期,第147页。
[⑤] 参见黄芬:《商品化人格权的定限转让》,载《河北法学》2017年第1期,第59页。
[⑥] Vgl. Hans Forkel, Lizenzen an Persönlichkeitsrechten durch gebundenen Rechtsübertragung, GRUR 1988, 491, 494. 转引自陈龙江:《人格标志上经济利益的民法保护——学说考察与理论探讨》,中国政法大学2007年博士学位论文,第24页。
[⑦] 参见徐彰:《关于人格权中财产利益可让与性问题的分析》,载《安徽大学学报(哲学社会科学版)》2015年第5期,第148页。

第六章 人格标识商业化利用的保护模式选择与规范建议

本书认为，尽管承认人格标识的可让与性能够在一定程度上保障个人利用其人格权中经济价值的自由的实现，但将人格标识视作普通财产一般进行任意转让，将危及个人的人格尊严。人格尊严的保护是人格权中经济价值利用的伦理底线。从这一角度出发，应当否定人格标识具有可让与性，应将人格标识商业化利用的方式限定为许可使用，具体理由如下：

第一，人格标识的商业化利用是个人形象的外在展现，准此，人格标识也就是属于人格权人的私权范围，基于保护和尊重个人人格自由的基本价值，应当允许由个人自主控制其人格标识的商业化利用。[1] 如果人格标识的转让成为可能，人格权中经济价值的利用将脱离个人的控制，人格权人将难以对附带其人格价值的人格标识的利用方式进行掌控和约束，[2] 因为"以市场为导向的无形财产权的创造将不可避免地对抗个体的人格并将人格交由第三人来处置"。[3] 人格标识在转让之后，受让人将拥有对该人格标识的处分权，人格权人既不能禁止受让人使用其人格标识，更不能限制受让人的具体使用方式。受让人很可能会将其从人格权人处获得的人格标识再次让渡于他人，在历经二次或多次流转之后，人格标识的实际使用主体将难以为人格权人所知晓，人格权人将完全丧失对其让渡的人格标识的控制。当受让人以不正当的方式使用这些人格标识时，可能会导致公众对人格权人产生错

---

[1] Vgl. Horst‑Peter Götting, Persönlichkeitsrechte als Vermögensrechte, Tübingen, 1995, S. 137. 转引自陈龙江：《人格标志上经济利益的民法保护——学说考察与理论探讨》，中国政法大学2007年博士学位论文，第24页。
[2] 参见王叶刚：《人格权中经济价值"可让与性"之反思》，载《广东社会科学》2014年第2期，第241页。
[3] 参见姚辉：《人格权法论》，中国人民大学出版社2011年版，第395页。

误认知，降低其社会评价，从而直接或间接地侵害个人人格尊严，这是为人格权保护制度所排斥的。① 由此可见，如果允许人格标识的转让与人格权分割，这看似尊重了人格权人的意思自由，但其实可能从根本层面上造成了人格自由的侵害，可能会对个人人格尊严构成更大的妨害。

第二，人格标识的商业化利用是人格的外在体现，人格标识的商业化利用对外代表了一定的个人形象，这也就决定了人格权中经济价值的利用难以彻底脱离权利主体而独立存在。尽管人格权中的精神利益与财产利益存在被区分的可能，但将二者彻底分离却是徒劳无功的，不可分离性对人格标识的商业化利用构成了某种程度的限制，即为了维护人格权中精神与财产利益的统一以及人格权内涵的完整，保护人格权人的人格尊严，应当否定人格标识具有可让与性。②

第三，将人格标识商业化利用的方式限定为许可使用并不会对人格标识商业化利用的实践施加不当限制。当事人在遵守民商事活动的一般性原则的前提下（如不违反法律、行政法规的强制性规定，不侵害社会公共利益，不违反公序良俗等），完全可以通过双方磋商，按照灵活多元的意思自治，就人格标识授权许可使用的范围、期限和方式等内容作出约定。若被许可人想要唯一性地使用某人格标识，以此增强该人格标识与其产品服务的关联度，获得更好的市场竞争力，当事人完全可以通过订立独占许可使用合同的方式来达到目的，而无须人

---

① 参见陈龙江：《人格标志上经济利益的民法保护》，法律出版社 2011 年版，第 224 – 225 页。
② Michael Hartl, Persönlichkeitsrechte als verkehrsfähige Vermögensgüter, University of Konstanz, 2005, S. 164. 转引自王叶刚：《人格权中经济价值"可让与性"之反思》，载《广东社会科学》2014 年第 2 期，第 242 页。

格权人转让其人格标识。独占许可意味着人格权人的某种人格标识在一定期限内的使用权只能由被许可人享有,其他人无权使用和干涉,若第三人未经许可擅自使用该人格标识,被许可人可以对实施侵害行为的人主张不当得利。而反观定限转让此种专为人格标识的让与而设计的制度,其意图通过构建类似物权的财产架构来实现人格要素的自由流转,但同时又保留了人格权人的控制和支配权,在逻辑概念上二者难以自洽。人格权与物权具有鲜明的区别,人格权的根本目的在于捍卫人之所以为人的伦理价值底线,人格权中经济价值的开发和利用亦不得贬损人的尊严和自由,如若允许人格标识的自由转让,完全把人格权类同于物权进行处置,将导致人矮化为物的后果出现,最终危及个人人格尊严的保护。

综上所述,出于保护人格自由与人格尊严的考量,应当否定人格标识的可让与性,人格标识的商业化利用仅得通过许可使用的方式而展开。① 我国《民法典》亦对此予以肯定,《民法典》第993条明确将姓名、肖像等人格标识商业化利用的方式限定为许可使用,而并未认可人格标识的可让与性,以此防止人格标识的过度开发利用,从而更好地维护个人的人格尊严。②

(二) 有利于人格权人的合同解释规则

人格权人通过订立许可使用合同的方式将其人格标识许可给他人使用,体现出对人格权中经济价值的开发,彰显了人格权的积极权能。

---

① 参见沈建峰:《一般人格权财产性内容的承认、论证及其限度》,载《比较法研究》2013年第2期,第57页。
② 参见王叶刚:《人格权商业化利用与人格尊严保护关系之辨》,载《当代法学》2018年第3期,第27页。

人格标识许可使用合同具有普通财产类合同的一般属性，但与此同时，因其合同标的涉及到人格利益，人格标识许可使用合同也具备一定的特殊之处。《民法典》第1021条与1022条对人格标识许可使用合同作出规定，充分体现出对人格权人的保护与关怀，彰显了"以人为本"的价值取向。下文将就人格标识许可使用合同此类特殊合同的具体规则设计展开分析，主要包括合同的解释规则与合同的解除规则。

人格标识许可使用合同既然是合同，就难免存在当事人约定不清、词不达意等情形，因而需要对合同进行解释。通常情形下，当事人对合同条款存有争议时，应当采用文义解释、体系解释、目的解释、习惯解释和诚信解释等方法，探究当事人意欲表达的真意，确定争议条款的含义。这些解释方法立足于实现合同双方当事人的利益平衡，而不是强调对某一方当事人的侧重保护。[①] 然而人格标识许可使用合同具有一定特殊性，人格标识许可使用合同是人格权人将其人格标识授权给他人进行使用的合同，合同双方可以就人格标识使用的范围、方式、期限、报酬等事项作出约定。尽管人格标识许可使用合同具有普通财产类合同的特征，但其是涉及人格利益支配的合同，其核心利益是人格利益，其所利用的权利性质主要是一项人格权，而非纯粹的财产权。因此在人格标识商业化利用的过程中，不能脱离人格权的基本定位，不能一概适用合同法的财产交易规则，而是应当注重对人格利益的保护，这就需要在人格标识许可使用合同中设计出有利于保护人

---

① 参见最高人民法院民法典贯彻实施工作领导小组主编：《中华人民共和国民法典人格权编理解与适用》，人民法院出版社2020年版，第253页。

第六章 人格标识商业化利用的保护模式选择与规范建议

格权人的规则。① 我国《民法典》第1021条规定了人格标识许可使用合同的解释方法,② 应当作出有利于人格权人的解释,以保护人格权人的合法权益,维护人格权人的人格尊严和人格自由。具体而言,应当从以下两方面进行理解:

第一,当事人对合同中关于人格标识使用的条款理解有争议的,应当作出有利于人格权人的解释。在人格标识许可使用合同中,有关人格标识使用的条款通常涉及如下方面:1. 许可使用的具体权能,包括制作、使用、公开、对外再行许可等;2. 许可使用的效力范围,包括独占许可、排他许可、普通许可;3. 人格标识的使用范围,包括地域范围、空间范围、行业领域等;4. 人格标识的利用方式,包括广告使用、商品包装装潢使用、推广活动中使用、作形象代言人使用等;5. 许可使用的期限等。③ 所谓有利于人格权人的解释,指的是当合同中关于人格标识使用的具体权能、效力范围、使用范围、利用方式、许可期限等条款的约定存有歧义时,对其解释出现两种或两种以上结果,双方当事人对此无法达成一致意见的,应当采纳有利于保护人格权人利益的解释结果。例如,许可使用的效力范围是独占许可还是非独占许可,如果合同对此约定存在歧义,无法作出清晰认定,在解释

---

① 参见最高人民法院民法典贯彻实施工作领导小组主编:《中华人民共和国民法典人格权编理解与适用》,人民法院出版社2020年版,第253页。
② 尽管《民法典》第1021条是针对肖像许可使用合同解释方法的规定,"当事人对肖像许可使用合同中关于肖像使用条款的理解有争议的,应当作出有利于肖像权人的解释。"但《民法典》第1023条第1款作出规定:"对姓名等的许可使用,参照适用肖像许可使用的有关规定。"因此,关于人格标识许可使用合同的解释方法均准用《民法典》第1021条的规定,而并不局限于肖像标识。
③ 参见最高人民法院民法典贯彻实施工作领导小组主编:《中华人民共和国民法典人格权编理解与适用》,人民法院出版社2020年版,第255页。

为独占许可或非独占许可均有一定道理的情形下，应当解释为非独占许可，如此才有利于保护人格权人的利益。

第二，在对人格标识许可使用合同作出解释时，应当同时兼顾双方当事人之间的利益平衡。有利于人格权人的解释是基于人格利益人身伦理属性所作出的在交易领域的特别规定，但这并不意味着法律对于人格权人的绝对偏袒，更不意味着人格权人可以据此任意解释合同的所有条款。[①] 合同当事人之间发生的毕竟是一种交易关系，对人格权给予倾斜保护，并非是以牺牲交易安全和第三人的信赖利益保护为代价，而是在寻求双方利益平衡及交易安全的基础之上，对人格权给予适当强化保护。在人格标识许可使用合同中，除人格标识使用条款之外，还具有合同应当具备的其他常见条款，例如管辖权约定条款、违约责任条款、价款支付条款等。在这些与人格标识使用没有关系的合同条款发生争议时，则不应当一概适用有利于人格权人的解释方法，[②] 而是应当从合同的文义解释出发，综合体系解释、目的解释、习惯解释和诚信解释等解释方法，确定合同条款的真实含义。

（三）人格权人的许可使用合同单方解除权规则

允许人格权人以合同的方式管领其人格标识的商业化利用，体现出对个人人格自由的尊重。然而，人格标识许可使用合同在履行过程中，随着客观条件发生变化，也可能产生威胁人格尊严保护的因素。按照合同严守原则，合同一经成立便不得随意解除，即使个人价值观

[①] 参见杨立新主编：《中华人民共和国民法典释义与案例评注：人格权编》，中国法制出版社2020年版，第170页。

[②] 参见最高人民法院民法典贯彻实施工作领导小组主编：《中华人民共和国民法典人格权编理解与适用》，人民法院出版社2020年版，第256页。

第六章 人格标识商业化利用的保护模式选择与规范建议

等因素发生了重大变化也不得解除合同,如此一来,将在一定程度上限制个人的人格自由发展。合同严守与人格自由发展之间的矛盾,实质上是合同法鼓励交易原则与人格尊严保护之间相互对立的写照,但这二者间的冲突并非不可调和。与财产权不同的是,人格权制度将维护个人人格尊严视作根本目的,就人格标识许可使用合同而言,尽管鼓励交易同样是一项理应追求的重要价值,但在维护人格尊严面前应退居其次。因此,当合同严守与人格自由发展产生矛盾之时,应当对前者进行适当突破,以便更好地维护个人的人格自由,即应当适当放宽人格权人依法解除人格标识许可使用合同的条件。① 对此,《民法典》第1022条作出规定,② 赋予人格权人单方解除人格标识许可使用合同的权利,具体包含以下三个方面的涵义:

第一,在合同对人格标识的许可使用期限没有约定或者约定不明确的情况下,当事人双方均享有对合同的任意解除权。此种合同解除不附有任何条件,不基于任何理由,也不存在当事人是否违约、是否承担违约责任的问题,而且无解除权行使时间的限制,欲解除合同的一方只须在合理期限之前通知对方当事人即可,其与不定期的持续性合同的解除规则是一致的,③ 目的是允许当事人根据其意愿尽早结束债权债务关系,从不定期之债的法锁中解放出来,恢复正常的生活与

---

① 参见王叶刚:《人格权商业化利用与人格尊严保护关系之辨》,载《当代法学》2018年第3期,第27页。
② 《民法典》第1022条规定:"当事人对肖像许可使用期限没有约定或者约定不明确的,任何一方当事人可以随时解除肖像许可使用合同,但是应当在合理期限之前通知对方。当事人对肖像许可使用期限有明确约定,肖像权人有正当理由的,可以解除肖像许可使用合同,但是应当在合理期限之前通知对方。因解除合同造成对方损失的,除不可归责于肖像权人的事由外,应当赔偿损失。"
③ 参见《民法典》第563条第2款对不定期持续性合同的解除规定。

法律秩序。也即是说，当合同未约定人格标识的许可使用期限或是约定不明确之时，人格权人如果认为合同的继续履行将对其人格利益造成损害，或者终止合同的履行将更有利于其人格的发展，人格权人可以根据其意愿随时解除合同，而无须承担任何违约责任。①

第二，在合同对人格标识的许可使用期限有明确约定的情况下，人格权人有正当理由的，可以解除人格标识许可使用合同。与前述规则不同，这是人格权人所特有的单方解除合同的规则，解除权人仅限于人格权人，而不包括被许可人。何谓解除合同的"正当理由"，学界的观点不一，有学者指出，若被许可人的行为影响到权利人人格的自由发展，后者得依法解除合同。② 也有学者认为，在履行人格标识许可使用合同的过程中，如果人格权人的政治立场、宗教信仰等与以往不同，则应当允许其依法解除合同。③《民法典》第1022条第2款规定的人格权人单方解除合同的"正当理由"究竟包含哪些方面，需要结合该条规则的立法目的加以判断。该条规则旨在给予人格权人更多的解除合同的权利，目的是在人格标识商业化利用的过程中加强对人格权人人格利益的保护，即当人格标识许可使用合同的继续履行会损害到人格权人的人格尊严、妨碍到人格权人人格自由发展时，应当允许人格权人终止合同关系，并撤销人格标识的许可使用。因此，"正当理由"应当与人格权人人格利益的保护有关，只要人格权人能举证

---

① 参见最高人民法院民法典贯彻实施工作领导小组主编：《中华人民共和国民法典人格权编理解与适用》，人民法院出版社2020年版，第258页。

② 参见姚辉：《人格权法论》，中国人民大学出版社2011年版，第395页。

③ See Huw Beverley‑Smith, Ansgar Ohly, Agnes Lucas‑Schloetter, *Privacy, Property and Personality：Civil Law Perspectives on Commercial Appropriation*, Cambridge University Press, 2005, p. 1.

第六章 人格标识商业化利用的保护模式选择与规范建议

证明或充分说明合同的继续履行会损害到其人格利益,影响到其人格尊严、人格自由,经法官自由裁量予以采信,即构成可以单方解除合同的"正当理由"。[①] 正当理由可以是《民法典》第563条所规定的合同法定解除事由,也即,当存在因不可抗力不能实现合同目的,被许可人预期违约,被许可人迟延履行主要债务经催告后仍不履行,被许可人存在迟延履行债务或其他违约行为导致无法实现合同目的以及法律规定的其他情形时,人格权人有权单方主张解除合同;正当理由也可以是《民法典》第563条规定的重大违约情形之外的一般违约情形。[②] 正当理由可能是人格权人自身的原因,也可能是被许可人的原因,还有可能是与当事人双方均无关的原因,但都须与对人格权人人格利益的保护有关。例如,某体育选手在退役之前许可他人在某体育商品之上使用其肖像标识,为该体育商品起到荐证作用,但在其退役之后已经转型为娱乐明星,此时继续在体育商品上使用其肖像标识可能会与其转型之后的形象定位产生冲突,影响其个人事业的发展,在许可使用合同到期之前,其提出解除肖像许可使用合同的,属于正当理由。又如,某国内知名艺人代言某国际奢侈品品牌,在合同履行过程中,该公司作出有损我国国家利益的行为,如果该艺人继续履行合同,显然会对其个人人格尊严造成损害,也会对其个人事业发展造成严重阻碍,此时该艺人提出解除合同当属于正当理由。[③]

[①] 参见最高人民法院民法典贯彻实施工作领导小组主编:《中华人民共和国民法典人格权编理解与适用》,人民法院出版社2020年版,第260页。
[②] 参见黄薇主编:《中华人民共和国民法典人格权编解读》,中国法制出版社2020年版,第156页。
[③] 参见最高人民法院民法典贯彻实施工作领导小组主编:《中华人民共和国民法典人格权编理解与适用》,人民法院出版社2020年版,第258页。

第三，人格权人依法任意解除人格标识许可使用合同的权利，并非以完全牺牲交易安全为代价。虽然基于人格权保护的原因，在能否解除合同的方面给予了人格权人一定的主动权，但被许可人的利益也不可因此被随意牺牲，应当注重双方当事人利益平衡的实现。首先，人格权人行使单方解除权应当在合理期限之前通知对方，以让对方当事人有一定的准备和缓冲时间。给对方留有合理的期限，是诚信原则的体现，当然如就期限长短发生争议，可由法官根据案件具体情况作出自由裁量。其次，人格权人因解除合同给被许可人造成损失的，除不可归责于人格权人的事由外，应当向被许可人赔偿因合同解除所造成的财产损失。① 所谓不可归责于人格权人的事由是指非因人格权人自身原因或与人格权人无关的正当事由而主张解除合同的情形。例如，前述举例中因国际奢侈品公司存在有损我国家利益的行为，而导致人格权人解除代言合同的情形，此时人格权人解除合同的理由不但属于正当理由，而且该解除事由也与人格权人无关，因此人格权人无须就此进行赔偿。再如前例所述若是因为运动员自身职业规划转型而要求解除人格标识许可使用合同，尽管解除合同的理由正当，但其系因人格权人自身原因所导致的合同解除，故需要向被许可人赔偿损失。所赔偿的财产损失的范围，应当以赔偿履行损失为宜。②

（四）"稳定对应联系"的姓名标识保护标准

在姓名标识商业化利用的情形中，应将形成稳定对应联系作为姓

---

① 参见高志明：《个人信息人格利益与财产利益分析》，载《大连理工大学学报（社会科学版）》2018年第1期，第83页。
② 参见最高人民法院民法典贯彻实施工作领导小组主编：《中华人民共和国民法典人格权编理解与适用》，人民法院出版社2020年版，第262页。

第六章 人格标识商业化利用的保护模式选择与规范建议

名标识受到法律保护的标准。我国《民法典》人格权编第1012条规定自然人有权"许可他人使用自己的姓名",是首次对姓名标识的商业化利用作出肯定。然而,在具体的司法实践中,法院如何适用上述条款为相关权利人提供司法救济,面临着一系列的问题:相关权利人何时才能享有对姓名标识进行商业化利用的权利;这项权利是否只能由名人享有,抑或是名人之外的普通人也可以享有;案涉姓名需要与权利人有多强的身份联系,才能被认定构成侵权等等。① 最高人民法院在乔丹姓名权案件中提出了"稳定对应联系说",为姓名标识的保护提供了参考标准。② 在姓名标识商业化利用的纠纷中,尤其是当姓名权与注册商标的权利产生冲突时,判断姓名标识能否受到保护应当从以下几方面进行考量:首先,考虑该姓名标识是否具有一定的社会知名度,为相关公众所知悉;其次,考虑相关公众是否使用该姓名标识指代某一特定自然人,即该姓名标识具有明确的指向性;最后,考虑该姓名标识与该特定自然人之间是否已经形成了稳定对应的联系。如果已经形成了稳定对应联系,则该姓名标识上所承载的商业利益就应当归属于该自然人。③ 在名人的姓名标识被非法商业利用的情形下,通过综合考虑以上因素,能为姓名标识的保护提供参考标准与依据。然而,随着"自媒体"时代的到来,名人之外的普通人的姓名标识被商业化利用的几率大大提升,以"稳定对应联系说"为姓名标识提供

---

① 参见崔国斌:《姓名商品化权的侵权认定思路》,载《清华法学》2021年第1期,第118页。
② 参见迈克尔·杰弗里·乔丹与国家工商行政管理总局商标评审委员会、乔丹体育股份有限公司商标争议行政纠纷案,最高人民法院(2016)最高法行再27号行政判决书。
③ 参见迈克尔·杰弗里·乔丹与国家工商行政管理总局商标评审委员会、乔丹体育股份有限公司商标争议行政纠纷案,最高人民法院(2016)最高法行再27号行政判决书。

保护时还应全面考虑以下问题，才能为姓名标识的商业化利用提供更为完善的保护：

第一，应将姓名标识商业化利用的权利延伸至所有人，名人之外的普通人也享有此项权利。随着商业经济与传媒科技的发展，除名人之外，普通人的姓名标识所具有的商业价值不断攀升。从相关的商业实践活动来看，商业经营者在利用权利主体的姓名标识从事商业活动的过程中，主要存在着两种销售类型：其一，利用消费者对特定自然人的喜爱，通过在商品上使用该自然人的姓名标识来快速吸引消费者的注意，进而将消费者对该自然人的喜爱转嫁于特定的商品之上，帮助提升商品的销售数量，获取经济收益；其二，利用特定主体对某种商品使用的事实，让广大消费者对某种商品的质量保障产生信赖，进而促进消费者实施购买行为。前一种类型主要体现为利用名人的姓名标识展开商业推销，而后一种类型则并不局限于名人，只要该等主体的身份及使用商品的经历为真实可查证，就可能让消费者产生信任之感，有时普通人真实的购买经历会更具有可信度，更能帮助打消消费者的疑虑。① 在当今互联网时代，越来越多的商业经营者选择利用社交媒体之上的熟人朋友圈关系来推销商品，Facebook 的首席执行官马克·扎克伯格（Mark Zuckerberg）曾说道："没有什么比熟人推荐更有影响力了"，面对市场上琳琅满目的商品，消费者难以比较抉择，这时候朋友真实使用推荐的价值可能远胜于名人推荐。网络技术的发展促使广告商业模式不断更新，区分名人与非名人显得越来越武断，②

---

① 参见崔国斌：《姓名商品化权的侵权认定思路》，载《清华法学》2021 年第 1 期，第 119 页。
② Raley v. Facebook, Inc., 830 F. Supp. 2d 785 (2011).

第六章　人格标识商业化利用的保护模式选择与规范建议

并且知名度本身也是一个相对模糊、缺乏明确判断标准的概念，① 此时如果仍坚持商业化利用姓名标识需要以自然人具有一定的知名度为前提，可能会严重偏离目前数字社会的实践情况，无法对社会生活的发展作出积极有效的回应。② 对于普通自然人而言，知名度并非是享有姓名标识商业化利用权利的前提，相反，它仅仅是姓名标识与自然人身份联系的辅助证据。③

第二，只要实质数量的公众能将姓名标识与自然人身份联系起来即构成"形成稳定对应联系"，而无须达到"唯一对应"的程度。在司法实践中，认定公众能否具体识别相关姓名标识与主体之间的身份关联，高度依赖于法官的自由裁量权。在判断何谓"形成稳定对应联系"时，可以借鉴商标法如何处理商标侵权"混淆可能性"的问题。在商标侵权诉讼中，法院在裁判中通常难以掌握实际混淆的证据，法官实际是模拟商标使用者事先决策的过程，根据一般消费者的常识来推断预测侵权风险的大小，因此，相关权利人在诉讼中并不需要证明一定数量的典型消费者实际产生混淆，只须证明消费者具有被误导的可能性即可。④ 对于"形成稳定对应联系"而言，要求公众将姓名标识与自然人身份联系起来的识别比例达到100%，即形成唯一对应关系显然是不合理的，这会大大激励侵权者的搭便车行为。考虑识别率

---

① 参见王利明：《公众人物人格权的限制和保护》，载《中州学刊》2005年第2期，第94页。
② 参见崔国斌：《姓名商品化权的侵权认定思路》，载《清华法学》2021年第1期，第120页。
③ 参见崔国斌：《姓名商品化权的侵权认定思路》，载《清华法学》2021年第1期，第123页。
④ See Ann Bartow, *Likelihood of Confusion*, 41 San Diego L. Rev. (2004), p.721, 763.

的下限，部分案件中低至5%的识别率可以被接受，① 但也仅是个案，而并非一个普遍适用的数值。法院在适用"形成稳定对应联系"进行个案裁量时，应当基于不同的市场现实，选择一个恰当的识别比例。② 对于普通消费者而言，能否将相关姓名标识与特定的主体身份之间产生稳定对应联系，有赖于该等标识的显著性、目标消费人群的认知、相关服务或商品的种类、附带的个人信息内容等多重因素。③ 法院应对上述因素进行综合考量，作出合理判断。

（五）"可识别性"的肖像标识保护标准

在肖像标识商业化利用的情形中，应将具有可识别性作为肖像标识受法律保护的判断标准，这主要基于如下原因：首先，肖像权拥有标表性人格权的权利属性。④ 标表性人格权是以民事主体的外在标志和表征为内容，起到将某一民事主体与其他民事主体相区别作用的人格权。⑤ 如果某肖像不具有可识别性，无法将某一主体与其他主体区别开来，则在行为人擅自利用该肖像时，权利人也难以主张其遭受了人格权益的损害。正是由于肖像能够识别个体，其公开与利用始为私

---

① 例如对于乔丹此类粉丝基数庞大的篮球明星，即便名人身份被识别的比例低至5%，商业经营者仍可通过使用篮球明星的姓名标识获得丰厚的经济收益，在此类案件中，法院选择支持名人的姓名标识应受保护是合理的选择。参见崔国斌：《姓名商品化权的侵权认定思路》，载《清华法学》2021年第1期，第129页。
② 参见崔国斌：《姓名商品化权的侵权认定思路》，载《清华法学》2021年第1期，第129页。
③ 参见崔国斌：《姓名商品化权的侵权认定思路》，载《清华法学》2021年第1期，第127页。
④ 参见王叶刚：《论肖像的可识别性及其判断》，载《四川大学学报（哲学社会科学版）》2018年第3期，第28页。
⑤ 参见王利明：《人格权法》（第二版），中国人民大学出版社2016年版，第31页。

人之事务，个人人格亦得以彰显。① 其次，肖像标识具有可识别性是肖像权获得消极保护和积极利用的前提。在人格权发展的初始阶段，受"人是目的而非手段"思想的影响，人格权仅具有消极防御的效力，而不具备积极利用的作用。② 随着人格尊严的内涵扩张包含了"人格自由发展"的内容，人格权制度的内容才相应发生了变化。③ 肖像权作为一种具体人格权，其既具有消极防御的内容，同时也具备积极利用的权能，但无论是肖像权遭受侵犯后的防御救济，还是肖像权人对其肖像的积极利用，可识别性都是一项不可或缺的前提。当行为人丑化、污损、伪造无可识别性的肖像或是商业化利用无可识别性的肖像时，权利人将难以证明案涉肖像的使用与其本人具有何种关联，亦无法证明行为人的加害行为将对其本人造成何种影响，自然也无权请求行为人承担相应侵权责任。④ 最后，以可识别性作为保护标准是汲取司法实践有益经验，顺应时代发展之举措。在《民法典》颁布之前，我国法律并未对肖像的概念作出明确界定，此前学界对肖像的构成要件存在多重见解，实务中主要将面部形象的呈现以及呈现的完整性作为认定肖像构成的决定性要件，尤其是《民法通则》将以营利为目的作为侵犯肖像权的侵权责任构成要件在司法实践中曾饱受诟病。《民法典》在汲取司法实践经验的基础之上，于第1018条第2款明确

---

① 参见王叶刚：《论肖像的可识别性及其判断》，载《四川大学学报（哲学社会科学版）》2018年第3期，第28页。
② 参见朱高正：《康德的自然法学——自由与和平的哲学》，载郑永流主编：《法哲学与法社会学论丛》（第二辑），中国政法大学出版社2000年版，第279页。
③ 参见陈龙江：《人格标志上经济利益的民法保护》，法律出版社2011年版，第200页。
④ 参见王叶刚：《论肖像的可识别性及其判断》，载《四川大学学报（哲学社会科学版）》2018年第3期，第28页。

了肖像的构成要件,对肖像应具有可识别性作出明确规定。

可识别性标准在具体司法案件中是一个相对抽象的概念,法官具有较大的自由裁量权,只有将这一主观性较强的标准具体化,才能在案件中具有可实操性。如何进行肖像可识别性的具体认定,应当从肖像可识别判断的主体标准与肖像可识别性的判断依据两方面来进行思考:

1. 肖像可识别判断的主体标准

从司法实践来看,关于肖像可识别性判断的主体,法院并未达成一致观点,主要存在社会一般人标准[①]、权利人或者社会一般人标准[②]、一定范围内的特定主体标准[③]三种观点。以上三种观点均存在一定合理之处,但若不区分具体情形而一概适用某一种标准,则会产生实践中的冲突。完全根据社会一般人的标准来判断可识别性并不准确:囿于每个个体拥有不同的社会知名度,公众人物的知名度较高,社会一般人很容易就能识别出案涉肖像与公众人物是否具有关联,然而对于非公众人物而言,其具备的社会知名度与影响力有限,即便行为人直接利用照片、录像等肖像,社会一般人也难以将案涉肖像与非公众人物产生关联,此时一律以一般理性人的标准来判断肖像可识别与否,可能难以有效保护非公众人物的肖像权。而如果仅是根据权利人能否识别加以判断,显然又会使肖像的保护范围不当扩张,导致社会公众在利用肖像开展正常社会活动时受到极大的拘束。一定范围内的特定

[①] 参见北京市东城区人民法院(2002)东民初字第 6226 号民事判决书;江苏省南京市江宁区人民法院(2017)苏 0115 民初 8451 号民事判决书。
[②] 参见广东省广州市荔湾区人民法院(2017)粤 0103 民初 4469 号民事判决书。
[③] 参见北京市第一中级人民法院(2013)一中民终字第 05303 号民事判决书。

第六章　人格标识商业化利用的保护模式选择与规范建议

主体标准看似介乎上述两者之间，但在具体适用时又不甚明确，在考虑主体范围时容易产生疑问。本书认为，对于肖像可识别性的判断，应当区分不同情形，分别进行认定：

第一种情形：以直接展现个人形象的方式利用肖像，例如照片、录像等。此种情形下，由于案涉照片、录像对于直观展现个人形象而言已然足够，作为涉案证据的关联性十分紧密，此时无须引入社会一般人标准或权利人标准来认定案涉照片、录像是否属于权利人的肖像，可以直接将案涉照片、录像与权利人本人的肖像进行对比，必要时可以借助技术分析手段，认定其是否属于该权利人的肖像。

第二种情形：以非直接展现个人形象的方式利用肖像。具体又可区分为照片 Photoshop 处理、照片模糊化处理等加工利用个人形象的行为，以及创建卡通漫画形象、雕塑素描形象等借助其他艺术手段利用个人形象的行为。对于以非直接展现个人形象的利用方式而言，既不能一概以社会一般人标准进行判断，也不能完全基于权利人标准进行认定。法律之所以为个体肖像提供保护，其保护的法益并不是作为精神利益载体的肖像本身，而是一种人格权益，其源自肖像与个人身份之间的关联。每个个体拥有的社会影响力、曝光范围不尽相同，由此产生的人格权益在范围上亦各自有别，因此在判断肖像的可识别性时，需要将权利人的社会知名度、社会交往范围等诸多因素纳入考虑范围。[①] 对普通自然人而言，其肖像的识别范围不应超出其熟识的亲友、邻居、同事，当这些人群能够在肖像载体与该自然人间建立联系时，则肖像应当受到保护；而当肖像载体所指向的对象是影视明星等具有

---

① 参见王叶刚：《论肖像的可识别性及其判断》，载《四川大学学报（哲学社会科学版）》2018 年第 3 期，第 30 页。

知名度的社会名人时，识别范围应当扩张到一般社会公众，而不能只局限于名人周边关系密切的亲友同事。①

2. 肖像可识别性的判断依据

肖像可识别性的判断依据，是指判断某肖像可识别与否所依据的内容，这实际上涉及到肖像保护范围的界定问题。对此，学界一直以来存有争议，此前司法实务中主要将肖像的保护范围局限于面部形象，并且要求面部形象的呈现需具备完整性，因此有学者指出肖像是反映自然人五官形象的作品，即把肖像的保护范围仅限于自然人的面部特征。② 与此相对的是，另有学者认为肖像的保护范围应跨出面部特征的狭隘范围，进一步包含体态相貌等其他外部特征。③ 尽管自然人的体貌相较而言不易识别出个体，但依旧属于外在形象的一部分，理应纳入肖像的射程之内。④ 笔者对后一种观点表示赞同，认为尽管肖像是以面部特征为中心，但肖像不应只局限于个人的面部特征，只要某一形象能反映出特定自然人的外部特征，在外人看来能与特定自然人建立对应的联系即可，具体应从以下三方面来进行理解：

第一，从外部形象与面部形象的关系来看，肖像之像不仅仅指面部五官形象，自然人具有可识别性的其他外部特征亦包括在内，即肖像既包括面貌五官也包括外在形体。例如，著名篮球运动员姚明的形象极具特色，即便其不露出面部，社会公众仅凭借其外部形体轮廓特征也可以识别出是姚明本人。

---

① 参见刘承韪：《影视演员肖像权纠纷的实证研究》，载《山东科技大学学报（社会科学版）》2019年第1期，第30-31页。
② 参见张俊浩主编：《民法学原理》，中国政法大学出版社1991年版，第149页。
③ 参见杨立新：《人身权法论》，人民法院出版社2002年版，第459-460页。
④ 参见隋彭生：《论肖像权的客体》，载《中国法学》2005年第1期，第51页。

第二，从整体形象与局部形象的关系来看，自然人的整体形象与局部形象都可以作为肖像的内容，只要达到足以认定与某一自然人的形象具有一致性即可，即使该形象只是某一自然人外部形象的一部分。例如某一手模的手具有极强的识别性，很多人都可以辨别出，则该模特的手部形象也可以纳入肖像的保护范围。①

第三，从更广泛上的意义而言，肖像不仅包含自然人的真人形象，同时也包括经艺术处理后的卡通漫画形象。尽管卡通漫画中的个人形象并非是对被呈现者外貌的直观再现，一般都加入了作者的主观创作，但如果仅仅是因为其包含创作者的主观构思就排除对被呈现者肖像权的保护，将导致自然人的肖像在变化表现形式之后被随意滥用。卡通漫画形象作为一种绘画艺术的产物，只要是可识别的自然人形象的艺术表现，就可以赋予其肖像权客体的地位。尤其当卡通漫画形象旁还配有旁白台词或文字解释，而这些旁白台词和文字解释正是源于肖像权人的代表作或与肖像权人的个人经历高度相关，就足以判断其意在指引公众将该卡通漫画形象与肖像权人本人产生对应联系，进而利用肖像权人的社会知名度与影响力来起到广告宣传的作用。例如，在酷似赵本山本人形象的卡通人物旁配上"您有才""不差钱"等经典台词，将使该卡通人物明确指向赵本山本人，由此构成对权利人肖像权的侵犯。②

（六）死者人格标识财产利益的可继承性

近年来我国对死者的人格标识进行商业化利用的现象愈发普遍，

---

① 参见黄薇主编：《中华人民共和国民法典人格权编解读》，中国法制出版社2020年版，第142页。
② 参见高翼飞：《角色形象成为演员肖像权的客体考量》，载《人民司法》2013年第16期，第40页。

现实生活中不乏将已故名人的姓名、肖像等人格标识付诸商业化利用的行为，具体商业化利用的方式不一而足，包括将死者的肖像印制在纪念品上，将死者的姓名注册为商标、商号，将死者生前的艺术照用于商品包装等。已逝自然人的人格标识中蕴藏着巨大的经济价值，现实生活中相关司法案件争议不断。整体而言，我国司法实践中对死者人格标识财产利益的认识程度不断加深，法律保护力度不断加大，但相对于死者人格精神利益的保护而言仍明显不足。究其原因，在于立法对死者人格财产利益的保护规则尚有待明确。尽管我国《民法典》第994条在一定程度上承认了对死者人格财产利益的保护，但其关注的核心仍是对死者传统人格精神利益的保护。长期以来，我国在论及对死者的保护时，基本探讨的都是对于死者人格利益中的精神利益的保护，而鲜少论及对于死者人格利益中的财产利益的保护。我国的立法，应在未来充分考量死者人格财产利益的获得主体、死者人格财产利益的保护期限、侵害死者人格财产利益的救济方式等问题，并对相关内容作出具体规定，才能使法院在裁判相关案件时有法可依，避免类案异判、保护力度不一等问题出现。

从比较法的法治经验来看，世界各国大多都认可人格权应同时包含精神利益与财产利益，而且在自然人死亡后，各国也基本认可除精神利益之外，应当同时对死者人格利益中的财产利益提供保护。[①] 两大法系中最具代表性的美国法与德国法均确立了对死者人格标识财产利益的保护，尽管二者所采取的法律保护模式不同，美国法采取了独立的公开权保护模式；德国法未新设财产权，仍在人格权的范畴之内

---

① 参见王叶刚：《论侵害死者人格利益的请求权主体》，载《清华法学》2021年第1期，第181页。

第六章 人格标识商业化利用的保护模式选择与规范建议

提供保护。但这两种法律保护模式均认可在自然人去世之后，其人格标识之上的财产利益具有可继承性，死者之继承人合法享有这项财产利益，即应当由死者之继承人来对死者人格标识的商业化利用活动进行管理和保护。

本书认为，在自然人去世后，死者人格利益中的财产利益并不会随自然人的故去而自然消亡，死者的人格标识对于社会公众而言仍然存在价值，死者尤其是已逝名人的姓名、肖像、声音等人格标识一旦投入到商品经济领域，依然具有巨大的消费者吸引力，可以创造出商业经济利润。[①] 已故自然人具有较好的社会声望形象，乃是其生前个人努力的成果，其人格标识所蕴藏的经济价值应当如同其他财产利益一般，于其死亡之后，由其继承人享有，而不能当然视作进入公共领域，任由他人随意滥用，如此才能更好地保护个人对其财产的自主权利，同时也更有利于维护死者的正面形象。[②] 这项经济权利如果不能由死者之继承人享有，显然存在不公平。因此，我国应当确认死者人格标识财产利益具有可继承性，死者之继承人有权利对死者的人格标识进行商业化利用，以此实现对死者人格财产利益的延伸保护。

对死者人格标识商业化利用的保护，具体可以考虑构建如下的规则：第一，确认死者人格标识财产利益具有可继承性。死者人格标识财产利益的获得主体为死者的继承人（包括受遗赠人），具体可以采用法定继承、遗嘱继承及遗赠的方式进行，即死者可以在生前通过立遗嘱的方式提前对其人格标识财产利益作出安排。对于有遗嘱的情形，

[①] 参见杨立新：《人格权法》，法律出版社2015年版，第91页。
[②] 参见王泽鉴：《人格权法：法释义学、比较法、案例研究》，北京大学出版社2013年版，第290页。

应当遵循死者意愿；对于无遗嘱的情形，则采用法定继承。第二，对死者人格标识财产利益的保护，需要设立保护期限。当死者之继承人为自然人时，死者人格标识财产利益在该继承人生存期间受到保护；当该财产利益的受遗赠人是法人或非法人组织时，则仅在死者死亡后的一定期间内（可参考《著作权法》对著作财产权的保护期限，以50年为宜）受到保护。当保护期限届满，死者的人格标识就成为一种社会公共资源，人人得而用之，以此来更好地满足社会文化需求，创造社会价值。第三，出于国家利益和社会公共利益目的的利用行为，应当优先予以保障，死者之继承人不得任意加以干预阻止。例如使用著名历史人物的姓名来命名学校和图书馆等机构的名称，发行著名历史人物的纪念邮票等，这些情形对死者人格标识的利用有利于倡导良好的社会文化风尚，缅怀死者的生前贡献。第四，他人对死者人格标识进行商业化利用之时，应先征得死者继承人的同意。未经许可擅自对死者人格标识进行商业化利用的，构成对死者继承人合法享有的财产权利的侵犯。与此同时，在对死者人格标识进行使用之时，应当保护死者的人格精神利益，不得违背死者生前明确和可推知的对其人格标识商业化利用的意思，不得有损死者尊严。[①]

三、完善人格标识非法商业利用的责任救济制度

（一）人格标识非法商业利用的侵权责任构成要件

完善人格标识非法商业利用的责任救济制度，首先应当明确人格标识非法商业利用的侵权责任构成要件。通常情形下，侵权责任的构

[①] 参见杨立新：《人格权法》，法律出版社2015年版，第92-93页。

第六章 人格标识商业化利用的保护模式选择与规范建议

成要件包含以下四个方面：被告具有过错；被告对原告实施了加害行为；原告遭受损害；加害行为与损害后果之间具有因果关系。人格标识非法商业利用的侵权责任构成要件有一定的特殊之处，对此应适用无过错责任的归责原则，即对人格标识的侵害，不以被告具有故意或过失为要件。这是因为非法商业利用人格标识的侵权人通常都是商业经营者，其相对于人格权人而言具有良好的经济能力，处于更为优势的地位，适用无过错责任原则有利于减轻处于弱势地位的人格权人的证明责任，使人格权人更容易获得法律保护。在美国的司法实践中，适用无过错责任原则来为人格标识的权利人提供保护已经得到了普遍的应用。美国专设公开权制度来为人格标识的商业化利用提供保护，原告若想赢得公开权侵权之诉，通常须证明以下要件：第一，原告是公开权的合法主体，原告既可以是人格权人本人，也可以是公开权的受让人；第二，被告实施了商业化利用原告人格标识要素的行为，包括原告的姓名、肖像、身份、人格等；第三，被告行为未经过原告的同意；第四，被告的使用行为损害了原告人格标识要素中的商业价值。[1] 在美国法下，对公开权的侵害，不以被告具有故意或过失为要件，故意或过失只是量定损害赔偿数额的参考因素。[2] 笔者对美国法所采取的无过错责任原则表示赞同。人格标识体现出人格利益，人格权具有绝对权属性，在此种权利遭受侵犯之际，无须考虑行为人是否具有过错，过错只应对财产损失赔偿的数额产生影响，这体现出权利

---

[1] See Julius C. S. Pinckaers, *From Privacy toward a New Intellectual Property Right in Persona*, Kluwer Law International Press, 1996, p. 281.

[2] 参见王泽鉴：《人格权法：法释义学、比较法、案例研究》，北京大学出版社2013年版，第302页。

人与行为人的利益平衡以及个人利益与社会利益的平衡。①

本书认为，人格标识非法商业利用的侵权责任构成要件应当包含以下要素：1. 加害行为：被告未经许可，实施了对原告人格标识的商业化利用行为；2. 损害后果：原告人格标识要素中的商业价值蒙受损失；3. 因果关系：原告所遭受的经济损失是由于被告的加害行为而造成。此外，须对两点内容特别注意：第一，对损害后果的证明责任不宜过于严格。不同于有体物，人格标识具有无形性，可以被反复利用，也可以被不同主体同时利用，行为人侵害他人人格标识，通常并不会对权利人造成有形的损害。因此，从客观上看，权利人在证明被告行为造成了何种确定的财产损失时会遇到极大阻力。② 若是忽视了人格标识的特殊之处，向权利人施以证明既有利益减少与可得利益丧失的严格举证责任，侵权法的损害预防功能将大打折扣。对此，有学者指出，只要行为人未经权利人同意，对其人格标识进行了商业化利用，法院即可径行认定权利人因此遭受了财产损失，即行为人的非法利用行为可能造成权利人人格标识中经济价值的贬损，可能使权利人丧失一定的许可使用费以及可能使权利人丧失一些对其人格标识进行商业利用的潜在机会。③ 第二，原告不只限于人格权人，还包括人格标识许可使用合同的被许可人（通常为排他许可），只要对人格标识享有合法使用的权利，即可作为适格主体请求被告停止其非法商业利用人

---

① 参见张丹丹：《商品化权侵权责任的认定》，载《东北大学学报（社会科学版）》2010年第5期，第443页。
② See Ewoud Hondius, André Janssen, *Disgorgement of Profits, Gain - Based Remedies Throughout the World*, Springer, 2015, p. 224.
③ 参见王叶刚：《论人格权擅自商业化利用中的获利赔偿请求权》，载《法学评论》2016年第4期，第60-61页。

第六章 人格标识商业化利用的保护模式选择与规范建议

格标识的侵害行为。

(二) 人格标识非法商业利用的责任承担方式

面对人格标识被非法商业利用的情形,权利人可根据《民法典》的相关规定寻求法律救济,要求行为人承担相应民事责任,具体而言,权利人可主张的责任承担方式主要分为以下三类:第一,《民法典》人格权编新增人格权禁令制度,当权利人有证据证明行为人正在实施或者即将实施非法商业利用其人格标识的行为,若不及时制止该行为,将导致损害结果的迅速扩大,使权利人承受难以弥补的损失的,权利人可以向法院提出申请,请求法院颁布禁令,从而及时制止行为人非法商业利用其人格标识的侵害行为。第二,权利人可主张行为人承担停止侵害、排除妨碍、消除危险等预防性民事责任。《民法典》颁布后,人格权独立成编,权利人享有单独的人格权请求权,对于停止侵害、排除妨碍、消除危险的预防性民事责任,权利人既可以依据人格权请求权提出,也可以依据侵权请求权提出,此时构成请求权的竞合,按照私法自治原则,权利人可自由选择主张何种请求权来寻求法律救济。[①] 第三,因人格标识非法商业利用的行为给权利人造成财产损失的,权利人有权依据侵权请求权要求行为人承担财产损失赔偿责任。[②]

(三) 财产损失赔偿与精神损害赔偿的平衡

需要特别关注的是,前述三类责任承担方式主要是针对权利人财产利益的损害而展开,在非法利用人格标识的过程中,权利人也可能

[①] 参见王利明:《论人格权请求权与侵权损害赔偿请求权的分离》,载《中国法学》2019年第1期,第243页。
[②] 以上三类责任承担方式的内容含义及适用情形已在前文第五章第二节至第四节进行详细论述,此处不再展开。

遭受精神利益的损害，此时权利人能否同时主张精神利益相关的责任承担方式尚存疑问。王利明教授对此提出在构建人格标识商业化利用制度时，应当做好财产损失赔偿与精神损害赔偿的平衡。① 从比较法的视角来看，美国法与德国法均认可，如果非法商业利用人格标识的行为给权利人造成精神痛苦的，权利人有权同时请求精神痛苦的损害赔偿。在美国法下，权利人可因行为人为自己的利益而擅自使用权利人的姓名、肖像的行为构成对权利人隐私权的侵害，而向行为人请求精神痛苦的损害赔偿。同时，权利人也可以行为人擅自使用其姓名、肖像，侵害其人格特征所体现的财产价值，构成对权利人公开权的侵害，而向行为人请求支付利用其人格标识作商业广告通常所须支付的报酬。在此情形下，行为人实际侵害了权利人两个相互独立的权利，一为隐私权，一为公开权，二者发生聚合关系。权利人可同时要求行为人承担精神痛苦与财产价值的损害赔偿。在德国法下，行为人未经同意，擅自以权利人的姓名、肖像作商业代言广告的，构成对《德国民法典》第12条规定的姓名权、《艺术及摄影作品著作权法》第22条规定的肖像权以及一般人格权的侵害。权利人就其因此所受精神痛苦，可以《德国基本法》第1条第1项及第2条第1项为基础，请求精神上的抚慰金赔偿。也即，在德国法下，权利人就其人格标识遭受侵害，可同时主张精神利益和财产利益的损害赔偿。②

本书认为，人格标识的商业化利用主要体现的是人格权权利内涵中的财产性面向，商业经营者之所以对人格标识进行商业化开发利用，

---

① 参见王利明：《人格权法研究》（第二版），中国人民大学出版社2012年版，第245页。
② 参见王泽鉴：《人格权法：法释义学、比较法、案例研究》，北京大学出版社2013年版，第292-293页。

其目的在于挖掘人格标识中所蕴藏的商业价值，作为一项具有明显财产性价值的权利，当此项权利遭受损害时，财产损失赔偿成为寻求法律救济的主要途径。[1] 应当注意的是，尽管人格标识非法商业利用的行为在大部分情况下只涉及权利人的财产损害，但是对于一些侮辱贬损性的商业利用行为或者违背权利人生活观念的商业利用行为，也可能对权利人造成精神损害。例如本以清新校园形象示人的艺人的肖像被商业经营者用于香烟或酒精产品的广告中，将让观众产生不相容的价值碰撞，进而可能让观众对该艺人的形象产生消极认知。再如一些名人在成为素食主义者之后就不再接肉类广告的代言，在体会到酒精对人的损伤之后就拒绝为酒类产品作广告，此时商业经营者若将权利人的形象用于肉类或酒类产品广告，将给权利人的生活观念带来冲击，对权利人造成精神损害。此外，对于普通人而言，非法商业利用人格标识的行为给其造成精神损害的几率可能更大。不同于名人的职业取向，大多数普通人并不习惯于将其个人形象曝露在社会公众面前，若强行将其形象公开于大众面前，将破坏其所享有的"独处的权利"，给其造成精神痛苦。面对人格标识非法利用给权利人造成的精神损害，权利人可依据人格权请求权要求行为人承担消除影响、恢复名誉、赔礼道歉的民事责任（《民法典》人格权编第995条），同时可依据侵权请求权要求行为人承担精神损害赔偿的责任（《民法典》侵权责任编第1183条）。对此，应综合考量行为人的过错程度，行为人的获利情况，侵权行为的目的、方式、场合，侵权行为所造成的后果等因素来最终确定精神损害的赔偿数额。

---

[1] 参见姚辉：《关于人格权商业化利用的若干问题》，载《法学论坛》2011年第6期，第13页。

结 论

伴随传媒科技的迅速发展，广告宣传的方式不断发生革新。得益于"名人效应"，姓名、肖像、声音等人格标识在激烈的市场竞争中发挥出日趋重要的作用。姓名、肖像、声音等人格标识所具有的印象转移功能能够让消费者将其对某特定人物的喜爱"移情"于人格标识所附着的商品或服务之上，进而起到刺激消费、促进销售的作用。近年来人格标识商业化利用的现象愈发普遍，我国《民法典》及时回应社会需求，于人格权编第993条对人格标识的许可使用作出规定，为人格标识的商业化利用提供了开放的空间。

人格标识在商业化利用的过程中同时具备精神利益与财产利益的双重属性。在精神利益层面，人格标识的商业化利用以人格特质为基础，须在维护人格尊严的前提下进行；在财产利益层面，人格标识的商业化利用本质上是一种市场行为，讲求通过资源的合理配置，实现经济效率的提升，使得人格利益中蕴藏的财产价值得以释放。在人格标识商业化利用的过程中，如何实现精神利益与财产利益之间的协调，如何达到人格尊严保护与经济效率提升之间的平衡，是学界争议的焦点与难点。

基于此，针对人格标识商业化利用的法律保护，学界主要形成了一元论保护模式与二元论保护模式的两种制度进路。一元论保护模式主张在既有人格权体系的基础之上，通过扩张具体人格权和一般人格权的内涵来实现对人格标识商业化利用的保护。而二元论保护模式则强调在既有人格权体系之外，专门创设单独的财产权利类型实现对人格标识商业化利用的保护。本书认为一元论保护模式是适应当下我国国情的现实选择。我国通过《民法典》人格权编已经建立起了较为完备的人格权权利体系，面对人格标识商业化利用的法律保护问题，我国只须在人格权的制度体系之内，扩张既有人格权的内涵，使其同时包含积极利用的权能即可得以解决。在一元论保护模式之下，人格标识虽无法直接转让，但借助于许可使用合同，同样能够实现人格标识商业化利用的目的。二元论保护模式将人格标识视作普通财产进行任意转让，看似维护了当事人的意思自由，但却在一定程度上割裂了人格精神利益与财产利益之间的联系。如果人格标识的转让成为可能，人格权中经济价值的利用将脱离个人的控制，人格尊严可能会因为人格标识的过度开发利用而遭受侵害。

  人格标识的商业化利用首先须遵循人格尊严保护的基本原则。生命权、身体权、健康权等物质性人格权不得成为商业化利用的对象，并且人格标识不得让与，人格标识的商业化利用只能通过许可使用的方式展开。在具体订立人格标识许可使用合同的过程中，也应当突出对人格权益的保护，设计出有利于人格权人的规则：当事人对人格标识使用条款的理解存有争议的，应当作出有利于人格权人的解释；在人格权人有正当理由的前提下，赋予人格权人及时撤回许可、单方解除许可使用合同的权利。与此同时，对人格标识商业化利用的保护，也应当遵守利益平衡原则，兼顾双方当事人的利益，避免对某一方当事人的过分偏袒倾斜，着力保障交易安全，进而增进双方当事人在商业活动中的互信，提升经济效率，真正发挥人格标识的市场作用。姓名标识与肖像标识作为最为典型的两类人格标识，在商业市场中应用最为广泛，司法争议最多。对此，应当确立恰当的保护标准，应以"稳定对应联系"原则作为姓名标识的保护标准，以"可识别性"原则作为肖像标识的保护标准,如此才能增加权利人对其商业化利用行为的可预期性,便于其在遭受侵害时寻求适当的法律救济途径。此外,我国还应确立死者人格标识财产利益的可继承性,以充分实现对人格利益的延伸保护。当然,人格标识在商业化利用的过程中还应遵守公序良俗的基本原则,不得以"低俗化""无序化"的方式对个人形象展开利用,避免个人形象滥用对社会公共利益造成冲击。

本书以人格标识商业化利用的法律保护为研究对象,着力解决人格标识在商业化利用的过程中面临的核心法律问题。现实问题纷繁复杂,仅以本书自然难以穷尽,在司法实践中尚存许多细节问题有待进一步探索。例如有学者提出,可否从人格自治、表达自由等角度对人格标识的商业化利用施加合理限制等,这些问题具有积极意义,从不同角度提供了新的思路,都有待于日后的更深一步研究。笔者相信随着学术界的不断探讨与司法案例的不断论证,我国对于人格标识商业化利用的法律保护规则将日趋完善,终将形成充分完备的法律保护制度体系。

参考文献

一、中文类参考文献

(一)著作类

1. 祝建军:《人格要素标识商业化利用的法律规制》,法律出版社2009年版。

2. 王利明:《人格权法研究》(第二版),中国人民大学出版社2012年版。

3. 王利明:《人格权法》(第二版),中国人民大学出版社2016年版。

4. 杨立新:《人格权法》,法律出版社2015年版。

5. 最高人民法院民法典贯彻实施工作领导小组主编:《中华人民共和国民法典人格权编理解与适用》,人民法院出版社2020年版。

6. 杨立新:《人身权法论》,人民法院出版社2002年版。

7. 王泽鉴:《人格权法:法释义学、比较法、案例研究》,北京大学出版社2013年版。

8. 纳日碧力戈:《姓名论》,社会科学文献出版社2002年版。

9. 陈龙江:《人格标志上经济利益的民法保护》,法律出版社2011年版。

10. 马俊驹:《人格与人格权理论讲稿》,法律出版社2009年版。

11. 冯晓青:《知识产权法哲学》,中国人民公安大学出版社2003年版。

12. 张红:《人格权总论》,北京大学出版社2012年版。

13. 张红:《人格权各论》,高等教育出版社2015年版。

14. 吴汉东、胡开忠：《走向知识经济时代的知识产权法》，法律出版社 2002 年版。

15. 刘春田主编：《知识产权法》（第四版），中国人民大学出版社 2009 年版。

16. 郑成思：《著作权法》（修订本），中国人民大学出版社 1997 年版。

17. 张俊浩主编《民法学原理》，中国政法大学出版社 1991 年版。

18. 黄薇主编：《中华人民共和国民法典人格权编解读》，中国法制出版社 2020 年版。

19. 王利明主编：《人格权法新论》，吉林人民出版社 1994 年版。

20. 北京市律师协会组织编写：《中国影视娱乐合同范本与风险防范》，北京大学出版社 2019 年版。

21. 王利明：《人格权重大疑难问题研究》，法律出版社 2019 年版。

22. 李明德：《美国知识产权法》，法律出版社 2014 年版。

23. 杨立新主编：《中华人民共和国民法典释义与案例评注：人格权编》，中国法制出版社 2020 年版。

24. 杨立新：《人身权法论》，中国检察出版社 1994 年版。

25. 张新宝：《名誉权的法律保护》，中国政法大学出版社 1997 年。

26. 郭明瑞、房绍坤、唐广良：《民商法原理（一）：民商法总论，人身权法》，中国人民大学出版社 1999 年版。

27. 梁慧星：《民法总论》，法律出版社 2001 年版。

28. 程啸：《侵权责任法》（第 2 版），法律出版社 2015 年版。

29. 杨立新：《侵权法论》（第五版），人民法院出版社 2013 年版。

30. 王胜明主编：《中华人民共和国侵权责任法释义》，法律出版社 2010 年版。

31. 王利明：《债法总则研究》，中国人民大学出版社 2015 年版。

32. 姚辉：《人格权法论》，中国人民大学出版社 2011 年版。

33. 钟鸣：《论人格权及其经济利益》，载王利明主编：《民法典·人格权法重大疑难问题研究》，中国法制出版社 2007 年版。

34. 朱高正：《康德的自然法学——自由与和平的哲学》，载郑永流主编：《法哲学与法社会学论丛》（第二辑），中国政法大学出版社 2000 年版。

（二）译著类

1. ［德］伊曼努尔·康德：《道德形而上学原理》，苗力田译，上海人民出版社 2005 年版。

2. ［英］洛克：《政府论》（下），叶启芳、瞿菊农译，商务印书馆 1964 年版。

3. ［澳］胡·贝弗利-史密斯：《人格的商业利用》，李志刚、缪因知译，北京大学出版社 2007 年版。

4. ［美］理查德·A. 波斯纳：《法律的经济分析》（上），蒋兆康译，中国大百科全书出版社 1997 年版。

5. ［德］康德：《法的形而上学原理》，沈叔平译，商务印书馆 1991 年版。

6. ［美］E. 博登海默：《法理学：法律哲学与法律方法》，邓正来译，中国政法大学出版社 1999 年版。

7. ［德］黑格尔：《法哲学原理》，范扬、张企泰译，商务印书馆 1961 年版。

8. ［德］歌德：《歌德自传——诗与真实》，赵震译，台北志文出版社 1997 年版。

9. ［日］五十岚清：《人格权法》，铃木贤、葛敏译，北京大学出版社 2009 年版。

10. ［德］迪特尔·梅迪库斯：《德国民法总论》，邵建东译，法律出版社 2001 年版。

11. 凯文·斯·马克斯：《姓名和肖像权案件中著作权模式的评价（续）》，梅慎实译，郑成思校，版权参考资料 1989。

12. ［美］理查德·A. 波斯纳：《法律和经济分析》（上），蒋兆康、林毅夫译，中国大百科全书出版社1997年版。

(三) 论文期刊类

1. 戴谋富：《论自然人人格标识商品化权的性质及民法保护》，载《华中科技大学学报（社会科学版）》2010年第4期。

2. 房绍坤：《标表型人格权的构造与人格权商品化批判》，载《中国社会科学》2018年第7期。

3. 刘道云：《我国人格权保护的限度》，载《东方法学》2011年第3期。

4. 王叶刚：《论可商业化利用的人格权益的范围》，载《暨南学报（哲学社会科学版）》2016年第11期。

5. 王利明：《人格权法的新发展与我国民法典人格权编的完善》，载《浙江工商大学学报》2019年第6期。

6. 沈建峰：《一般人格权财产性内容的承认、论证及其限度》，载《比较法研究》2013年第2期。

7. 张亮：《声纹证据的应用》，载《公安大学学报》2002年第4期。

8. 于晓：《自然人人格标识商业利用民法调整模式的重构——"乔丹案"引发的思考》，载《人大法律评论》2018卷第2辑。

9. 于晓：《自然人人格标识商业利用民事权利独立设为新型财产权研究》，载《山东大学学报（哲学社会科学版）》2017年第3期。

10. 王利明：《人格权法中的人格尊严价值及其实现》，载《清华法学》2013年第5期。

11 王叶刚：《人格权中经济价值"可让与性"之反思》，载《广东社会科学》2014年第2期。

12. 姜新东：《人格权商业化利用的不能与能》，载《甘肃社会科学》2011年第6期。

13. 王叶刚：《人格权商业化利用与人格尊严保护关系之辨》，载《当代法学》2018 年第 3 期。

14. 王利明：《论人格权商品化》，载《法律科学（西北政法大学学报）》2013 年第 4 期。

15. 杨立新、刘召成：《抽象人格权与人格权体系之构建》，载《法学研究》2011 年第 1 期。

16. 黄芬：《商品化人格权的定限转让》，载《河北法学》2017 年第 1 期。

17. 易继明：《评财产权劳动学说》，载《法学研究》2000 年第 3 期。

18. 袁雪石：《姓名权本质变革论》，载《法律科学》2005 年第 2 期。

19. 洪伟、郑星：《试论人格权的商品化》，载《浙江社会科学》2008 年第 12 期。

20. 张学军《论姓名的界定、特征、功能——以法律制度为中心》，载《浙江工商大学学报》2008 年第 3 期。

21. 杜小卫：《域名抢注及其法律规制》，载《河北法学》2008 年第 6 期。

22. 刘国强：《谈谈姓名权"出资"的问题》，载《财务与会计》2005 年第 4 期。

23. 王迁：《"署名"三辨——兼评"安顺地戏案"等近期案例》，载《法学家》2012 年第 1 期。

24. 陈志兴：《使用自己姓名作为商标注册不得有不良影响——"刘德华"商标确权案引发的思考》，载《中华商标》2013 年第 8 期。

25. 刘粉宝：《已故名人的姓名（权）与商标权冲突的调整》，载《中华商标》2001 年第 3 期。

26. 薛虹：《网络时代的知识产权法》，法律出版社 2000 年版。

27. 丁颖、冀燕娜：《专门性域名争议解决机制中投诉人权益的认定》，载《知识产权》2013 年第 8 期。

28. 隋彭生：《论肖像权的客体》，载《中国法学》2005 年第 1 期。

29. 刘承韪：《影视演员肖像权纠纷的实证研究》，载《山东科技大学学报

（社会科学版）》2019 年第 1 期。

30. 高翼飞：《角色形象成为演员肖像权的客体考量》，载《人民司法》2013 年第 16 期。

31. 李梦佳：《论著作权与形象权的冲突与协调——以美国法规则与案件为视角》，载《电子知识产权》2020 年第 5 期。

32. 徐坤：《浅析影视剧照中肖像权的法律保护》，载《科技与法制》2012 年第 1 期。

33. 石冠彬：《司法视域下民法典肖像权新规的教义学展开》，载《甘肃政法大学学报》2020 年第 5 期。

34. 王叶刚：《人格权中经济价值法律保护模式探讨》，载《比较法研究》2014 年第 1 期。

35. 刘召成：《人格商业化利用权的教义学构造》，载《清华法学》2014 年第 3 期。

36. 陈龙江：《美国公开权理论发展史考察——以经典案例为线索》，载《北方法学》2011 年第 2 期。

37. 刘丽娜：《对美国限制"形象公开权"的思考》，载《电子知识产权》2005 年第 3 期。

38. 张红：《死者生前人格上财产利益之保护》，载《法学研究》2011 年第 2 期。

39. 张红：《死者人格精神利益保护：案例比较与法官造法》，载《法商研究》2010 年第 4 期。

40. 民兵：《民事主体制度若干问题的探讨》，载《中南政法大学学报》1992 年第 1 期。

41. 杨巍：《死者人格利益之保护期限》，载《法学》2012 年第 4 期。

42. 刘凯湘：《民法典人格权编几个重要理论问题评析》，载《中外法学》2020 年第 4 期。

43. 王叶刚：《论侵害死者人格利益的请求权主体》，载《清华法学》2021年第1期。

44. 胡喜盈、丁淼：《鲁迅的姓名肖像权之争》，载《律师世界》2001年第6期。

45. 张丹丹：《商品化权侵权责任的认定》，载《东北大学学报（社会科学版）》2010年第5期。

46. 崔拴林：《死者法律地位刍议》，载《山西师大学报（社会科学版）》2008年第3期。

47. 刘召成：《论死者人格的立法保护》，载《首都师范大学学报（社会科学版）》2013年第5期。

48. 罗昆：《人格权法与合同法的互动探讨》，载《东方法学》2017年第6期。

49. 王利明：《民法的人文关怀》，载《中国社会科学》2011年第4期。

50. 郭小冬：《民事诉讼侵害阻断制度释义及其必要性分析》，载《法律科学（西北政法大学学报）》2009年第3期。

51. 王利明：《论侵害人格权的诉前禁令制度》，载《财经法学》2019年第4期。

52. 丁海俊：《预防型民事责任》，载《政法论坛》2005年第4期。

53. 杨立新、袁雪石：《论人格权请求权》，载《法学研究》2003年第6期。

54. 姚辉：《关于人格权商业化利用的若干问题》，载《法学论坛》2011年第6期。

55. 王叶刚：《论人格权擅自商业化利用中的获利赔偿请求权》，载《法学评论》2016年第4期。

56. 王若冰：《论获利返还请求权中的法官酌定》，载《当代法学》2017年第4期。

57. 朱岩：《"利润剥夺"的请求权基础》，载《法商研究》2011年第3期。

58. 孙良国：《论人身权侵权获益赔偿的性质、功能与适用》，载《法律学科（西北政法大学学报）》2011年第4期。

59. 杨立新、林旭霞：《论人格标识商品化权及其民法保护》，载《福建师范大学学报（哲学社会科学版）》2006年第1期。

60. 程合红：《商事人格权刍议》，载《中国法学》2000年第5期。

61. 程合红：《商事人格权——人格权的商业利用与保护》，载《政法论坛》2000年第5期。

62. 张丹丹、李建华：《真实人物形象商品化权的性质辨析及法律保护模式》，载《大连理工大学学报（社会科学版）》2010年第2期。

63. 张丹丹、张帆：《商品化权性质的理论之争及反思》，载《当代法学》2007年第5期。

64. 吴汉东：《形象的商品化与商品化的形象权》，载《法学》2004年第10期。

65. 温世扬：《论"标表型人格权"》，载《政治与法律》2014年第4期。

66. 于晓：《自然人人格标识商业利用民事权利独立设为新型财产权研究》，载《山东大学学报（哲学社会科学版）》2017年第3期。

67. 温世扬：《人格权"支配"属性辨析》，载《法学》2013年第5期。

68. 温世扬：《析"人格权商品化"与"人格商品化权"》，载《法学论坛》2013年第5期。

69. 黎桦：《专属性人格权与财产性人格权分离论》，载《湖北社会科学》2015年第10期。

70. 王利明：《试论人格权的新发展》，载《法商研究》2006年第5期。

71. 徐彰：《关于人格权中财产利益可让与性问题的分析》，载《安徽大学学报（哲学社会科学版）》2015年第5期。

72. 高志明：《个人信息人格利益与财产利益分析》，载《大连理工大学学报（社会科学版）》2018 年第 1 期。

73. 崔国斌：《姓名商品化权的侵权认定思路》，载《清华法学》2021 年第 1 期。

74. 王利明：《公众人物人格权的限制和保护》，载《中州学刊》2005 年第 2 期。

75. 王叶刚：《论肖像的可识别性及其判断》，载《四川大学学报（哲学社会科学版）》2018 年第 3 期。

76. 王利明：《论人格权请求权与侵权损害赔偿请求权的分离》，载《中国法学》2019 年第 1 期。

77. 刘晴辉：《正当程序视野下的诉前禁令制度》，载《清华法学》2008 年第 4 期。

(四) 学位论文类

1. 陈龙江：《人格标志上经济利益的民法保护——学说考察与理论探讨》，中国政法大学 2007 年博士学位论文。

2. 张丹丹：《商品化权研究》，吉林大学 2008 年博士学位论文。

3. 曾丽：《人格特征商业利用法律问题研究》，西南政法大学 2013 年博士毕业论文。

4. 黄松茂：《人格权之财产性质——以人格特征之商业利用为中心》，台湾大学法律学研究所 2008 年硕士学位论文。

(五) 案例类

1. 湖南王跃文诉河北王跃文等侵犯著作权、不正当竞争纠纷案，载《最高人民法院公报》2005 年第 10 期。

2. 广东飞乐影视制品有限公司与罗林侵犯著作权及姓名权纠纷案，北京市第一中级人民法院（2006）一中民终字第 6252 号民事判决书。

3. 迈克尔·杰弗里·乔丹与国家工商行政管理总局商标评审委员会、乔丹体育股份有限公司商标争议行政纠纷案，最高人民法院（2016）最高法行再 27

号行政判决书。

4. 中华人民共和国国家工商行政管理总局商标评审委员会商评字〔2009〕第25683号重审第07111号争议裁定书。

5. 中华人民共和国国家工商行政管理总局商标评审委员会商评字〔2010〕第17044号商标争议裁定书。

6. 广州市金栢丽保健品有限公司诉中华人民共和国国家工商行政管理总局商标评审委员会商标争议行政纠纷案，北京市第一中级人民法院（2011）一中知行初字第2272号行政判决书。

7. 中华人民共和国国家工商行政管理总局商标评审委员会商评字〔2011〕第09341号关于第4143917号"刘德华"商标争议裁定。

8. 上海市第二中级人民法院（2011）沪二中民五（知）初字第171号民事判决书。

9. 上海市高级人民法院（2011）沪高民三（知）终字第55号民事判决书。

10. 迈克尔·杰弗里·乔丹与国家知识产权局商标行政管理纠纷案，最高人民法院（2018）最高法行再32号行政判决书。

11. 章金莱与蓝港在线（北京）科技有限公司人格权纠纷案，北京市第一中级人民法院（2013）一中民终字第05303号二审民事判决书。

12. 叶璇诉安贞医院、交通出版社、广告公司肖像权纠纷案，载《中华人民共和国最高人民法院公报》2003年第6期（总86期）。

13. 张振锁诉北京车之家信息技术有限公司、北京华日菱汽车贸易有限公司肖像权纠纷案，北京市海淀区人民法院（2014）海民初字第22957号一审民事判决书。

14. 北京市第一中级人民法院（2016）京01民终496号二审民事判决书。

15. 蓝天野诉天伦王朝饭店有限公司等肖像权、名誉权案，北京市东城区人民法院（2002）东民初字第6226号民事判决书。

16. 葛优诉艺龙网信息技术（北京）有限公司肖像权纠纷案，北京市海淀区人民法院（2016）京0108民初39764号一审民事判决书；北京市第一中级人民法院（2018）京01民终97号二审民事判决书。

17. 台北地方法院96年诉字第2348号民事判决书。

18. 《天津市高级人民法院关于处理〈荷花女〉名誉权纠纷案的请示报告》，载《最高人民法院公报》1990年第2期.

19. 北京市第一中级人民法院（2009）京一中民初字第4747号民事判决书。

20. 河南省周口市中级人民法院（2016）豫16民终1414号民事判决书。

21. Luca Dotti、苏州工业园区金海华餐饮管理有限责任公司一般人格权纠纷案，江苏省苏州市中级人民法院（2019）苏05民终7190号二审民事判决书。

22. 江苏省南京市江宁区人民法院（2017）苏0115民初8451号民事判决书。

23. 广东省广州市荔湾区人民法院（2017）粤0103民初4469号民事判决书。

24. 北京市第一中级人民法院（2013）一中民终字第05303号民事判决书。

二、外文类参考文献

（一）著作类

1. J. Thomas McCarthy, *The Rights of Publicity and Privacy*, Vol. Ⅰ, West Group, 1999, §5：8.

2. Jennifer E. Rothman, *The Right of Publicity：Privacy Reimagined for a Public World*, Harvard University Press, 2018.

3. William Landes & Richard Posner, *The Economic Structure of Intellectual Property Law*, Harvard University Press, 2003.

4. C. S. Julius, Pinckaers, *From Privacy toward a New Intellectual Property Right in Persona*, Kluwer Law International Press, 1996.

5. J. Thomas McCarthy, *The Rights of Publicity and Privacy*, Eagan: Thomas/west, 2007, § 1: 3.

6. Huw Beverley – Smith, *The Commercial Appropriation of Personality*, Cambridge University Press, 2002.

7. Asa Briggs and Peter Burke, *A Social History of the Media: From Gutenberg to the Internet* (3rd ed.), Cambridge Polity Press, 2014.

8. Ewoud Hondius, André Janssen, *Disgorgement of Profits, Gain – Based Remedies Throughout the World*, Springer, 2015.

9. M. B. Nimmer, Paul Marcus, David A. Myers, David Nimmer, Cases and Materials on Copyright, 4th, N. M. M. & N, 1985.

10. Huw Beverley – Smith, Ansgar Ohly and Agnès Lucas – Schloetter, Privacy, Property and Personality: Civil Law Perspectives on Commercial Appropriation, Cambridge, 2005.

11. K. Zweigert & H. Kötz, *Introduction to Comparative Law* (3rd ed.), Oxford, 1998.

12. Wadlow, *The Law of Passing Off – Unfair competition by misrepresentation* (3rd ed.), London, 2004

13. J. Thomas McCarthy, *McCarthy on Trademarks and Unfair Competition* (3rd ed.), Clark Boardman Callaghan, 1996.

14. P. Cane, *Tort Law and Economic Interests* (2nd ed.), Oxford, 1996.

15. Simon Smith, *Image Persona and The Law*, London: Sweet & Marwell, 2000.

16. Michael Henry, *International Privacy, Publicity and Personality Law*, London, Reed Elsevier (UK) Ltd, 2001.

17. Alan Westin, Privacy and Freedom, N. Y. Athenum, 1967.

(二) 论文类

1. Eileen R. Reilly. Note, *The Right of Publicity for Political Figures: Martin Luther King, Jr., Center for Social Change, Inc. v. American Heritage Products*, 46 U. Pitt. L. Rev (1985).

2. Michael Madow, *Private Ownership of Public Image: Popular Culture and Publicity Rights*, 81 Cal. L. Rev 125 (1993).

3. H. Kalven, *Privacy in Tort Law: Were Warren and Brandeis Wrong?* 31 Law & Contemporary Problems (1966).

4. Mark P. Mckenna, *The Right of Publicity and Autonomous Self – Definition*, 67 U. Pitt. L. Rev. 257 (2006).

5. Richard A. Posner, *The Right of Privacy*, 12 Ga. L. Rev. 411 (1978).

6. Alice Haemmerli, *Whose Who? The Case for a Kantian Right of Publicity*, 49 Duke L. J. 383 (1999).

7. Eugene Salomon, *The Right of Publicity Run Riot: The Case for a Federal Statute*, 60 S. Cal. L. Rev. 1179 (1987).

8. Hughes, *The Philosophy of Intellectual Property*, 77 Geo. L. J. 287 (1988).

9. Kwall, Roberta Rosenthal, *Perspective on Human Dignity, the First Amendment, and the Right of Publicity*, 50 B. C. L. (2009).

10. Zinatul A. Zainol, Wan M. H. W. Hussain, and Noor Inayah Yaakub, *WIPO Panels' interpretation of the Uniform Dispute Resolution Policy (UDRP) three – prong test*, 33 World Patent Information (2011).

11. Samuel D. Warren and Louis D. Brandeis, *The Right to Privacy*, 4 Harvard Law Review (1890).

12. William Prosser, *Privacy*, 48 Cal. L. Rev. (1960).

13. Halpern, *The right of Publicity: Commercial Exploitation of the Associative*

Value Personality, 39 VAND. L. REV. 1199 (1986).

14. Lee Levine and Stephen Wermiel, *The Court and the Cannonball: An Inside Look*, 65 American University Law Review (2016).

15. Roberta Rosenthal Kwall, *Is Independent Day Dawning for the Right of Publicity*, 17 UC Davis L. Rev. (1983).

16. Ben C. Adams, *Inheritability of the Right of Publicity upon the Death of Famous*, 33 Vand. L. Rev. (1980).

17. D'Amato, *Comment on Professor Posner's Lecture on Privacy*, 12 Ga. L. Rev. (1978).

18. Edward J. Bloustein, Privacy as Human Dignity, 39 N. Y. U. L. Rev. (1964).

19. Ausness, *The Right of Publicity: a 'Haystack in a Hurricane'*, 55 Temp. L. Q. (1982)

20. Douglas G. Baird, Note, *Human Cannonballs and the First Amendment: Zacchini v. Scripps – Howard Broadcasting Co.*, 30 Stan. L. Rev. (1978).

21. G. Dickler, *The Right of Privacy*, 70. U. S. L. Rev. (1936).

22. Donenfeld, *Property or Other Rights in the Names, Likenesses or Personalities of Deceased Persons*, 16 Bull. Copyright Soc'y. (1968).

23. Felcher & Rubin, *The Descendibility of the Right of Publicity: Is There Commercial Life After Death?* 89 Yale L. J. (1980).

24. Richard E. Fikes, *The Right of Publicity: A Descendible and Inheritable Property Right*, 14 Cumb. L. Rev. (1984).

25. Joseph. R. Gordin, *The Right of Publicity: A Doctrinal Innovation*, 62 Yale L. J (1952 – 1953).

26. Amy D. Hogue, Micheal B. Garfinkel, *The Right of Publicity: Dose it Survive Death and Abandonment*, 30 Tort & Ins. L. J. (1994 – 1995).

27. James M. Treece, *Commercial Exploitation of Names, Likenesses and Personal Histories*, 51 Tex. L. Rev. (1972 – 1973).

28. Andrew B. Sims, *Right of Publicity: Survivability Reconsidered*, 49 Fordham L. Rev. (1981).

29. Cohen. Felix S, *Transcendental Nonsense and the Functional Approach*, 35 COLUM. L. REV. 809 (1935).

30. Kathryn Riley, *Misappropriation of Name or Likeness versus Invasion of Right of Publicity*, 12 J. Comp. J. Legal Issues. (2001 – 2002).

31. Felcher, Peter L, Rubin, Edward L, *Privacy, Publicity, and the Portrayal of Real People by the Media*, 88 YALE L. J. 1577 (1979).

32. Logeais, *The French Right to One's Image: A Legal Lure?* 5 Ent. L. Rev. 163 (1994).

33. William M. Landes & Richard A Posner, *An Economic Analysis of Copyright Law*, 18 J. Legal Stud. (1989).

34. Alain J. Lapter, *How the Other Half Lives (Revisited): Twenty Years Since Midler v. Ford—A Global Perspective on the Right of Publicity*, 15 Tex. Intell. Prop. L. J. 242 (2007).

35. Ginsburg, Jane C, *Creation and Commercial Value: Copyright Protection of Works of Information*, 90 COLUM. L. REV. 1865 (1990).

36. Jeffrey J. Brown, *Defending the Right of Publicity: A Natural Rights Perspective*, 10 Intell. Prop. L. Bull. 131 (2005 – 2006).

37. Ellen S. Bass. *A Right in Search of a Coherent Rationale: Conceptualizing Persona in a Comparative Context: The United States Right of Publicity and German Personality Rights*, 42 U. S. F. L. Rev. 815 (2008).

38. Salomon, J Eugene, *The Right of Publicity Run Riot: The Case for a Federal Statute*, 60 S. CAL. L. REV. 179 (1987).

39. Laura R. Bradford, *Parody and Perception: An Alternative Approach to Secondary Use in Copyright*, 46 B. C. L. REV. (2005).

40. Malkan, Jeffrey, *Stolen Photographs: Personality, Publicity and Privacy*, 75 TEX. L. REV. 779 (1997).

41. Westfall, David & Landau, David, *Publicity Rights as Property Rights*, 23 CARDOZO ARTS & ENT. L. J. 71 (2005).

42. M. B. Jacoby & D. L. Zimmerman, *Foreclosing on Fame: Exploring the Uncharted Boundaries of the Right of Publicity*, 77 N. Y. L. Rev. (2002).

43. Robert C. Post, *Rereading Warren and Brandeis: Privacy, Property, and Appropriation*, 41 Case W. Res. L. Rev. (1991).

44. S. D. Whaley, *'I'm a Highway Star': An Outline for a Federal Right of Publicityt*, 31 Hastings Comm. & Ent. L. J. 257 (2008–2009).

45. Nizer, Louis, *The Right of Privacy*, 39 MICH. L. REV. 526 (1941).

(三) 案例类

1. Munden v. Harris, 134 SW 1076 (1911), 1078.

2. Onassis v. Christian Dior – N. Y. , Inc. , 472 N. Y. S. 2d 254 (Sup. Ct. 1984).

3. Sony Corp. of America. v. Universal City Studios, Inc. , 464 US. 417 (1984).

4. Twentieth Century Music Corp. v. Aiken, 422 US. 151 (1975).

5. Zacchini v. Scripps – Howard Broadcasting Co. , 433 U. S. 562 (1977).

6. Douglass v. Hustler Magazine Inc. , 769 F 2d 1128 (1985), 1138.

7. Mattews v. Wozencraft, 15 F 3d 432 (5th Cir. 1994), pp. 437–438.

8. Roberson v. Rochester Folding – Box Co. , 64 N. E. 442 (N. Y. 1902).

9. Pavesich v. New England Life Ins. Co. , 122 Ga. 190 (1905).

10. Edison v. Edison Polyform Mfg. Co. 73 N. J. Eq. 136, 67 A. 392

(1907).

11. Brown Chemical Co. v. Meyer, 139 U. S. 542 (1891).

12. Melvin v. Reid, 112 Cal. App. 285, 297 P. 91, at 92 (1931).

13. Martin v. F. I. Y. Theatre Co. , 10 Ohio Ops. 338 (1938).

14. Paramount Pictures, Inc. v. Leader Press, Inc. , 24 F. Supp. 1004 (W. D. Okla. 1938).

15. Haelan Laboratories, Inc. v. Topps Chewing Gum, Inc. , 202 F. 2d 866 (2d Cir. 1953).

16. Martin Luther King, Jr. , Center for Social Change, Inc. v. American Heritage Products, Inc. , 250 Ga. 135, 296 S. E. 2d 697 (1982).

17. Lugosi v. Universal Pictures, 139 Cal. Rptr. 35, 39 – 40 (Ct. App. 1977).

18. Factors Etc. v. Pro Arts, 444 F. Supp. 288 (S. D. N. Y. 1977); Factors Etc v. Pro Arts, 579 F. 2d 215, 221 – 222 (2d Cir 1978).

19. Midler v. Ford Motor Co. , 7 USPQ2d 1398 (9th Cir. 1988).

20. Motschenbacher v. R. J. Reynolds Tobacco Co. , 498 F. 2d 821 (9th Cir. 1974).

21. White v. Samsung Electronics America. , 971 F. 2 d (9th Cir. 1992).

22. Wendt v. Host International, 125 F. 3d (9th Cir. 1997).

23. Carson v. Here's Johnny Portable Toilets, 698 F. 2d 831 (6th Cir. 1983).

24. C. B. C. Distribution & Mktg. v. MLB Advanced Media, 505 F. 3d 818, 823 – 824 (8th Cir. 2007).

25. Comedy III Prods. v. Gary Saderup, Inc. 21 P. 3d 797, 799, 811 (Cal. 2001).

26. Hilton v. Hallmark Cards, 599 F. 3d 894, 910 – 11 (9th Cir. 2009).

27. Davis v. Electronic Arts, 775 F. 3d 1172 (9th Cir. 2015).

28. Hart v. Electronic Arts, 717 F. 3d 141 (3d Cir. 2013).

29. Rogers v. Grimaldi, 875 F. 2d 994, 1003 – 1005 (2d Cir. 1989).

30. Doe v. TCI Cablevision, 110 S. W. 3d 363, 374 (Mo. 2003).

31. Memphis Development Foundation v. Factors, Etc., Inc., 441 F. Supp. 1323 (D. C. Tenn. 1977).

32. Elvis Presley Enterprises, Inc. v. Elvisly Yours, Inc., 936 F. 2d 889 (6th Cir. C. A. 1991).

33. Raley v. Facebook, Inc., 830 F. Supp. 2d 785 (2011).